W0247542

Die ökonomischen Perspektiven des Sports

Schriftenreihe des Bundesinstituts für Sportwissenschaft

Band 100

Die ökonomischen Perspektiven des Sports

Eine empirische Analyse für die Bundesrepublik Deutschland

Bernd Meyer
Gerd Ahlert

unter Mitarbeit von
Claudia Schnieder

VERLAG KARL HOFMANN SCHORNDORF

Schriftenreihe des Bundesinstituts für Sportwissenschaft, Band 100

Die Deutsche Bibliothek – CIP-Einheitsaufnahme

Meyer, Bernd:
Die ökonomischen Perspektiven des Sports : eine empiri-
sche Analyse für die Bundesrepublik Deutschland /
Bernd Meyer ; Gerd Ahlert. Unter Mitarb. von Claudia
Schnieder. – 1. Aufl.. –Schorndorf : Hofmann, 2000
   (Schriftenreihe des Bundesinstituts für Sportwissenschaft ; Bd. 100)
   ISBN 3-7780-0900-1

Bestellnummer 0900

1. Auflage 2000
© by Bundesinstitut für Sportwissenschaft, Köln, Carl-Diem-Weg 4

Verlag Karl Hofmann, Schorndorf

Gesamtherstellung in der Hausdruckerei des Verlags
Printed in Germany · ISBN 3-7780-0900-1

Inhaltsverzeichnis

Zum Geleit 11
  – Otto Schily, Bundesminister des Innern
  – Dr. Michael Vesper, Minister für Städtebau und Wohnen,
    Kultur und Sport des Landes Nordrhein-Westfalen

Vorwort Dr. Martin-Peter Büch, Direktor des BISp 13

Vorwort der Autoren 15
  – Prof. Dr. Bernd Meyer, Osnabrück
  – Dipl.-Vw. Gerd Ahlert, Osnabrück

0   KURZFASSUNGEN 17

0.1   The Economic Perspectives of Sport 17

0.2   La Perspective Economique du Sport 35

0.3   Kurzfassung der Untersuchungsergebnisse 54

1   ÜBERBLICK 73

1.1   Zur Fragestellung 73

1.2   Gang der Untersuchung und einige Ergebnisse 75

1.3   Aufgaben für die Zukunft 79

2   DIE KONZEPTION... 83

2.1   Der konzeptionelle Rahmen: Das Satellitensystem "Sport"................. 83

2.2   Der Input-Output-Ansatz 84

2.3   Die Input-Output-Tabelle des Sports.................................... 88

2.3.1   Konzeptioneller Aufbau der Input-Output-Tabellen des Statistischen
        Bundesamtes 89

2.3.2   Der Ausweis sportökonomischer Aktivitäten in der
        Input-Output-Tabelle des Sports.. 92

2.3.3   Exkurs: Erfassung von Kooperationen der gemeinnützigen
        Sportorganisationen mit der Wirtschaft.................................. 99

3   DIE DATENBASIS 101

3.1   Zentrale Quellen zur Erstellung der Input-Output-Tabelle des Sports. 101

3.2   Methodische Aspekte bei der Erstellung der Datenbasis 102

3.3   Sportspezifische Produktionsbereiche innerhalb der
        Input-Output-Tabelle des Sports.. 106

3.3.1   Sportwaren 106

3.3.2   Marktbestimmte sportspezifische Dienstleistungen 109

3.3.3   Leistungen der Sportvereine und Sportverbände............................ 112

3.3.4   Die sportspezifischen Leistungen der Gebietskörperschaften............. 113

3.4   Letzte Verwendung in der Input-Output-Tabelle des Sports.............. 115

3.4.1   Der sportbezogene private Verbrauch 115

3.4.2   Staatsverbrauch für Sportzwecke.. 118

3.4.3   Anlageinvestitionen der Sportgüterproduzenten 118

3.4.4   Sportspezifische Vorratsveränderung.................................... 119

3.4.5   Ausfuhr von Sportgütern 120

4 DIE ÖKONOMISCHE BEDEUTUNG DES SPORTS
IM JAHRE 1993 121

4.1 Der sportbezogene private Verbrauch 121

4.2 Staatsverbrauch für Sportzwecke... 129

4.3 Anlageinvestitionen der Sportgüterproduzenten 129

4.4 Verflechtungsbeziehungen innerhalb der
Input-Output-Tabelle des Sports.. 132
4.4.1 Die Kostenstruktur der sieben sportspezifischen Produktionsbereiche 132
4.4.2 Die Absatzstruktur der sieben sportspezifischen Produktionsbereiche 137

4.5 Das sportbezogene Bruttoinlandsprodukt... 140

4.6 Beschäftigungswirkungen des Sports 141

5 FORTSCHREIBUNG DER ERGEBNISSE 1994 BIS 1998 149

5.1 Das sportbezogene Bruttoinlandsprodukt und seine Komponenten..... 149

5.2 Die Entwicklung der Sportbranche....................................... 153

5.3 Die sportbezogene Beschäftigung.. 155

6 DAS PROGNOSEMODELL SPORT 157

6.1 Überblick über das Modell INFORGE 157

6.2 Die Einbindung des Sports in das Modell.............................. 161

7 DIE BASISPROGNOSE BIS 2010 167

7.1 Zur Methode der Modellprognose und -simulation............................. 167

7.2 Die Annahmen der Basisprognose.. 168

7.3 Einige gesamtwirtschaftliche Ergebnisse im Überblick 170

7.4 Die ökonomische Bedeutung des Sports bis zum Jahre 2010 174

8 ERGEBNISSE VON SIMULATIONSRECHNUNGEN 185

8.1 Sinn und Zweck von Simulationsrechnungen 185

8.2 Ausbau der Sportinfrastruktur in den neuen Bundesländern - "Goldener Plan Ost" 186

8.2.1 Der Goldene Plan Ost 186

8.2.2 Das Szenario 188

8.2.3 Ergebnisse der Simulationsrechnung zum Goldenen Plan Ost 190

8.3 Wirkungen einer veränderten öffentlichen Sportförderung 199

8.3.1 Die Wirkung einer Erhöhung der Zuschüsse des Staates an die Sport-vereine bei Finanzierung durch Reduktion des Staatsverbrauchs 199

8.3.1.1 Das Szenario zur Analyse der Wirkung einer Erhöhung der Zuschüsse des Staates an die Sportvereine bei Finanzierung durch Reduktion des Staatsverbrauchs 199

8.3.1.2 Ergebnisse zur Analyse der Wirkung einer Erhöhung der Zuschüsse des Staates an die Sportvereine bei Finanzierung durch Reduktion des Staatsverbrauchs 200

8.3.2 Die Wirkung einer Erhöhung des sportspezifischen Staatsverbrauchs bei Finanzierung durch eine Erhöhung der Steuern 206

8.3.2.1 Das Szenario zur Analyse der ökonomischen Wirkungen einer Erhöhung des sportspezifischen Staatsverbrauchs 207

8.3.2.2 Ergebnisse zur Analyse der ökonomischen Wirkungen einer Erhöhung des sportspezifischen Staatsverbrauchs 208

8.4 Wirkungen einer zunehmenden Verlagerung des Sportkonsums von den Sportvereinen zu den erwerbswirtschaftlichen Anbietern 214

8.4.1 Das Szenario zur Analyse der Wirkungen einer zunehmenden Verlagerung des Sportkonsums von den Sportvereinen zu den erwerbswirtschaftlichen Anbietern 214

8.4.2   Ergebnisse zur Analyse der Wirkungen einer zunehmenden
         Verlagerung des Sportkonsums von den Sportvereinen
         zu den erwerbswirtschaftlichen Anbietern.. 216

8.5   Ökonomische Wirkungen einer Fußballweltmeisterschaft 2006
         in Deutschland bei alternativer Finanzierung 222

8.5.1   Fußball-Weltmeisterschaft 2006 in Deutschland.................................. 222

8.5.2   Die alternativen Simulationsrechnungen zur Finanzierung
         der Fußball-Weltmeisterschaft 2006.. 225

8.5.2.1 Finanzierung durch eine erhöhte Kreditaufnahme des Staates............ 225

8.5.2.2 Finanzierung durch ein staatliches Münzprogramm............................ 231

8.5.2.3 Finanzierung durch eine Erhöhung der direkten Steuern der
         privaten Haushalte an den Staat.. 233

8.5.3   Zusammenfassung der Ergebnisse.. 237

9   AUSBLICK.. 239

GLOSSAR   243

LITERATURVERZEICHNIS 249

ABBILDUNGSVERZEICHNIS... 259

TABELLENVERZEICHNIS 271

ANHANG
VERWENDUNGSZWECKE DER ERWEITERTEN
KONSUMVERFLECHTUNGSTABELLE.. 277

Zum Geleit

Als 1995 – ebenfalls als „Gemeinschaftsproduktion" der für den Sport zuständigen Ministerien des Bundes und des Landes Nordrhein-Westfalen – die Studie von Weber et al. zur wirtschaftlichen Bedeutung des Sports der Öffentlichkeit vorgestellt wurde, haben unsere Amtsvorgänger an dieser Stelle zwei wünschenswerte Perspektiven für zukünftige Forschungsvorhaben in diesem Sektor genannt: Zum einen sollte eine Datenfortschreibung mit voller Einbeziehung der neuen Bundesländer erfolgen, um Veränderungen im zeitlichen Verlauf verfolgen zu können, zum anderen wurde eine Analyse der Wirkungen öffentlicher Sportförderung auf Arbeitsmarkt, Beschäftigung, Einkommen und Steuern angeregt.

Die nun vorliegende Publikation erfüllt beide Wünsche – und noch viel mehr. Die Untersuchungsergebnisse von Herrn Prof. Dr. Bernd Meyer und seinem Mitarbeiter, Herrn Dipl.-Volkswirt Gerd Ahlert, beide Universität Osnabrück, belegen nicht nur eindrucksvoll die Bedeutung des Wirtschaftsfaktors Sport, sie können zudem die vom Sportausschuss des Deutschen Bundestages angeregten Wirkungsanalysen unter besonderer Berücksichtigung der Auswirkungen öffentlicher Sportförderung liefern. Von allen anderen Arbeiten unterscheidet sich diese Studie dabei in zweierlei Hinsicht: Einerseits betont sie den Aspekt der Verflechtung sportökonomischer Aktivitäten mit der allgemeinen wirtschaftlichen Entwicklung, andererseits wurden nicht nur Daten produziert, die die Historie sportökonomischer Zusammenhänge beschreiben, sondern auf der Basis der gewonnenen Daten wird die Sportökonomie in ein bestehendes ökonometrisches Modell für die Bundesrepublik Deutschland integriert. Dadurch sind zum ersten Mal Simulationsrechnungen für die Beantwortung vielfältiger sportökonomischer Fragestellungen möglich geworden.

Natürlich nehmen die Modellrechnungen niemand die Entscheidungen ab und entlassen auch keinen aus seiner Verantwortung. In die sportpolitischen Entscheidungsprozesse der Politikerinnen und Politiker können nun aber die gesamtwirtschaftlichen Wirkungen leichter als bisher und auf einer breiteren Datenbasis in die Abwägung einbezogen werden.

Otto Schily
Bundesminister des Innern

Dr. Michael Vesper
Minister für Städtebau und Wohnen,
Kultur und Sport des Landes
Nordrhein-Westfalen

11

Vorwort des Direktors des Bundesinstituts für Sportwissenschaft

Das Bundesinstitut für Sportwissenschaft hat seit geraumer Zeit der zunehmend an Bedeutung gewinnenden ökonomischen Bedeutung des Sports entsprochen. Als 1985 durch den Europarat eine Arbeitsgruppe "Economic Impact of Sport" eingerichtet wurde, beteiligte sich die Bundesrepublik Deutschland in dieser Arbeitsgruppe, ohne dazu ein eigenes Forschungsvorhaben vorzuweisen. In der Folgezeit hat das Bundesinstitut für Sportwissenschaft - auch unterstützt vom Bundesminister des Innern - gemeinsam mit dem seinerzeitigen Kultusministerium des Landes Nordrhein-Westfalen ein Projekt zur wirtschaftlichen Bedeutung des Sports in Deutschland angepackt. Der Auftrag zu diesem Vorhaben wurde letztlich an Professor Wolfgang Weber von der Universität Paderborn vergeben. Mit dieser Untersuchung wurde erstmals eine umfassende Bestandsaufnahme der durch Sport ausgelösten Geld- und Leistungsströme in Deutschland in Angriff genommen. Die Datenlage war schwierig. Dennoch gelang es mit der 1995 veröffentlichten Studie erstmals, das ökonomische Gewicht des Sports in der Volkswirtschaft darzustellen, quantitativ zu belegen und der Öffentlichkeit bewusst zu machen.

Im Juni 1994 hatte bereits der Sportausschuss des Deutschen Bundestages in Kenntnis der Ergebnisse dieser Studie die Bundesregierung einvernehmlich aufgefordert, die Untersuchung zur wirtschaftlichen Bedeutung des Sports fortzuführen und dabei zugleich die Auswirkungen öffentlicher Sportförderung auf den Arbeitsmarkt, auf Produktion und Einkommen zu analysieren. Mit der Vergabe dieses Untersuchungsvorhabens an Professor Bernd Meyer von der Universität Osnabrück ist es gelungen, dessen bereits in der Politikberatung genutztes ökonometrisches INFORGE-Modell um die sportbezogenen Güterströme zu erweitern und so den Auftrag zu realisieren. Dabei zeigte sich, dass die vom Bundesinstitut für Sportwissenschaft gewählte Kooperation mit der universitären Forschung sich äußerst effizient auf die Forschungsförderung auswirkte.

Die jetzt vorliegenden Ergebnisse aus der Untersuchung von Meyer und Ahlert bestätigen die von Weber Anfang der 90er Jahre ermittelten Ergebnisse zur wirtschaftlichen Bedeutung des Sports. Darüber hinaus ist es mit dem von Meyer und Ahlert benutzten disaggregierten ökonometrischen Modell möglich,

Prognosen und Simulationsrechnungen durchzuführen, mit denen wichtige Fragestellungen aus der Sportpolitik beantwortet werden können. Zugleich ist es mit diesem Modell gelungen, ein Satellitensystem Sport im Rahmen der Statistik aufzubauen.

Die erreichten Resultate stehen aber auch beispielhaft für eine gelungene Kooperation zweier Behörden aus dem Geschäftsbereich des Bundesinnenministeriums: ohne die intensive Zusammenarbeit mit dem Statistischen Bundesamt wäre dieses Werk in dieser Art nicht realisierbar gewesen. Zum anderen: wie bei der ersten Untersuchung zur wirtschaftlichen Bedeutung des Sports handelt es sich bei der vorliegenden Studie wiederum um einen gemeinsamen Forschungsauftrag mit dem Land Nordrhein-Westfalen, dessen Gemeinsamkeit nicht nur in der finanziellen Förderung, sondern auch in der inhaltlichen Gestaltung zum Ausdruck kommt.

Besonders möchte ich den Mitgliedern des Projektbeirates für ihre stete konstruktive Kritik danken. Ein besonderer Dank gilt den Autoren, Professor Bernd Meyer und Dipl.-Volkswirt Gerd Ahlert; in mühevoller Kleinarbeit ist es ihnen gelungen, eine schwierige Materie verständlich zu gestalten. Von daher hoffe ich, dass diese Untersuchung eine weite Verbreitung finden wird. Die Qualität der veröffentlichten Projektresultate rechtfertigt, dass dieser Band in der Schriftenreihe des Bundesinstituts für Sportwissenschaft als Band 100 erscheint.

Dr. MARTIN-PETER BÜCH

Vorwort der Autoren

Die vorliegenden Studie ist im Rahmen eines Forschungsprojektes des Bundesinstituts für Sportwissenschaft und des Ministeriums für Arbeit, Soziales und Stadtentwicklung, Kultur und Sport des Landes Nordrhein-Westfalen entstanden. Für die großzügige Unterstützung möchten sich die Autoren bei beiden Institutionen herzlich bedanken.

Wichtig für das Gelingen unserer Arbeit war die Diskussion mit dem Projektbeirat, der uns von der Entwicklung des Untersuchungskonzeptes in der Startphase bis hin zur Vorbereitung der Publikation beratend zur Seite gestanden hat. Wir möchten dafür den Herren LWD G. Anders (Bundesinstitut für Sportwissenschaft), Dr. M.-P. Büch (Direktor des Bundesinstituts für Sportwissenschaft), ROAR A. Pohlmann (Bundesinstitut für Sportwissenschaft), Prof. Dr. B. Rahmann (Universität-Gesamthochschule Paderborn), LMR B. Sillenberg (Ministerium für Arbeit, Soziales und Stadtentwicklung, Kultur und Sport des Landes Nordrhein-Westfalen), Prof. Dr. C. Stahmer (Statistisches Bundesamt und Universität Heidelberg), Prof. Dr. G. Wagenhals (Universität Stuttgart-Hohenheim), RD W. Weyer (Bundesministerium des Innern) herzlich danken.

Das Statistische Bundesamt hat die Arbeiten an der Datenbasis des Projektes durch umfangreiche Datenlieferungen überhaupt erst ermöglicht.

Frau Dr. C. Schnieder hat an der Erstellung der Datenbasis mitgearbeitet und dabei Erfahrungen, die Sie bereits im Rahmen des Forschungsprojektes "Die wirtschaftliche Bedeutung des Sports" im Team von Prof. Dr. W. Weber (Universität-Gesamthochschule Paderborn) erworben hatte, in unser Projekt einfließen lassen. Herr cand. rer. pol. D. Suckstorff hat bei der Umsetzung der vielfältigen technischen Arbeiten, die bei einem solchen Projekt anfallen, geholfen.

Osnabrück, im Oktober 1999   Bernd Meyer
                                                              Gerd Ahlert

15

0   Kurzfassungen

0.1 The Economic Perspectives of Sports

The social importance of sport naturally lies mainly in its positive effects on people's health, the pleasure that the athletes and sport consumers draw from it and its educational effect especially on youth. But above that, sport is an economic event whereby supply and demand of sport performances occur, pay and profit income develop, consumption and investment decisions are made, taxes are paid and subsidies are granted. To put the matter in a nutshell: the entire cosmos of the diverse economic activities also exists in the world of sport.

This study offers answers to varied questions associated with this topic. It is different from already existing studies in two respects: firstly it emphasizes the interconnection between sport economic activities and the general economic development. People producing sports articles (shoes, equipment etc.) and sport services (sport supply through sport institutions) receive materials from other economic branches and the demand for labour on the open market is increased. The building of stadiums results in an increased demand in the construction industry which again leads to a boost in production and employment figures in other economic branches . When we decide to watch a live football match we do not only buy the entrance ticket but also make use of some form of transport to reach the stadium and we consume drinks there or buy fan articles in order to show our support for a certain team.

The data record in this study which has been collected for the first time with respect to Germany - the satellite system of sport - is a sport-specific extension of national accounts. National accounts are the central and comprehensive system showing statistical national accounting data for the Federal Republic of Germany.

The satellite system "sport" is a complementary accounting system for the detailed description of the interrelations between sport and the economy. Its core unit is the input-output table of sport set up for reference year 1993. An input-output table records in form of a self-contained arithmetic scheme the flow of goods between the various branches of the national economy and their supplies to final consumers as well as the use of primary inputs - wages, profit, consumption of fixed capital and taxes as components of the value added - in the individual branches. The input-output table of sport consistently illustrates the interconnection of the diverse sport economic activities with the national economy.

These sport economic interrelations explicitly shown in the input-output table of sport were then implemented into the econometric simulation and forecasting model SPORT which was developed especially for sport economic analysis. That SPORT model including sport economic activities does not merely enable the analysis of economic processes which relate sport to society. It can also show economic perspectives of sport under altered basic conditions regarding society or financial policy.

In the following a few central research results of this study are presented in brief. Apart from this study the satellite system "sport" which was first created on the grounds of this research project as well as the model SPORT specially developed for the analysis of sport economic questions can still be employed and thereby undergo further development. Further simulation calculations with the model SPORT can have an encouraging effect on sport economic research as well as sport political discussion.

The economic importance of sport in 1998

The sport related gross domestic product amounts close to 53 billion DM

Within the framework of this research project an input-output table of sport was created for the first time for the year 1993. This record was continued up to 1998 with the SPORT model, whereby the structure data of the year 1993, extracted from the input-output table of sport, as well as the latest national accounting results of the Federal Statistical Office were taken into account.

The sport related gross domestic product (total value of the goods and services produced in the country) amounted altogether to close on 53 billion DM in 1998 according to the input-output table of sport. So the sport related productivity amounted to 1.4 per cent of the total gross domestic product of 3,799 billion DM in 1998.

As expected the sport related final consumption of households (sport related consumption of private households as well as sport clubs' and sport associations' own consumption) is the largest use component reaching about 40,6 billion DM. Sport clubs' and sport associations' own consumption of nearly 4,4 billion DM contains that part of output or turnover which is not sold but provided free of charge for the members of sport clubs within the scope of membership.

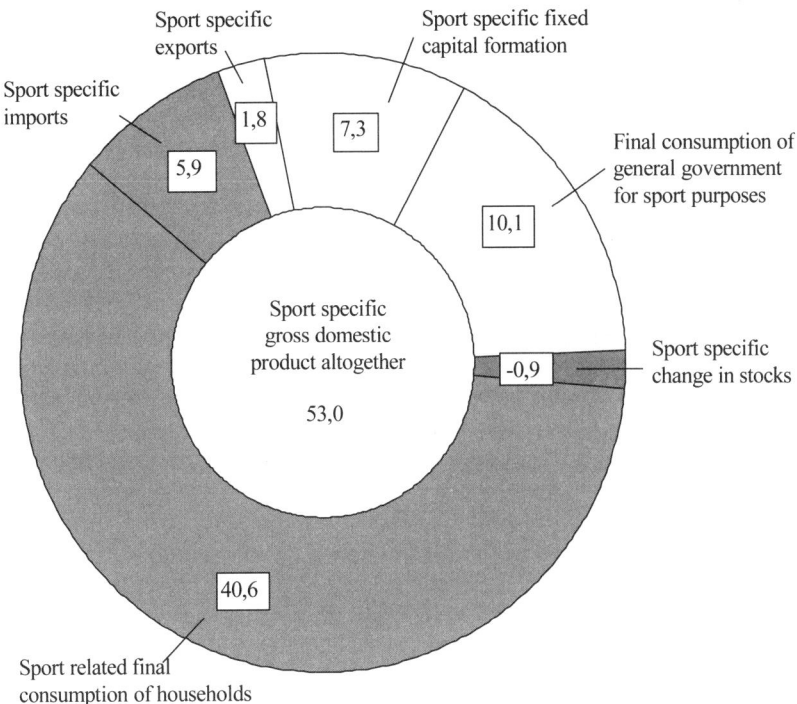

Diagram 0.1-1:   *The gross domestic product of sport in 1998*
                  - in billion DM at current prices -

Final consumption of general government for sport purposes, which includes those sport related services of regional administrative bodies (the Federal Government, Länder and communities) which are put, free of charge, at the disposal of the general public (e.g. sport in schools, sport at work, provision of public sport infrastructure etc.) amounted in 1998 to a good 10 billion DM. The sport specific fixed capital formation includes the investment activities of the sport industry which was divided into seven sport specific homogeneous branches in this study (see table 0.1-1). Sport specific fixed capital formation in machinery and equipment (especially sports gear) amounted to over 0,8 billion DM and the erection of sport specific buildings and structures to 6,4 billion DM. The sport gear producing homogeneous branches increased their stocks by nearly 0,9 billion DM while exporting sports gear worth more than 1,8 billion DM, the imports of sports gear adding up to more than 5,9 billion DM.

Table 0.1-1:   *The sport specific homogeneous branches of the sport industry within the input-output table of sport*

---

* Production of sport bikes
* Production of sport equipment
* Production of sport shoes
* Production of sportswear
* Services of commercial sport suppliers (fitness centres, professional athletes, organizers of sport events etc.)
* Sport specific services of the regional administrative bodies (the Federal Government, Länder and communities)
* sport clubs and sport associations

Sport industry achieves a turnover amounting to more than 30,4 billion DM

The total turnover of the sport industry included in the input-output table of sport (compare table 0.1-1) was more than 30,4 billion DM in 1998. The sport industry gaining importance has by now overtaken the domestic textile industry. The domestic production of manufacturers of sports gear was worth more than 3,7 billion DM. Turnover of the branch of commercial sport suppliers was determined to be 6,9 billion DM. In contrast, the homogeneous branch of "sport clubs and sport associations",which was included in addition, has an estimated turnover of more than 8,8 billion DM. For the branch of "sport specific services of regional administrative bodies" the output was determined to be worth 11,1 billion DM in 1998 including in particular government expenditure for sport in schools and at work as well as the supply and upkeep of public sport infrastructures.

German citizens spend almost 40,6 billion DM on sport purposes

Altogether German citizens spent almost 40,6 billion DM for sport in 1998. This is nearly 1.9 per cent of the total final consumption of households. German citizens spend about as much money on sport as they do on tobacco or personal care products.

Of sport related final consumption of households more than 50 per cent (21,6 billion DM) were allotted directly to the seven sport product manufacturing sectors while the demand for products for sport exercise outside this sport industry amounted to almost 19 billion DM (petrol, trade services, transportation etc.)

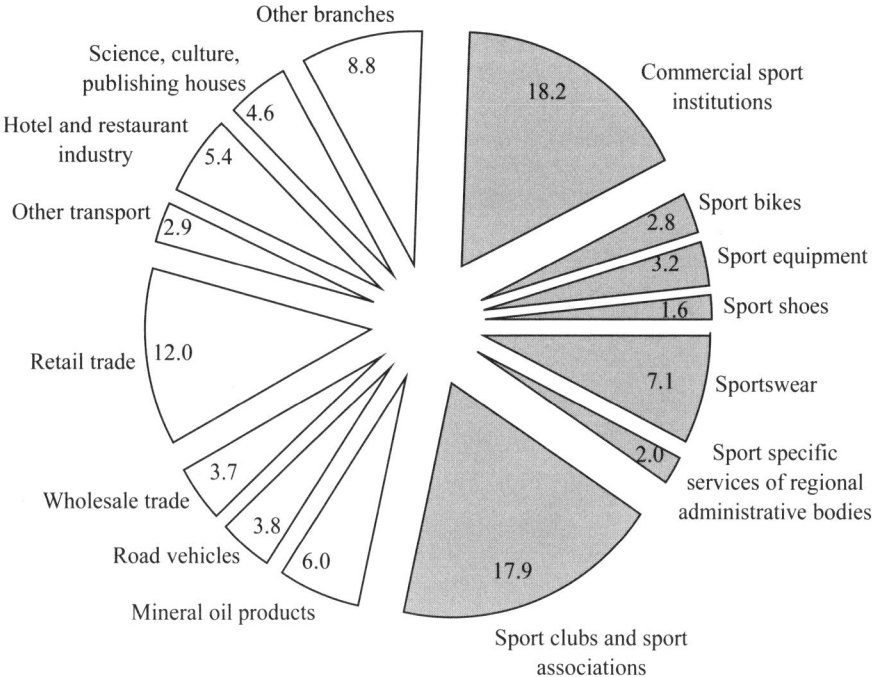

Diagram 0.1-2:   *The percentage distribution of sport related consumer demand of private households among selected groups of goods, the so-called goods structure of sport related final consumption of households in 1998*
- in per cent of the total sport related final consumption of households -

The percentage distribution of sport related consumer demand for individual classes of goods, the so-called structure of goods, is shown in the diagram 0.1-2. Especially the sport clubs and sport associations as well as the private commercial sport institutions profit most with 17.9 per cent and 18.2 per cent regarding the consumer demand connected with the practice of sport.

Retail trade accounts for over 12 per cent of the total sport related consumer demand while the sportswear industry, mineral oil products (especially by travel related to the practice of sport) and the hotel and restaurant industry account for 7.1, 6 and 5.4 per cent. Also, a variety of other branches benefit from the consumer demand of private households created by sport activities.

German citizens spend nearly 13,8 billion DM on sport practice

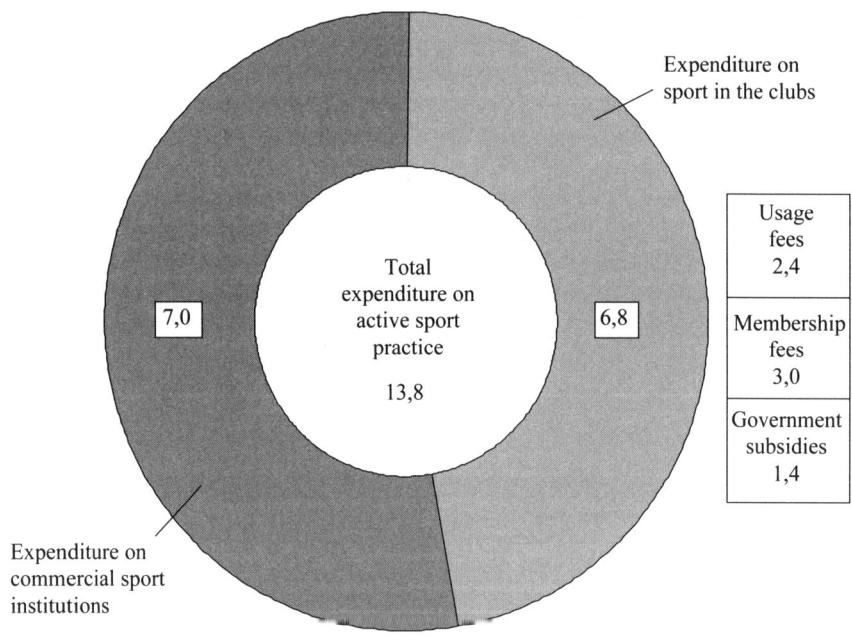

Diagram 0.1-3:   Expenditure on active sport practice in 1998
                   - in billion DM at current prices -

Expenditure on active sport exercise amounted to a total of nearly 13,8 billion DM in 1998 of which private households spent nearly 7 billion DM on commercial sport institutions (fitness centres, squash centres etc.). Sport clubs and sport associations provided services worth 6,8 billion DM of which a good 2,4 billion DM can be allocated to fees for the request of services which are not covered by a club membership or for the usage of club services or institutions by non-members. Sport clubs provided services worth nearly 4,4 billion DM for their members as part of membership services (the so-called own consumption of sport clubs and sport associations). These services were financed by membership fees (3,0 billion DM) as well as government subsidies especially by the federal states, the so-called Länder, and communities (1,4 billion DM).

The federal government, the Länder and especially the communities provide nearly 11,5 billion DM for sport purposes

General government with its regional administrative bodies (Federation, Länder, communities) provided nearly 11,5 billion DM free of charge for sport for their citizens. This means that 1.5 per cent of the total final consumption of general government is allocated to sport. 10,1 billion DM were used for the free of charge provision of public sport infrastructure (especially staff and maintenance costs (no investments!), for the provision of sport institutions, school sport in public schools, sport in civil services e.g. police and army etc.), - the so-called final consumption of general government for sport purposes. Apart from that the government granted subsidies to the sport clubs and sport associations worth about 1,4 billion DM, thus recognizing the societal, social, and health importance of sport for the community.

Sport industry invests about 7,3 billion DM

The total volume of fixed capital formation of nearly 7,3 billion DM was primarily distributed among the three sport service providers whereby the commercial sport institutions made the largest investment with about 3,1 billion DM followed by the regional administrative bodies (2,8 billion DM).

The large sport specific fixed capital formation of the government can be explained by the fact that especially the Länder grant subsidies for the construction of sport grounds and that the communities are responsible for the maintenance of public sport infrastructure. Fixed capital formation of sport clubs and sport associations amounts to almost 1,3 billion DM. This relatively small amount can be deduced from the provision of a large part of the sport infrastructure made by the communities or that the construction of the clubs' own sport infrastructure is achieved by shared financing between the Länder, communities and sport clubs.

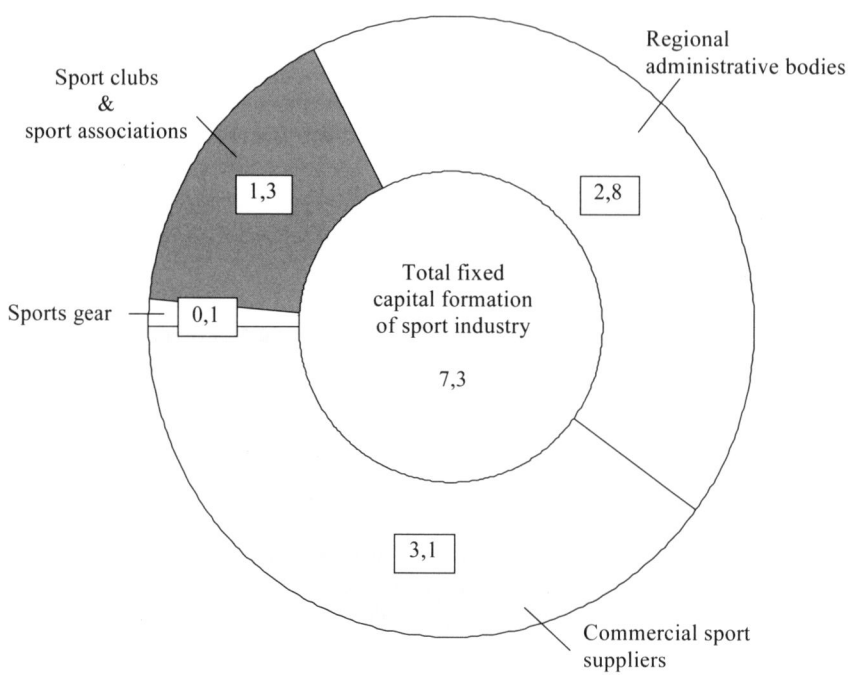

Diagram 0.1-4:   *Investment activity in sport industry*
- in billion DM at current prices -

Sport employs more than 783.000 persons

Through the sport related activities covered in the input-output table of sport more than 783.000 people or 2.4 per cent of all employees were employed in the field of sport in 1998 (compare diagram 0.1-5). This means that sport employs about as many people as banking does.

This high number also includes people employed in jobs where social insurance was not compulsory especially including paid exercise therapists and secondary occupied trainers. But since this group of employees in particular guarantees high quality sport services offered by the sport clubs, they should be included with the total of employees in sport. Of course, all the persons with honorary functions who make the broad offer of sport services of sport clubs possible are not included.

Diagram 0.1-5:   Employment effects of sport in 1998

On the whole a slight increase in sport related employment was observed over the last few years. This increase of employment results primarily from positive economic developments in commercial sport institutions as well as the progressing professional support of honorary work in sport clubs and sport associations.

242.000 of the 783.000 employees were active outside the homogeneous branches specific to sport in the production of sport specific final demand. This number does not only contain the employment effects triggered directly by sport specific demand but also takes the employees into account that are indirectly - e.g. by manufacturing intermediate products - connected to final demand. That were nearly 128.000 persons in 1998.

The economic perspectives of sport

Results of model calculations on the effects of sport political measures and behavioural changes of the consumers

In the following a few results of this study concerning the economic prospects of sport are presented. The results are marked as deviations from the basic forecast for the forecast time span from 1999 until 2010. The basic forecast calculated by the SPORT model suggests a continuation of the behaviour patterns observed in the past. The basic forecast is then compared with a second forecast which contains a certain sport economic change in the behaviour of the government, the consumers or producers of sport products.

Golden Plan East leads to a long-term higher employment

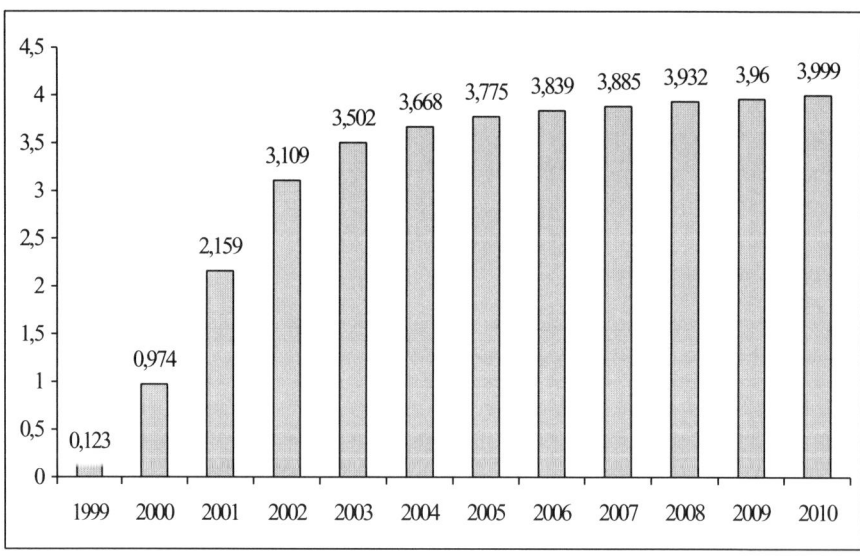

Diagram 0.1-6:   *Development of the gross domestic product resulting from the Golden Plan East*
- deviations from the basic forecast in billion DM at current prices -

First of all the economic effects of a strengthening of the infrastructure of sport facilities, financed by a general reduction in government expenditure, in accordance with the "Golden Plan East" presented by the German Sport

Association in 1992, for the East German Länder between 1999 and 2010 were examined. While working on the so-called "Golden Plan East" it was established that a total sum of 24,77 billion DM would be necessary to raise the offer of sport facilities in the new federal Länder to the standard of the early ninetees in the western Länder (Deutscher Sportbund 1993). The forecast calculations made with the SPORT model illustrate that government expenditure for the improvement of the infrastructure of sport facilities in accordance with the "Golden Plan East", financed by a general reduction of government consumption, would have a positive effect on overall income and employment figures in Germany. The diagram 0.1-6 shows the positive development of the gross domestic product over the entire forecasting period from 1999 to 2010.

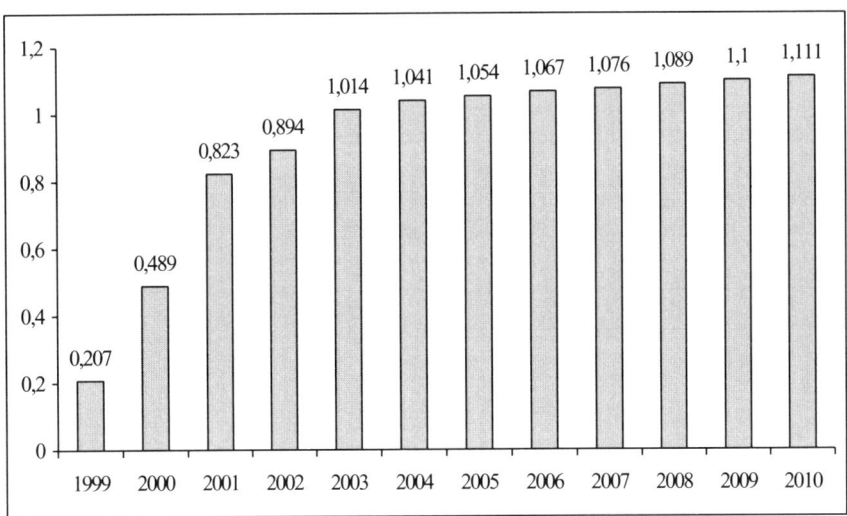

Diagram 0.1-7:   Development of tax revenues owing to the realization of the Golden Plan East
                  - deviations from the basic forecast in billion DM at current prices -

The increase of the gross domestic product compared to the basic forecast already amounts to 123 million DM in 1999 and is prognosticated to reach nearly 4 billion DM in 2010. Due to the reduction of general government consumption (to finance public investments in sport infrastructure) the gross domestic product increases haltingly in the initial years although additional investments were made within the framework of the Golden Plan East. By 2001 all economic areas will be influenced by the expansive effects of the economic cycle. This also has its effect on the development of government income. Increasing wage and profit incomes do not only lead to an increase of available income of private

27

households but also to a general expansion of government income resulting from increased tax revenues (diagram 0.1-7).

The relatively strong development of tax revenues in the first two years results from the fact that during this period, the production taxes increased owing to the expansion of production which was triggered by additional investments. All in all tax revenues increase lastingly until the end of the forecast time span. The government tax revenues exceed the base forcast in 2010 by more than 1,1 billion DM.

Apart from the increase of the gross domestic product a long-term positive development on the job market is observed (compare diagram 0.1-8). The total number of additionally occupied employees, when compared to the base development, increases from 1.680 in 1999 to 10.906 in 2010, with the increase of employment being much stronger in the first years and reaching its climax with over 14.000 additional employees in 2002. Since the positive primary effects occur in the building industry it can be assumed that the expansive effects will be concentrated on the five new Länder. The investments in the infrastructure of sport facilities, seen from an economic point of view, contribute to a further harmonization of the living standards of East and West Germany.

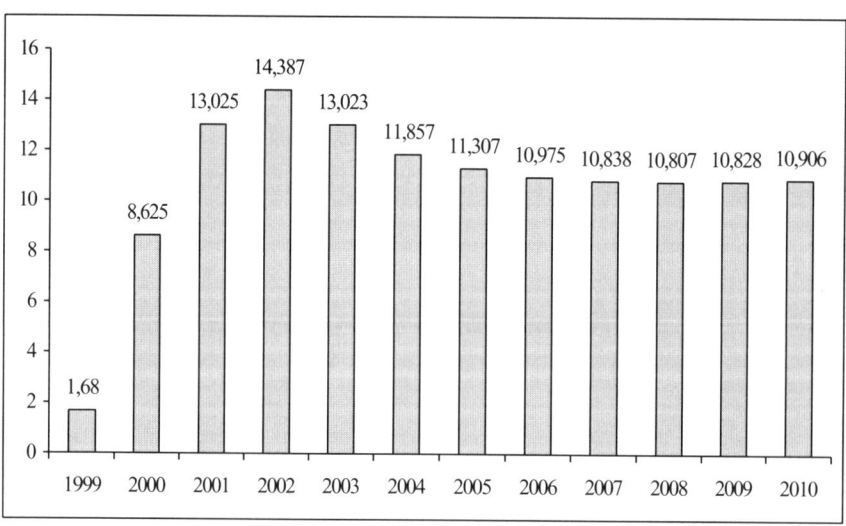

Diagram 0.1-8:   *Development of employment owing to the realization of the Golden Plan*
East
- deviations from the base forecast in thousand persons -

Expansion of public sport promotion has positive effects on production and income

A further application of the SPORT model showed that an expansion of public sport promotion clearly has positive effects on production and income in Germany but the course of the employment effect depends on the type of financing. In a simulation dealing with the increase of government subsidies for sport clubs and sport associations it was assumed that the government additionally provides over 10,6 billion DM for the sport clubs and sport associations over the time-span considered i.e. from 1999 to 2010. The financing of these additional subsidies is achieved by reducing government expenditure i.e. the general government consumption is reduced to the extent of the increased government subsidies given to the sport clubs.

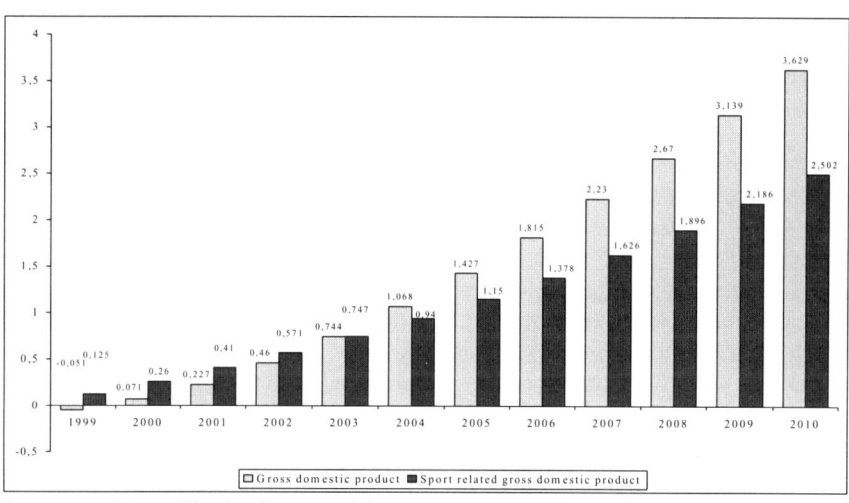

Diagram 0.1-9:   The development of the gross domestic product due to an increase of
                 government subsidies given to sport clubs
                 - deviations from the base forecast in billion DM at current prices -

Diagram 0.1-9 illustrates the continuous increase of the gross domestic product, compared to the base forecast over the total simulation time-span 1999 until 2010, by a total of over 17,4 billion DM. The direct and indirect expansive effects of an increase of public sport promotion are obviously stronger than the contractive effects which result from a reduction of government consumption. The stronger dynamics of the overall gross domestic product compared to the sports related gross domestic product can be related to the fact that the additional government subsidies generally flow into different economic branches due to the high ratio of intermediate consumption to output of sport clubs (i.e. the share of goods and services received from the various economic branches - i.e. intermediate consumption – in the total turnover of sport clubs). Since the sport sector is less labour-intensive than other sectors of the economy, employment levels remain almost unchanged although the gross domestic product increases slightly.

Should the additional public sport promotion however be financed by higher taxation instead of a reduction of the total government consumption, a positive effect on employment could be achieved.

This can be explained by the fact that in this situation the contractive financing effects turn out to be much weaker. The tax increase of private households reduces the available income of private households but their purchases are reduced by a smaller amount since their consumption rate (i.e. the share of consumption expenditure in available income) is smaller than 1. The private households do not reduce their consumption expenditure as much as the additionally levied taxes increase but on the other hand the government spends all its additional tax revenues.

Shifting of the sport demand from the sport clubs to the commercial institutions results in negative effects on employment

In a further simulation, the macro-economic consequences of an altered sport related consumer behaviour in favour of commercial suppliers were analysed. It was assumed that only the structure of sport related final consumption of households would change due to a partial substitution of the expenditures on sport in clubs for expenditures on commercial sport institutions. The expenditures of private households for sport clubs - usage fees as well as membership fees - will be continuously reduced up to 2010. In 2010 the reduction of usage fees will amount to more than 1,7 billion DM while the membership fees will only be reduced by 0,75 billion DM. The model was configurated so as not to let the assumed loss of income vitally endanger sport in clubs. Parallel to the reduction of expenditure on sport in clubs a corresponding increase of expenditure on sport in commercial institutions up to 2010 occurs.

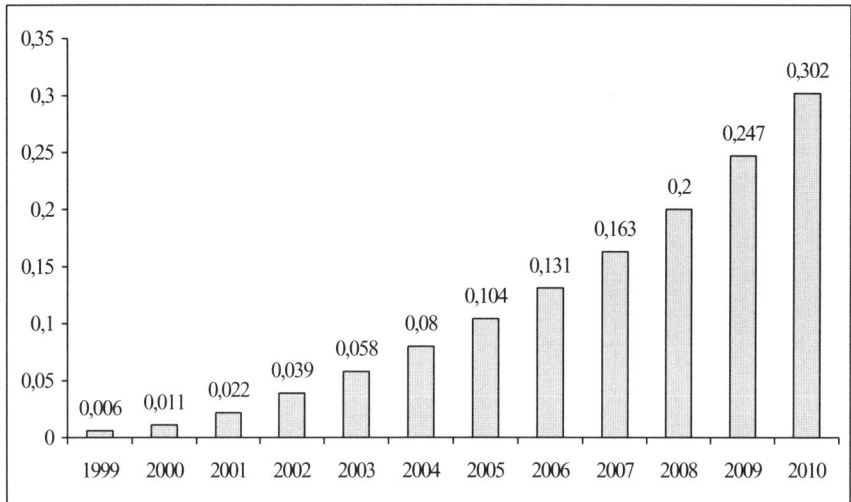

Diagram 0.1-10:   *Development of the gross domestic product as a result of an increased shift in sport consumption from the sport clubs to commercial suppliers - deviations from the base forecast in billion DM at current prices -*

Although only a change in the sport specific consumption structure is assumed, a slight increase of the gross domestic product ensues over the complete simulation period (compare diagram 0.1-10). It rises continuously and in 2010 is more than 0,3 billion DM above the base forecast level. The increase of the sport related gross domestic product is related to a higher rate of value added (i.e. share of wage and profit income as consumption of fixed capital in turnover) of commercial sport suppliers. This higher rate of value added can be explained by higher annual consumption of fixed capital (equipment, buildings etc.) which are due to a higher volume of investments as well as incoming profits. Especially the profit principle is not the main aspect concerning the activities of sport clubs and furthermore the profit made is reinvested in the recreational area of the sports club the following year.

The higher rate of value added does also imply the opposite, i.e. that the connection of commercial sport suppliers with other economic branches through intermediate consumption interaction is far weaker. The shifting of consumption demand from the sport clubs and sport associations with a high rate of intermediate consumption to output (and a low rate of value added) over to commercial sport suppliers with a low rate of intermediate consumption to output (and a high rate of value added) leads to a clear reduction of macro-economic intermediate input.

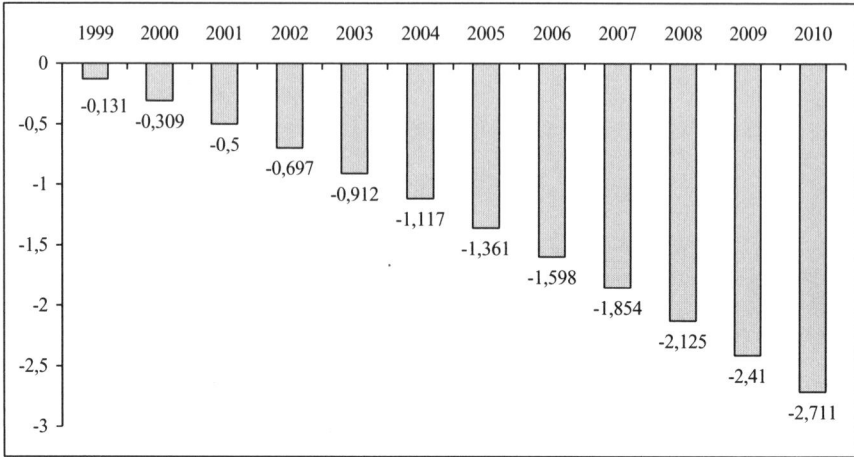

Diagram 0.1-11:   Employment trend as a result of an increased shift of sport consumption from the sport clubs and sport associations over to the commercial suppliers
- deviations from the base forecast in thousand persons -

The smaller intermediate consumption interaction of commercial sport institutions compared with sport clubs and sport associations causes loss of income to sport clubs, as a result of the assumed altered behaviour towards leisure sport, to intensify multiplicatively the reduction of intermediate input. The reduction of intermediate input owing to the lower rate of intermediate consumption to output of commercial sport providers as well as the higher labour productivity of commercial sport suppliers lead to a slight reduction of employment over the total simulation period.

Soccer World Cup in 2006 in Germany would also be an economic success

The model calculations on the potential economic effects of a Soccer World Cup held in Germany in 2006 are based on selected results of a "socio-economic analysis of the World Cup held in Germany in 2006" with respect to potential investment costs in preparing for the World Cup as well as expected expenditures of foreign World Cup visitors in 2006 (Kurscheidt/Rahmann 1999b). Government expenditures on the infrastructure worth 0,23 billion DM (price base 1991) between 2003 and 2005 were assumed. Total expenditures of foreign World Cup visitors in 2006 were calculated to be about 1,765 billion DM. Since these expenditures are foreign demand for German goods and services, they were treated in the model calculation as sport specific export demand.

In general - independent of the type of financing of necessary investments in World Cup infrastructures - the hosting of the World Cup positively influences income and employment. Even if taxes were increased between 2003 and 2005 to finance the governmental investments in World Cup infrastructures, the gross domestic product would increase significantly due to consumption expenditure of foreign World Cup tourists in 2006.

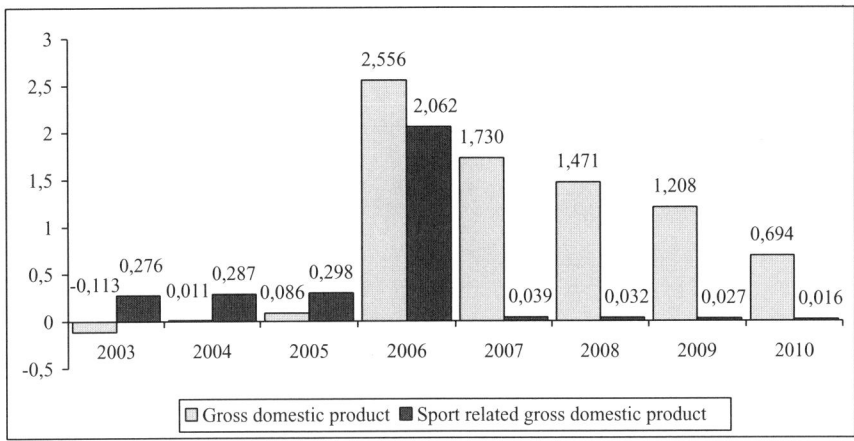

Diagram 0.1-12:   *The development of the gross domestic product as a result of a tax-financed World Cup in 2006*
- deviations from the base forecast in billion DM at current prices -

The additionally levied direct taxes on private households in the case of financing the World Cup by taxes slow down the expansive expenditure effect of the additional government investments. The tax increase leads to an extraction of a part of the developing revenues from the economic cycle. This obviously causes a reduction of macroeconomic demand in the first year of the forecast compared with the reference level (compare diagram 0.1-12). But already from the second year onwards the general effect is slightly positive. In 2006 the additional demand of foreign visitors of the World Cup would amount to 1,765 billion DM producing a definite increase in production and available income of private households. These now generate additional consumption or investment demand or they flow in form of additional tax revenues into the public purse. Companies, the government and private households can obviously finance additional expenditures due to expansive revenue effects of the economic circulation.

These expansive circulation effects strongly influence the non-sport specific areas of the economy especially in the years after the World Cup (compare diagram 0.1-12). The tax financed expansion of necessary World Cup infrastructure investments merges into a positive employment effect. After the initial reduction in 2003 as a result of the financing the infrastructure investments by tax increases, employment increases slightly in the years 2004 until 2009 and reaches its climax with nearly 8.000 additional jobs in 2006 when the World Cup is actually held.

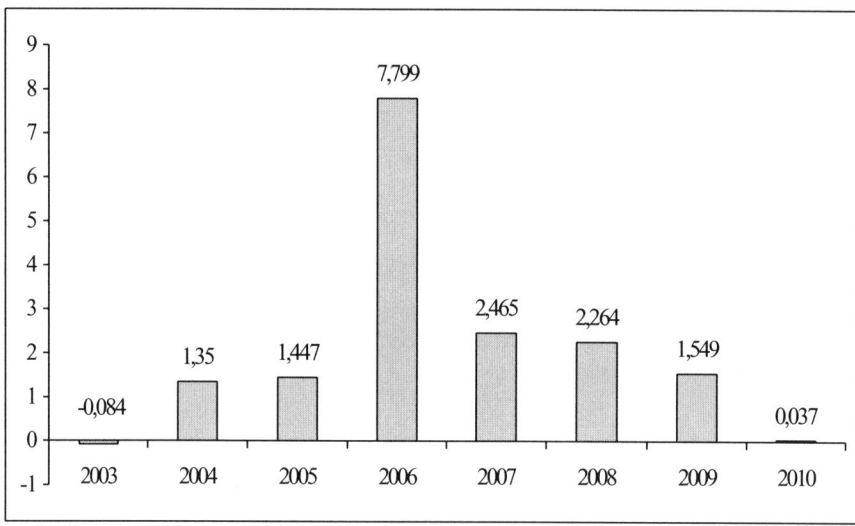

Diagram 0.1-13:   Development of employment as a result of a tax financed World Cup in 2006
- deviation from the reference levels in thousand persons -

The results of the presented simulation calculations made with the SPORT model show that this instrument makes the analysis of complex problems possible. The model is designed for further usage and to allow development in the future. The following are just a few topics, which could be examined with the SPORT model: the evaluation of macro-economic effects of changed sport policies, the analysis of the economic importance of sport for individual Länder and regions or the analysis of the economic importance of sponsoring for sport and the economy.

The usage as well as the further development of the satellite system "Sport" which was created for the first time as well as the sport economic model SPORT can give new impulses to sport economic research and sport political discussion.

0.2 La Perspective Economique du Sport

L'importance sociale du sport réside évidemment en première ligne dans ses effets positifs sur la santé publique, dans le „gain de joie" des sportifs et des consommateurs de sport et dans son effet éducatif surtout pour la jeunesse. En même temps, le sport est aussi une „manifestation" économique où il y a des offreurs et des demandeurs de performances sportives, où des revenus salariaux et bénéficiaires naissent, où des décisions de consommation et d'investissement sont prises, des impôts sont payés et des subventions accordées. Bref: Tout l'univers des activités économiques diverses est également présent dans le monde des sports.

L'étude présente donne des reponses à des questions multiples qu'on pose dans ce milieu. Elle se distingue des autres études déjà présentes à deux égards différents: Tout d'abord, elle met l'accent sur l'aspect de l'interdépendance des activités économiques du sport avec le développement économique général. Celui qui produit des articles de sport (chaussures, matériel etc.) et des services de sport (l'offre de sport des institutions sportives) fait venir des matériaux des autres secteurs économiques et demande des mains-d'œuvre sur le marché du travail. Quand on construit des stades, une demande s'ensuit dans l'industrie du bâtiment et celle-ci pousse derechef la production et l'emploi dans d'autres secteurs économiques. Quand nous nous décidons à regarder un match de football dans un stade, nous n'achetons pas seulement le billet, mais nous utilisons aussi les moyens de transport pour nous rendre au stade et nous y consommons des boissons ou achetons des articles de supporter pour manifester notre sympathie pour une certaine équipe.

Les données qui sont relevées dans le cadre de cette étude la première fois pour l'Allemagne - le système satellite „sport" - représentent une extension liée au sport des comptabilités nationales. Les comptabilités nationales sont le système central et global des résultats statistiques d'économie nationale dans la République fédérale d'Allemagne.

Le système satellite „sport" est un calcul complémentaire pour la présentation détaillée des rapports entre le sport et l'économie, dont le cœur représente le tableau d'input-output du sport de l'an 1993. Un tableau d'input-output enregistre sous forme d'un schéma arithmétique les flux de biens entre les branches de l'économie nationale et ses livraisons à la demande finale, et également la mise en œuvre des inputs primaires - salaires, bénéfices, amortissements et impôts comme composantes de la création de plus-values - dans les branches différentes. Les activités sportives économiques diverses sont présentées explicitement dans leur interdépendance avec l'économie nationale au tableau d'input-output du sport.

Les relations d'interdépendance d'économie du sport, présentées explicitement au tableau d'input-output du sport, ont été implantées ensuite dans le modèle de simulation et de pronostic économétrique SPORT qui était développé spécialement pour des analyses économiques du sport. Ce modèle SPORT, élargi des activités économiques du sport, ne permet pas seulement l'analyse des processus économiques, qui relient le sport avec la société. Il peut montrer aussi des perspectives économiques du sport dans des conditions sociales et politiques financières modifiées.

Par la suite, quelques résultats centraux de cette étude seront présentés brièvement. Indépendamment de cela, on peut appliquer dans l'avenir non seulement le système satellite „sport", qui était élaboré dans le cadre de ce projet de recherche pour la première fois, mais aussi le modèle SPORT, développé particulièrement pour l'analyse des problèmes économiques du sport, et les perfectionner par cela. D'autres calculs de simulation avec le modèle SPORT peuvent donner de nouvelles impulsions à la recherche économique du sport et aussi bien à la discussion politique sportive.

L'IMPORTANCE ECONOMIQUE DU SPORT EN 1998

Le produit intérieur brut lié au sport s'élève à presque 53 milliards DM

Dans le cadre du projet de recherche un tableau d'input-output du sport était établi pour la première fois pour l'an 1993. On pouvait réévaluer ces données avec le modèle SPORT jusqu'à l'an 1998. On n'y a pas seulement tenu compte des informations structuraux du tableau d'input-output du sport de l'an 1993, mais aussi des résultats les plus actuels de la comptabilité nationale du Service fédéral des statistiques.

Le produit intérieur brut lié au sport (la valeur totale des marchandises et services produits au marché intérieur), qui était calculé pour l'an 1998 au tableau d'input-output du sport, s'élevait à un montant total de presque 53 milliards DM. En 1998, la production liée au sport faisait ainsi 1.4 % du produit intérieur brut total d'un montant de 3,799 milliards DM.

Comme on s'y attendait, la consommation privée liée au sport (la consommation liée au sport des ménages privés et aussi la consommation propre des clubs et des fédérations sportives) est la plus grande composante d'utilisation avec 40,6 milliards DM. La consommation propre des clubs et des fédérations, s'élevant à un montant de presque 4,4 milliards DM, contient cette partie respectivement de leur valeur de production et de chiffre d'affaires qui n'est pas vendue, mais qui est gratuitement mise à la disposition des membres des clubs dans le cadre de leur affiliation.

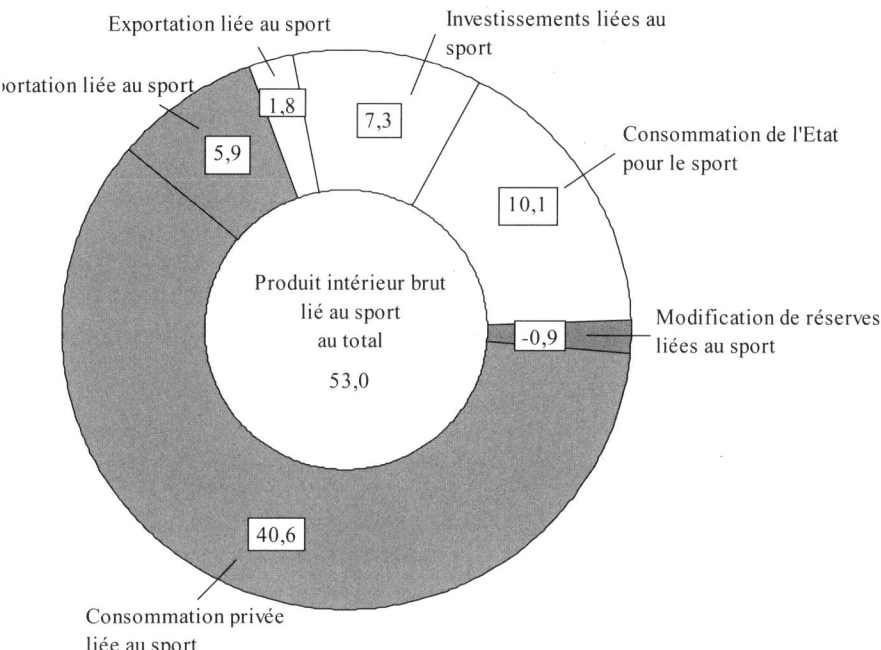

Illustration 0.2-1: Le produit intérieur brut du sport en l'an 1998
- en milliards DM en prix correspondants-

La consommation de l'Etat pour le sport, qui saisit celles prestations liées au sport des collectivités territoriales (l'Etat fédéral [Bund], les régions [Länder] et les communes) qui sont gratuitement mises à la disposition du public (par exemple l'éducation physique et sportive [l'EPS], le sport dans les entreprises, la mise à disposition de l'infrastructure sportive publique etc.) s'élevait à plus de 10 milliards DM en 1998. Les investissements liés au sport saisissent l'activité d'investissement de la branche du sport, qui a pu être divisé en sept secteurs de production liés au sport dans le cadre de cette étude (cf. tableau 0.2-1). Des investissements d'équipement sportif (surtout matériel de sport) d'une valeur de plus de 0,8 milliards DM et des constructions liées au sport d'une valeur de 6,4 milliards DM étaient réalisés. Les secteurs qui produisent des articles de sport ont en plus augmenté leur stock de presque 0,9 milliards DM, tandis qu'ils ont exporté des articles de sport d'une valeur de plus de 1,8 milliards DM. Parallèlement à cela, des articles de sport d'une valeur de plus de 5,9 milliards DM étaient importés.

Tableau 0.2-1:   *Les secteurs de production liés au sport dans la branche du sport au tableau d'input-output du sport*

* Production de vélos de sport
* Production d'articles de sport
* Production de chaussures de sport
* Production de vêtements de sport
* Prestations des offreurs de sport lucratifs (salles de fitness, sportifs professionnels, organisateurs d'évènement sportif etc.)
* Prestations liées au sport des collectivités territoriales (Etat, länder et communes)
* Prestations des clubs et des fédérations sportives

La branche du sport effectue un chiffre d'affaires de plus de 30,4 milliards DM

Le chiffre d'affaires total de la branche du sport, représenté au tableau d'input-output du sport (cf. tableau 0.2-1), s'élevait à plus de 30,4 milliards DM en 1998. Ainsi, la branche du sport a cependant devancé l'industrie textile nationale dans son importance. La production nationale d'articles de sport faisait plus de 3,7 milliards DM. Un chiffre d'affaires de 6,9 milliards DM pouvait être calculé pour le secteur des offreurs de sport lucratifs. D'autre part, le chiffre d'affaires du secteur de production supplémentaire „clubs et fédérations sportives" pouvait être estimé à 8,8 milliards DM. Pour le secteur „prestations liées au sport des collectivités territoriales" on a calculé une valeur de production de 11,1 milliards DM en 1998, qui contient en particulier les dépenses étatiques pour l'EPS et le sport aux entreprises et aussi bien pour la mise à disposition et l'entretien permanent de l'infrastructure sportive publique.

Les citoyens d'Allemagne dépensent à peu près 40,6 milliards DM pour le sport

Les citoyens d'Allemagne ont dépensé au total presque 40,6 milliards DM pour le sport en l'an 1998. Cette somme représente à peu près 1.9 % de la consommation privée totale. Les allemands dépensent ainsi presque autant d'argent pour le sport que pour l'achat de tabacs ou de cosmétiques.

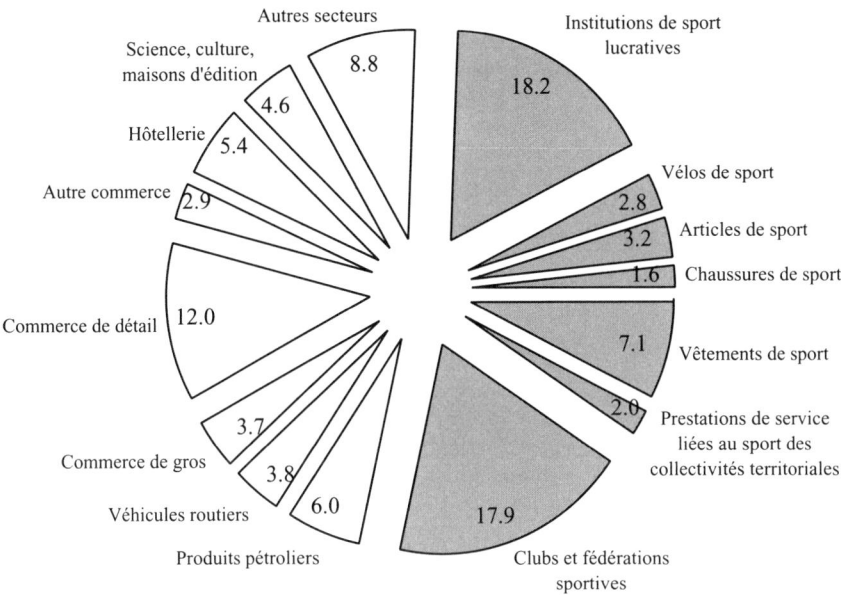

Illustration 0.2-2: La répartition proportionnelle de la demande de consommation liée au sport des ménages privés dans des catégories de biens choisis, qui est nommée la structure de biens de la consommation privée liée au sport en 1998
- en % de la consommation privée liée au sport totale -

Plus de 50 % (21,6 milliards DM) de la consommation privée liée au sport revenaient directement aux sept secteurs de production de biens de sport, tandis qu'on demandait des biens d'une valeur de presque 19 milliards DM dans le cadre de la pratique sportive hors de cette branche du sport (essence, prestations commerciales, prestations de transport etc.).

La répartition proportionnelle de la demande de consommation liée au sport dans des catégories de biens choisis, qui est nommée la structure de biens, est montrée par l'illustration 0.2-2. Les clubs et les fédérations sportives en particulier et aussi les institutions de sport économiques privées profitent le plus de la demande de consommation, qui était obtenue dans le cadre de la pratique sportive, avec respectivement 17.9 % et 18.2 %. Outre cela, le commerce de détail peut acquérir plus de 12.0 % de la demande de consommation liée au sport totale. Environ 7.1 % revient à la branche de vêtements de sport, 6.0 % aux produits pétroliers (surtout pour les trajets liés à la pratique sportive) et 5.4 % à l'hôtellerie. En plus, beaucoup d'autres secteurs profitent de la demande de consommation des ménages privés, qui résulte des activités sportives.

Les citoyens d'Allemagne dépensent à peu près 13,8 milliards DM pour la pratique sportive

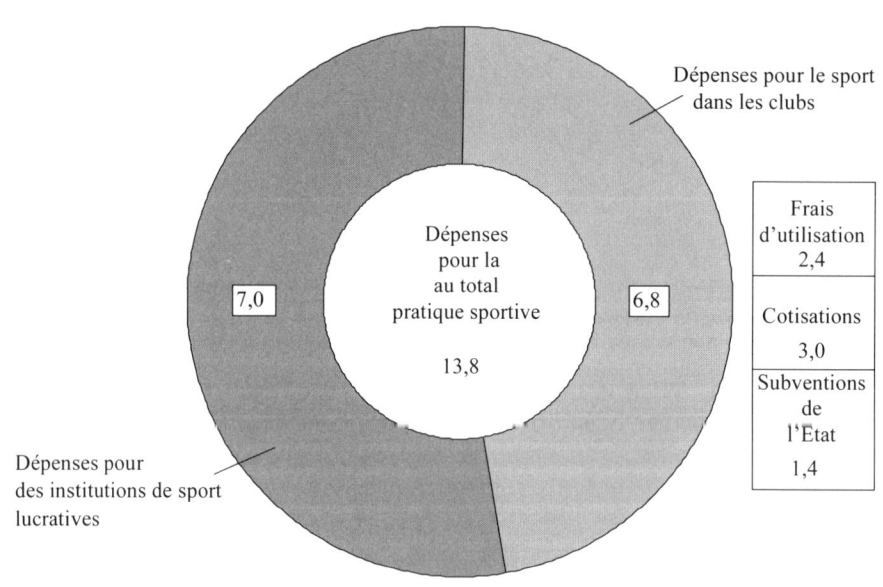

Illustration 0.2-3: Les dépenses pour la pratique sportive en l'an 1998
- en milliards DM en prix correspondants-

Les dépenses pour la pratique sportive s'élevaient à un volume total de presque 13,8 milliards DM en 1998. Les ménages privées en ont dépensé presque 7 milliards DM dans des institutions de sport lucratives (salles de fitness, centres de squash etc.), tandis que les clubs et les fédérations sportives ont mis des prestations d'une valeur totale de 6,8 milliards DM à la diposition de leurs membres. De cela, plus de 2,4 milliards DM revenaient aux frais d'utiliations, qui ne sont pas couverts dans le cadre de l'affiliation à un club ou bien qui sont à payer par les non-licenciés pour les prestations du club. Les clubs ont mis des prestations d'une valeur de presque 4,4 milliards DM à la diposition de leurs membres dans le cadre de leur affiliation (que l'on dit la consommation propre des clubs et des fédérations sportives). Ces prestations étaient financées non seulement par les cotisations des membres (3,0 milliards DM), mais aussi par les subventions de l'Etat, dont particulièrement celles des länder et des communes, données aux clubs et aux fédérations sportives (1,4 milliards DM).

L'Etat, les länder et surtout les communes mettent presque 11,5 milliards DM à la disposition du sport

L'Etat fédéral avec ses collectivités territoriales, qui sont l'Etat, les länder et les communes, a mis presque 11,5 milliards DM gratuitement à la disposition de ses citoyens pour le sport. Cela fait à peu près 1.5 % de la consommation de l'Etat totale. 10,1 milliards DM de ce montant revenait aux dépenses d'Etat pour la mise à disposition gratuite de l'infrastructure sportive publique (surtout les frais pour le personnel et l'entretien permanent [pas d'investissements !] pour la mise à disposition des établissements sportifs, l'EPS aux écoles publiques, le sport à la police et à l'armée etc.) que l'on dit la consommation dc l'Etat consacréc au sport. En plus, l'Etat a accordé des subventions d'à peu près 1,4 milliards DM aux clubs et aux fédérations sportives pour tenir compte de l'importance sociale et sanitaire du sport pour la communauté nationale.

La branche du sport investit environ 7,3 milliards DM

Le volume totale des investissements de presque 7,3 milliards DM se répartissait surtout entre les trois prestataires de service sportif, dont les institutions de sport lucratives ont fait la plus grande partie des investissements avec environ 3,1 milliards DM en outre des collectivités territoriales (2,8 milliards DM).

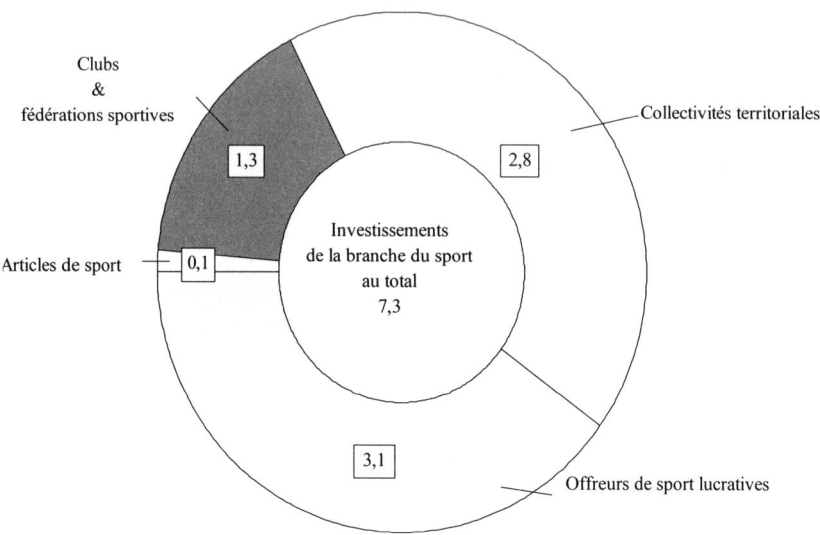

Illustration 0.2-4: L'activité d'investissement de la branche du sport
- en milliards DM en prix correspondants -

Le volume élevé d'investissement lié au sport de l'Etat s'explique par le fait que surtout les länder accordent des subventions pour la construction des établissements sportifs et qu'en plus les communes sont responsables surtout pour l'entretien de l'infrastructure sportive publique. Les investissements des clubs et des fédérations avaient un volume de presque 1,3 milliards DM. Leur volume d'investissement relativement petit vient du fait que les communes en particulier mettent une grande partie de l'infrastructure de sport nécessaire à la disposition des clubs ou bien l'établissement de l'infrastructure de sport propre au club se fait dans le cadre d'un cofinancement entre les länder, les communes et les clubs.

Le sport emploie plus de 783 mille personnes

En l'an 1998, plus de 783 mille personnes ou plus de 2.4 % de tous les salariés étaient employés dans la branche du sport par des activités liées au sport, représentées au tableau d'input-output du sport (cf. illustration 0.2-5). Le sport emploie ainsi environ autant de personnes que le secteur de crédit.

Ce chiffre élevé contient aussi ces personnes qui n'étaient pas employé dans des relations d'emploi assujetties à l'assurance sociale. On compte parmi elles surtout des moniteurs payés et des entraîneurs à titre de fonction annexe. Mais puisque ce groupe d'employés garantit l'offre de sport qualitativement de haute valeur des clubs, ce groupe devrait être compris dans le nombre total des personnes employées dans le sport. Certes, les employés à titre honorifique, qui rendent donc possible l'offre de sport vaste des clubs, n'en font pas partie.

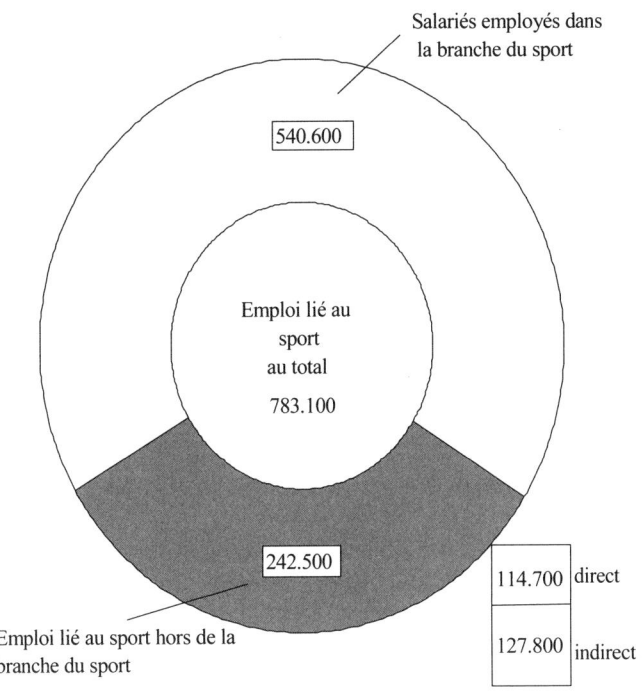

Illustration 0.2-5: Les effets d'emploi du sport en l'an 1998

En tout, on pouvait déterminer une légère augmentation de l'emploi lié au sport dans les dernières années. Cette augmentation d'emploi s'explique particulièrement par le développement économique positif des institutions de sport lucratives et aussi par le soutien, de plus en plus professionnalisé du travail à titre honorifique dans le secteur des clubs et des fédérations.

Plus de 242 mille personnes des 783 mille employés étaient engagées dans la production de la demande finale liée au sport hors des secteurs de production liés au sport. Non seulement les effets d'emploi, suscités directement par la demande liée au sport, sont compris dans ce chiffre. Aussi ceux employés sont tenus en compte qui travaillent indirectement - par exemple par la production de produits intermédiaires - pour la demande finale liée au sport. Ceux-là faisaient presque 128 mille personnes en 1998.

LES PERSPECTIVES ECONOMIQUES DU SPORT

Les résultats des calculs de modèle concernant les effets des mesures politiques sportives et les changements du comportement des consommateurs

Par la suite, on présentera quelques résultats de cette étude quant aux perspectives économiques du sport. Les résultats sont démontrés comme des écarts au pronostic de base pour la période de pronostic de 1999 à 2010. Le pronostic de base, qui était calculée avec le modèle SPORT, y présume une continuation des comportements observés dans le passé. Ensuite, on compare chaque pronostic de base avec un deuxième pronostic, qui contient un certain changement économique du sport dans le comportement de l'Etat, des consommateurs ou des producteurs d'articles de sport.

„Goldener Plan Ost" mène à long terme à un taux d'emploi plus élevé

D'abord, on a examiné quels effets économiques résulteront, dans les länder de l'est dans la période de 1999 à 2010, d'un élargissement de l'infrastructure des établissements sportifs, financé par une réduction générale des dépenses publiques conformément au „Goldener Plan Ost" (le plan d'or d'est), qui était présenté par le Deutsche Sportbund (la confédération allemande du sport) en 1992. Dans le cadre du „Goldener Plan Ost", on a constaté qu'il faut au total un montant de 24,77 milliards DM pour ajuster l'offre d'établissements sportifs dans les nouveaux länder à la situation dans les anciens länder au début des années 90 (Deutscher Sportbund 1993). Les calculs pronostiques avec le modèle SPORT montrent que les dépenses publiques pour l'amélioration de l'infrastructure d'établissements sportifs conformément au „Goldener Plan Ost", qui sont financé par une réduction générale de la consommation de l'Etat, ont des effets positifs sur le développement du revenu et d'emploi en Allemagne.

L'illustration 0.2-6 montre le développement positif du produit intérieur brut pendant la période de pronostic 1999 à 2010.

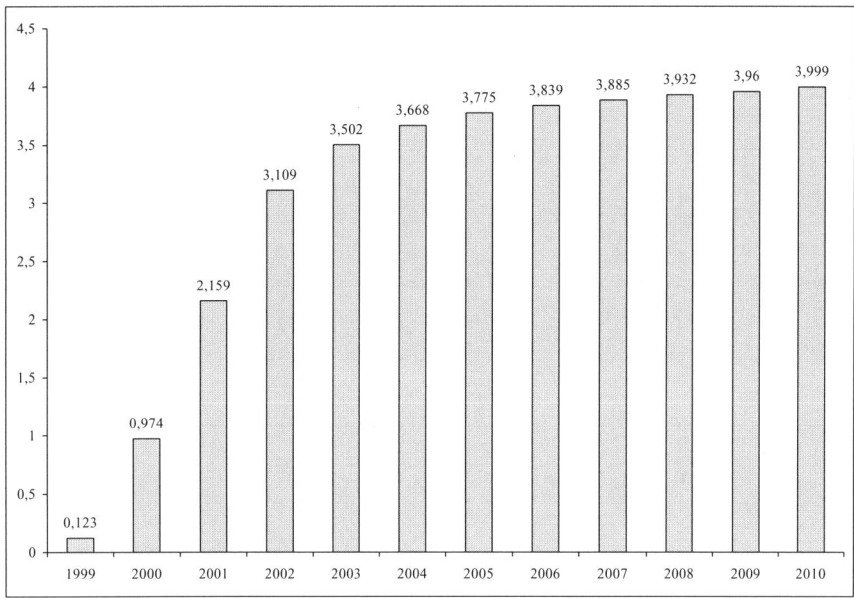

*Illustration 0.2-6: Le développement du produit intérieur brut par suite de la réalisation
du „Goldener Plan Ost"
- écarts au pronostic de base en milliards DM en prix correspondants -*

L'augmentation du produit intérieur brut par rapport au pronostic de base s'élève
à déjà 123 millions DM en 1999 et montera à presque 4 milliards DM en 2010. À
cause de la réduction de la consommation de l'Etat générale (pour le financement
des investissements publiques pour l'infrastructure sportive), on n'a qu'une
légère augmentation du produit intérieur brut dans les premières années, malgré
les investissements supplémentaires dans les cadre du „Goldener Plan Ost". Mais
déjà à partir de l'an 2001, tous les secteurs de l'économie nationale seront
touchés par les effets expansifs du circuit économique. Cela se manifeste aussi
dans le développement du côté des recettes publiques. Des revenus salariaux et
bénéficiaires croissants ne mènent pas seulement à une augmentation des revenus
disponibles des ménages privés, mais aussi à une expansion générale des recettes
publiques par suite des recettes fiscales montantes (illustration 0.2-7).

Le développement des recettes fiscales relativement fort dans les deux premières
années, est dû au fait que pendant cette période les taxes à la production
„jaillissent" plus fortement, par suite de l'expansion de production à cause de
l'activité d'investissement supplémentaire. Dans l'ensemble, une croissance
durable des recettes fiscales se fera jusqu'à la fin de la période de pronostic. Les

recettes fiscales de l'Etat seront élevées de plus de 1,1 milliards DM par rapports au cours de base en l'an 2010.

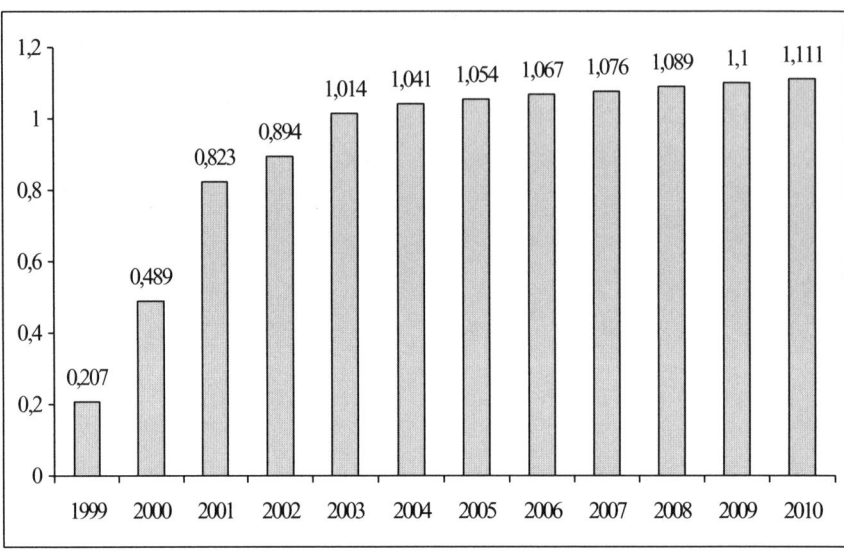

Illustration 0.2-7: Développement des recettes fiscales par suite de la réalisation du
„Goldener Plan Ost "
- écarts au pronostic de base en milliards DM en prix correspondants -

Mais en plus de l'augmentation du produit intérieur brut, on constate aussi un développement positif durable au marché du travail (cf. illustration 0.2-8). Le nombre des salariés employés supplémentairement monte ainsi, par rapport au cours de base, de 1.680 en 1999 à 10.906 employés en 2010. L'augmentation d'emploi y est plus fort dans les premières années et atteindra son point culminant avec plus de 14.000 employés en 2002. Comme les effets primaires positifs se font remarquer dans l'industrie du bâtiment, on peut s'attendre au fait que les effets expansifs se concentreront sur les cinq nouveaux länder. Les investissements dans l'infrastructure d' établissements sportifs représentent ainsi, également sous des points de vue économiques, une contribution à l'harmonisation des conditions de vie entre l'Allemagne de l'est et de l'ouest.

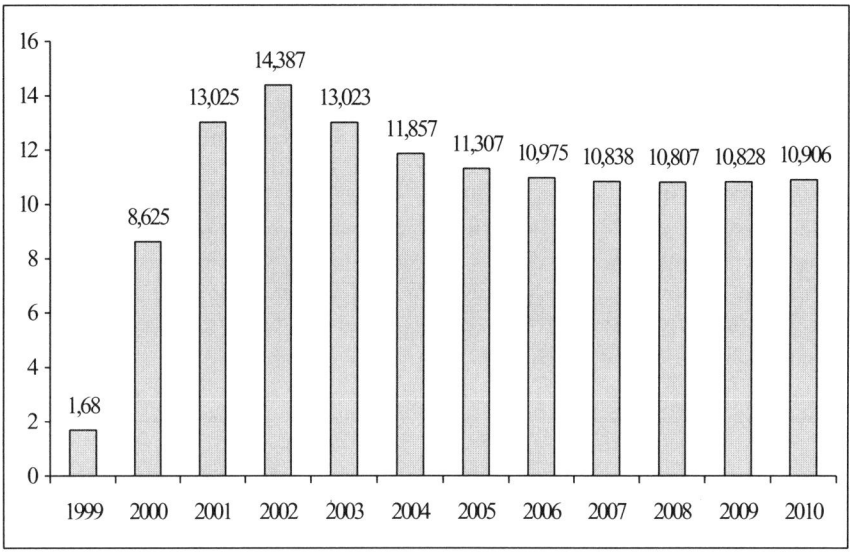

Illustration 0.2-8:   *Le développement de l'emploi par suite de la réalisation du*
             „Goldener Plan Ost"
             - écarts au pronostic de base en mille personnes -

L'expansion de la promotion sportive publique a des effets positifs sur la production et le revenu

Dans une autre application du modèle SPORT on pouvait montrer qu'une expansion de la promotion sportive publique a nettement des effets positifs sur la production et le revenu en Allemagne, le sens de l'effet d'emploi dépend cependant du mode de financement. Dans un calcul de simulation, concernant l'augmentation des subventions de l'Etat aux clubs et aux fédérations, on a supposé que l'Etat met supplémentairement plus de 10,6 milliards DM à la disposition des clubs et des fédérations pendant toute la période de pronostic de 1999 à 2010. Le financement de ces subventions supplémentaires aux clubs se fait par une réduction correspondante des dépenses publiques, c'est-à-dire la consommation publique générale est réduite du volume des subventions élevées de l'Etat aux clubs.

L'illustration 0.2-9 montre l'augmentation continuelle du produit intérieur brut au total de plus de 17,4 milliards DM par rapport au pronostic de base pendant toute la période de simulation de 1999 à 2010. Les effets expansifs directs et indirects d'une augmentation de la promotion sportive publique sont manifestement plus forts que les effets contractifs, qui résultent d'une diminution de la consommation de l'Etat. La dynamique plus forte du produit intérieur brut de l'économie nationale, par rapport au produit intérieur brut lié au sport, vient du fait que les subventions supplémentaires de l'Etat s'écoulent principalement dans d'autres secteurs économiques à cause de la quote-part de prestation préalable élevée des clubs (c'est-à-dire la part des émoluments des marchandises et des prestations dans les secteurs différents de l'économie nationale - ainsi nommées les prestations préalables - à son chiffre d'affaires total). L'emploi reste presque inchangé malgré l'augmentation faible du produit intérieur brut, parce que le secteur de sport n'emploie pas autant de personne que les autres secteurs de l'économie nationale.

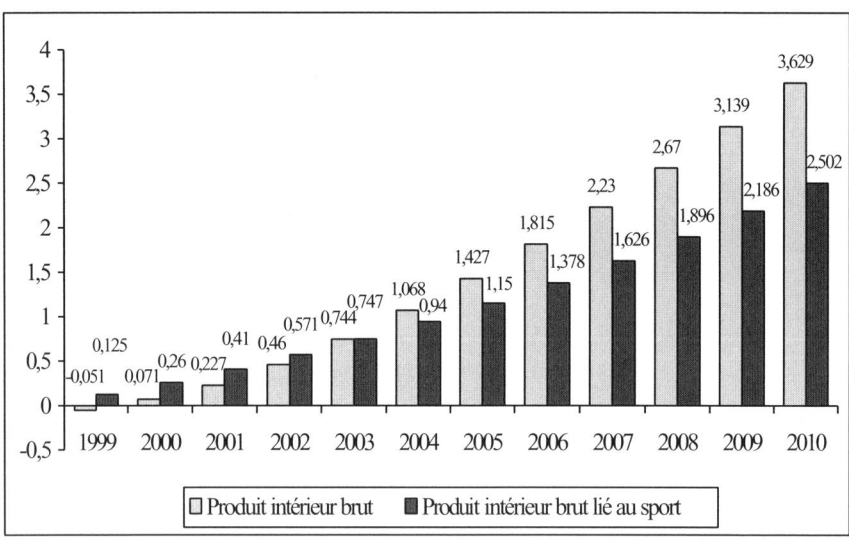

Illustration 0.2-9: Le développement du produit intérieur brut par suite d'une augmentation des subventions de l'Etat aux clubs sporifs - écarts au pronostic de base en milliards DM en prix correspondants -

Si, par contre, la promotion sportive publique supplémentaire était financée par des impôts plus élevés au lieu d'une réduction de la consommation de l'Etat générale, un effet d'emploi positif pourrait être atteint. Cela s'explique par le fait que, dans cette situation, les effets de financement contractifs sont beaucoup plus faible. Certes, l'augmentation des impôts des ménages privés diminue les revenus disponibles des ménages privés, mais leurs achats sont diminués d'un montant plus petit, parce que leur quote-part de consommation (c'est-à-dire la part des dépenses de consommation au revenu disponible) est plus petit que 1. Les ménages privés ainsi ne diminuent pas leurs dépenses de consommation du montant entier des impôts levés en plus. Mais d'autre part, l'Etat dépense complètement les recettes fiscales supplémentaires.

Le transfert de la demande de sport des clubs aux institutions lucratives a des effets d'emploi négatifs

Dans un autre calcul de simulation, on a analysé les conséquences d'économie totale d'un comportement de consommation sportive changé au profit des offreurs lucratifs. On a supposé que seulement la structure de la consommation privée de sport change à cause d'une substitution partielle des dépenses pour le sport au club par des dépenses pour des institutions de sport lucratives. Les dépenses des ménages privés dans les clubs -les frais d'utilisation et aussi les cotisations- seront réduits continuellement jusqu'à l'an 2010. En l'an 2010 la réduction des frais d'utilisation s'élevera à plus de 1,7 milliards DM, tandis que les cotisations seront réduites uniquement de presque 0,75 milliards DM. Le modelage était choisi de sorte que le sport au club ne soit pas menacé dans son existence par des pertes de recettes supposées. Parallèlement à la diminution des dépenses pour le sport dans les clubs, une augmentation correspondante des dépenses pour le sport dans les institutions de sport lucratives se produira jusqu'à l'an 2010.

Bien qu'on ne suppose qu'un changement de la structure de consommation sportive, une légère augmentation du produit intérieur brut se fait pendant toute la période de pronostic (cf. illustration 0.2-10). Il croît continuellement et sera élevé de plus de 0,3 milliards DM en 2010 par rapport au pronostic de base. L'augmentation du produit intérieur brut lié au sport vient d'une quote-part de création de plus-values plus élevée (c'est-à-dire la part des revenus salariaux et bénéficiaires comme amortissements au chiffre d'affaires) des offreurs de sport lucratifs. Celle-ci s'explique particulièrement par des amortissements annuels plus élevés sur les immobilisations (matériel, bâtiments etc.) à cause d'un volume d'investissement plus élevé et aussi des bénéfices. Mais dans les clubs, le principe de bénéfice n'est justement pas au centre de leur activité. En outre, les bénéfices réalisés sont à amener au secteur idéel du club dans l'année suivante.

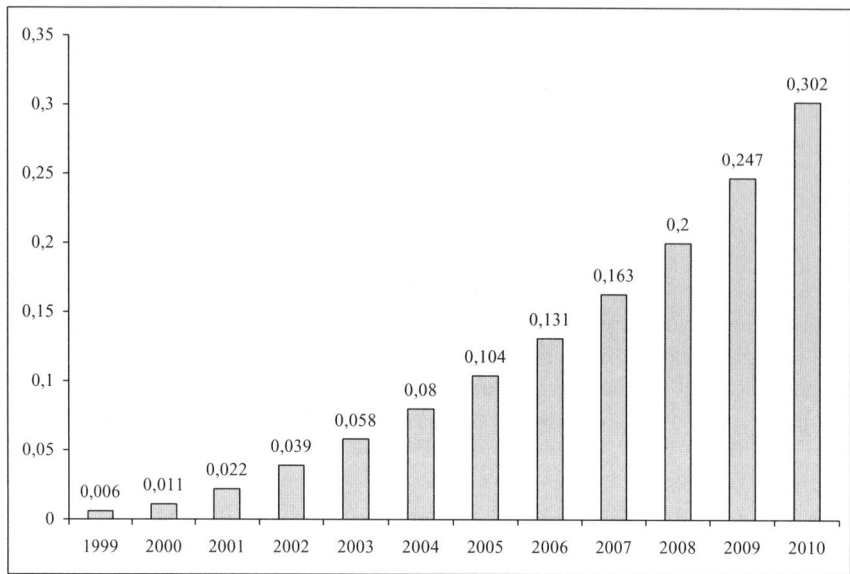

Illustration 0.2-10: Le développement du produit intérieur brut par suite d'un transfert croissant de la consommation de sport des clubs aux offreurs lucratifs - écarts au pronostic de base en milliards DM en prix correspondants -

Mais la quote-part de création de plus-values plus élevée implique inversement aussi que les offreurs de sport lucratifs sont liés beaucoup plus faiblement aux autres secteurs économiques par l'interdépendance de prestation préalable. Une nette régression de la mise de prestation préalable d'économie totale résulte du transfert de la demande de consommation du secteur des clubs et des fédérations avec une quote-part de prestation préalable élevée (et une quote-part de création de plus-values basse) au profit du secteur des offreurs de sport lucratifs avec une quote-part de prestation préalable basse (et une quote-part de création de plus-values élevée).

L'interdépendance de prestation préalable plus faible des institutions de sport lucratives comparativement aux clubs et aux fédérations sportives a pour effet que des pertes de recettes des clubs, par suite d'un changement supposé du comportement de sport et de loisir, renforce la réduction de la mise de prestation préalable de façon multiplicative. Non seulement la réduction de la mise de prestation préalable, à cause de la quote-part de prestation préalable plus basse des offreurs de sport commerciaux, mais aussi la productivité de travail plus élevée des offreurs de sport lucratifs entraînent une légère reduction de l'emploi pendant toute la période de simulation.

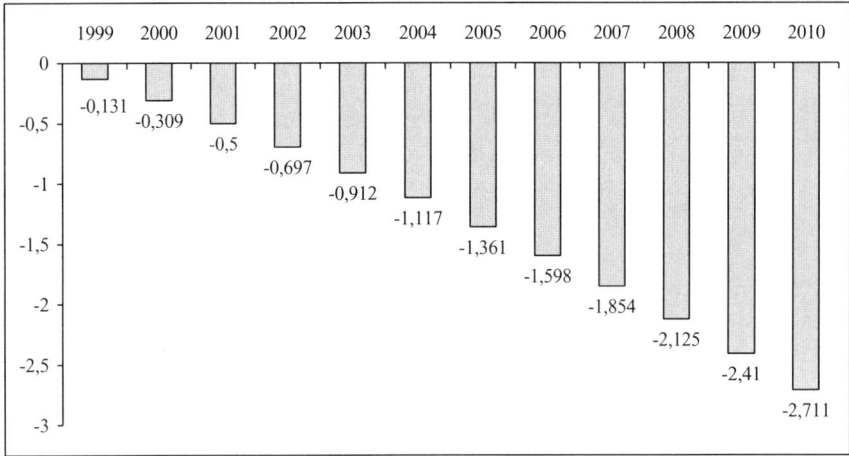

Illustration 0.2-11: Le développement de l'emploi par suite d'un transfert croissant de la consommation de sport des clubs aux offreurs lucratifs
- écarts au pronostic de base en milliers-

La coupe du monde de football 2006 en Allemagne serait aussi économiquement un bénéfice

Les calculs de modèle, quant aux effets économiques possibles d'une coupe du monde de football en l'an 2006 en Allemagne, sont basés sur des résultats choisis d'une „Analyse socio-économique de la coupe du monde de football 2006 en Allemagne", concernant les frais d'investissement possibles dans le cadre de la préparation de la coupe du monde et aussi des dépenses qu'on attend des spectateurs étrangers de la coupe du monde en 2006 (Rahmann et al. 1998). Pour les années 2003 à 2005 on a supposé des investissements publiques pour l'infrastructure en valeur de 0,23 milliards DM (base de prix 1991). Les dépenses totales des spectateurs étrangers de la coupe du monde en 2006 était calculé avec à peu près 1,765 milliards DM. Ils représentent une demande de l'étranger de marchandises et de services de prestation du marché intérieur. C'est pourquoi on les a traité comme une demande d'exportation du sport dans le cadre des calculs de modèle.

Généralement on voit qu'une organisation de la coupe du monde entraîne des effets de revenu et d'emploi positifs - indépendamment du mode de financement des investissements d'infrastructure, nécessaires à la coupe du monde. Même au cas d'une augmentation d'impôt dans les années 2003 à 2005 pour le financement des investissements d'infrastructure publiques pour la coupe du monde, on aura une nette croissance du produit intérieur brut à cause des dépenses de consommation des touristes étrangers de la coupe du monde en 2006.

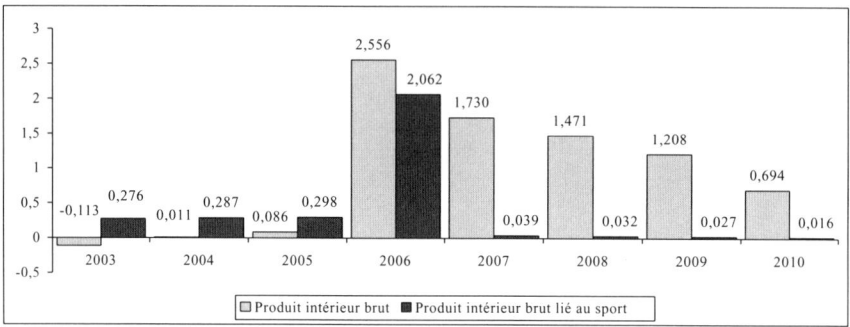

Illustration 0.2-12:Le développement du produit intérieur brut par suite d'un financement par impôts de la coupe du monde 2006
- écarts au pronostic de base en milliards DM en prix correspondants -

Les impôts directs levés supplémentairement des ménages privés, au cas d'un financement de la coupe du monde par impôts, freinent l'effet de dépenses expansif des investissements publiques supplémentaires. Une partie des revenus résultants est enlevée du circuit économique à cause de l'augmentation d'impôt. Dans la première année de pronostic cela mène apparemment à une diminution de la demande économique totale par rapport au cours de base (cf. illustration 0.2-12). Mais déjà dès la deuxième année l'effet total sera légèrement positif. En 2006 la demande supplémentaire des touristes étrangers de la coupe du monde d'un montant de 1,765 milliards DM aura pour effet une augmentation sensible de la production et aussi des revenus disponibles des menages privés. Ceux-ci produiront derechef une demande de consommation ou d'investissement supplémentaire ou bien ils iront dans les caisses publiques en forme de recettes fiscales supplémentaires. Il parait que les entreprises, l'Etat et les menages privés peuvent financer des dépenses supplémentaires à cause des effets de revenus expansifs du circuit économique. Ces effets expansifs du circuit rayonnent fortement sur les secteurs non-sportifs de l'économie nationale, surtout dans les années après la coupe du monde de football (cf. illustration 0.2-12). L'élargissement des investissements d'infrastructure, nécessaire à la coupe du monde et financé par l'augmentation d'impôt, mène à un effet d'emploi positif. Après une régression initiale en 2003, à cause du financement des investissements d'infrastructure par une augmentation des recettes fiscales, l'emploi augmentera légèrement dans les années 2004 à 2009 et atteindra son point culminant dans l'année même de la coupe du monde avec presque 8000 postes de travail supplémentaires.

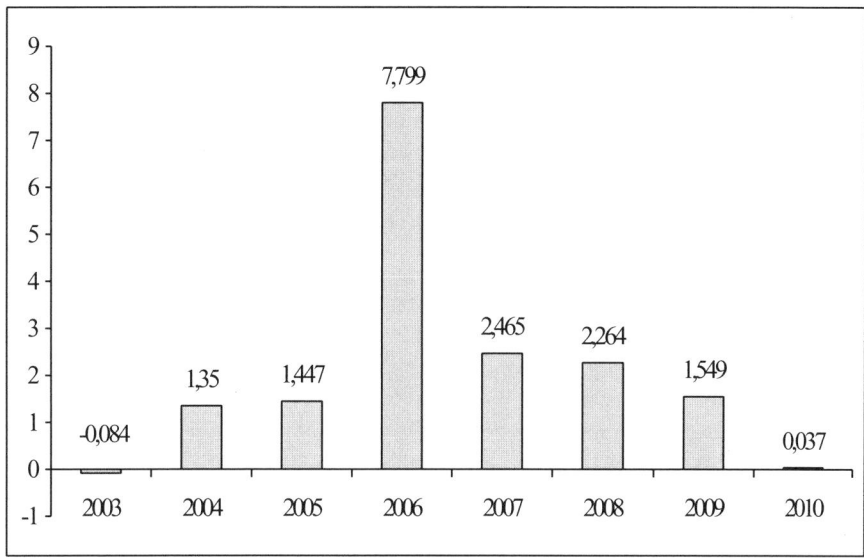

Illustration 0.2-13: Le développement de l'emploi par suite d'une coupe du monde de
football 2006, financée par impôts
- écarts au cours de base en milliers de personnes-

Les résultats des calculs de simulation, présentés avec le modèle SPORT, montrent que cet instrument permet l'analyse de problèmes diverses. Le modèle est construit de sorte qu'il puisse être appliqué encore dans l'avenir et perfectionné de cette façon. Comme exemples on cite ici l'évaluation des effets macroéconomiques des politiques sportives changées, l'analyse de l'importance économique du sport pour des pays et des régions particuliers ou bien l'analyse de l'importance économique du sponsoring pour le sport et l'économie.

L'application et le perfectionnement du système satellite „sport", élaboré pour la première fois, et aussi du modèle économique SPORT peuvent donner de nouvelles impulsions non seulement à la recherche économique du sport, mais aussi à la discussion de la politique sportive.

0.3 Kurzfassung der Untersuchungsergebnisse

Die gesellschaftliche Bedeutung des Sports liegt natürlich in erster Linie in seinen positiven Wirkungen auf die Volksgesundheit, im "Lustgewinn" der Sportler und der Sportkonsumenten und in seiner erzieherischen Wirkung insbesondere für die Jugend. Daneben ist Sport aber auch eine ökonomische "Veranstaltung", bei der es Anbieter und Nachfrager von Sportleistungen gibt, bei der Lohn- und Gewinneinkommen entstehen, Konsum- und Investitionsentscheidungen getroffen werden, Steuern gezahlt und Subventionen gewährt werden. Kurz: Der gesamte Kosmos der vielfältigen ökonomischen Aktivitäten ist auch in der Welt des Sports zugegen.

Die vorliegende Studie gibt Antworten auf vielfältige Fragen, die in diesem Umfeld gestellt werden. Von anderen bereits vorliegenden Arbeiten unterscheidet sie sich in zweierlei Hinsicht: Zunächst einmal betont sie den Aspekt der Verflechtung sportökonomischer Aktivitäten mit der allgemeinen wirtschaftlichen Entwicklung. Wer Sportwaren (Schuhe, Geräte usw.) und Sportdienstleistungen (Sportangebot der Sporteinrichtungen) produziert, bezieht von anderen Wirtschaftszweigen Materialien und fragt auf dem Arbeitsmarkt Arbeitskräften nach. Wenn Stadien gebaut werden, ergibt sich Nachfrage bei der Bauwirtschaft und diese wiederum stößt Produktion und Beschäftigung in anderen Wirtschaftszweigen an. Wenn wir uns entscheiden, ein Fußballspiel live zu sehen, so kaufen wir nicht nur die Eintrittskarte, sondern benutzen auch Verkehrsmittel, um in das Stadion zu kommen und konsumieren dort Getränke oder aber kaufen Fanartikel, um unsere Sympathie für eine bestimmte Mannschaft zu dokumentieren.

Der im Rahmen dieser Studie erstmals für Deutschland erhobene Datensatz - das Satellitensystem "Sport" - stellt eine sportbezogene Erweiterung der Volkswirtschaftlichen Gesamtrechnungen dar. Die Volkswirtschaftlichen Gesamtrechnungen sind das zentrale und umfassende System mit volkswirtschaftlichen Statistikergebnissen für die Bundesrepublik Deutschland. Das Satellitensystem "Sport" ist ein dazu ergänzendes Rechenwerk für die detaillierte Darstellung der Zusammenhänge zwischen Sport und Wirtschaft, dessen Herz die für das Jahr 1993 erhobene Input-Output-Tabelle des Sports darstellt. Eine Input-Output-Tabelle verzeichnet in Form eines in sich geschlossenen Rechenschemas die Güterströme zwischen den Branchen der Volkswirtschaft und ihre Lieferungen an die Endnachfrage als auch den Einsatz von Primärinputs - Löhne, Gewinne, Abschreibungen und Steuern als Komponenten der Wertschöpfung - in den einzelnen Branchen. In der Input-

Output-Tabelle des Sports werden explizit die vielfältigen sportökonomischen Aktivitäten in ihrer Verflechtung mit der Volkswirtschaft schlüssig abgebildet.

Die in der Input-Output-Tabelle des Sports explizit ausgewiesenen sportökonomischen Verflechtungsbeziehungen wurden dann in das speziell für sportökonomische Analysen entwickelte ökonometrische Simulations- und Prognosemodell SPORT implementiert. Dieses um sportökonomische Aktivitäten erweiterte SPORT-Modell erlaubt nicht nur die Analyse von ökonomischen Prozessen, die den Sport mit der Gesellschaft verbinden. Es kann auch ökonomische Perspektiven des Sports unter veränderten gesellschaftlichen oder finanzpolitischen Rahmenbedingungen aufzeigen.

Im folgenden werden kurz einige zentrale Untersuchungsergebnisse dieser Studie vorgestellt. Unabhängig davon kann sowohl das im Rahmen dieses Forschungsprojektes erstmalig erhobene Satellitensystem "Sport" als auch das speziell zur Analyse von sportökonomischen Fragestellungen entwickelte Modell SPORT zukünftig weiter eingesetzt und somit weiterentwickelt werden. Weitere Simulationsrechnungen mit dem Modell SPORT können sowohl der sportökonomischen Forschung als auch der sportpolitischen Diskussion neue Impulse geben.

DIE ÖKONOMISCHE BEDEUTUNG DES SPORTS IN 1998

Das sportbezogene Bruttoinlandsprodukt beträgt knapp 53 Mrd. DM

Im Rahmen des Forschungsprojektes wurde erstmals eine Input-Output-Tabelle des Sports für das Jahr 1993 erstellt. Dieser Datensatz konnte bis zum Jahr 1998 mit dem SPORT-Modell fortgeschrieben werden. Dabei wurden sowohl die Strukturinformationen des Jahres 1993 aus der Input-Output-Tabelle des Sports als auch die aktuellsten Ergebnisse der Volkswirtschaftlichen Gesamtrechnungen des Statistischen Bundesamtes berücksichtigt.

Das in der Input-Output-Tabelle des Sports für das Jahr 1998 ermittelte sportbezogene Bruttoinlandsprodukt (Gesamtwert der im Inland produzierten Waren und Dienstleistungen) hatte eine Gesamthöhe von knapp 53 Mrd. DM. In 1998 machte somit die sportbezogene Leistungserstellung 1.4 v. H. des gesamten Bruttoinlandsproduktes in Höhe 3.799 Mrd. DM aus.

Erwartungsgemäß ist der sportbezogene private Verbrauch (sportbezogener Konsum der privaten Haushalte als auch der Eigenverbrauch der Sportvereine

55

und Sportverbände) mit etwa 40,6 Mrd. DM die größte Verwendungskomponente. Der Eigenverbrauch der Sportvereine und Sportverbände in Höhe von nahezu 4,4 Mrd. DM umfaßt denjenigen Leistungen, die den Mitgliedern der Sportvereine im Rahmen ihrer Mitgliedschaft unentgeltlich zur Verfügung gestellt werden.

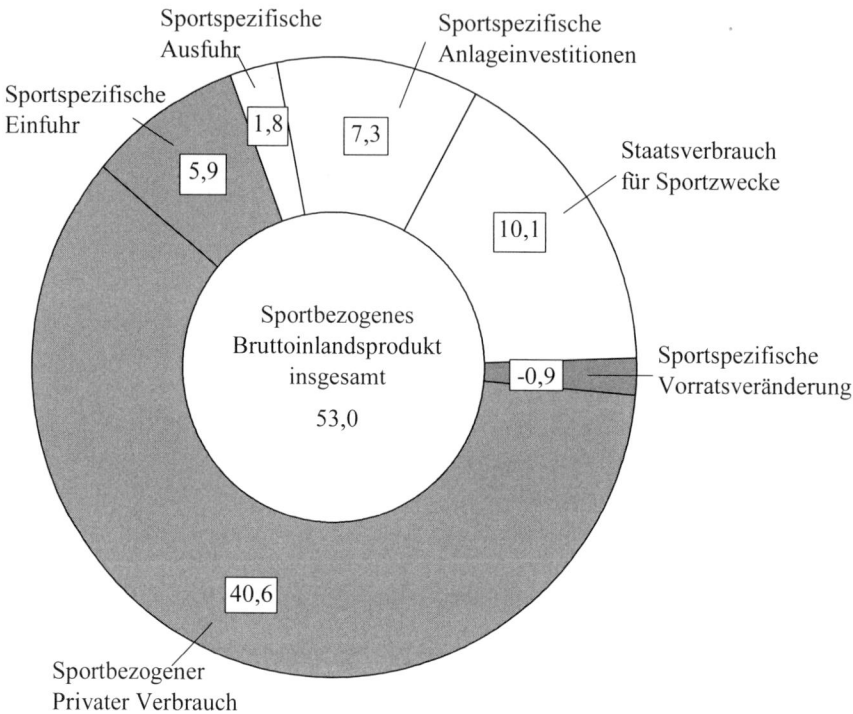

Abbildung 0.3-1: Das Bruttoinlandsprodukt des Sports im Jahre 1998
in Mrd. DM in jeweiligen Preisen -

Der Staatsverbrauch für Sportzwecke, der diejenigen sportbezogenen Leistungen der Gebietskörperschaften (Bund, Länder und Gemeinden) erfaßt, die der Allgemeinheit ohne spezielles Entgelt zur Verfügung gestellt werden (z. B. Schulsport, Dienstsport, Bereitstellung der öffentlichen Sportinfrastruktur usw.), hatte im Jahre 1998 eine Höhe von gut 10 Mrd. DM. Die sportspezifischen Anlageinvestitionen erfassen die Investitionstätigkeit der Sportbranche, die im Rahmen dieser Studie in sieben spezielle sportspezifischen Produktionsbereiche unterteilt werden konnte (siehe Tabelle 0.3-1). Neben Ausrüstungen (insbesondere Investitionen in Sportgeräte) im Wert von über 0,8 Mrd. DM wurden durch die Sportbranche Bauinvestitionen im Wert von 6,4 Mrd. DM getätigt. Die Sportwaren produzierenden Produktionsbereiche haben außerdem ihren Lagerbestand um fast 0,9 Mrd. DM erhöht, während sie Sportwaren im Wert von mehr als 1,8 Mrd. DM exportierten. Parallel dazu wurden Sportwaren im Wert von mehr als 5,9 Mrd. DM importiert.

Tabelle 0.3-1:   *Die sportspezifischen Produktionsbereiche der Sportbranche innerhalb der Input-Output-Tabelle des Sports*

* Herstellung von Sportfahrrädern
* Herstellung von Sportgeräten
* Herstellung von Sportschuhen
* Herstellung von Sportbekleidung
* Leistungen der erwerbswirtschaftlichen Sportanbieter (Fitness-Studios, Berufssportler, Sportveranstalter usw.)
* Sportspezifische Leistungen der Gebietskörperschaften (Bund, Länder und Gemeinden)
* Leistungen der Sportvereine und Sportverbände

Die Sportbranche erwirtschaftet einen Umsatz von mehr als 30,4 Mrd. DM

Der Gesamtumsatz der innerhalb der Input-Output-Tabelle des Sports erfaßten Sportbranche (vergleiche Tabelle 0.3-1) belief sich im Jahre 1998 auf mehr als 30,4 Mrd. DM. Die Sportbranche hat somit mittlerweile die heimische Textilindustrie in ihrer Bedeutung überholt. Die inländische Produktion der Hersteller von Sportwaren machte mehr als 3,7 Mrd. DM aus. Für den Bereich der erwerbswirtschaftlichen Sportanbieter konnte ein Umsatz von 6,9 Mrd. DM ermittelt werden. Demgegenüber konnte für den zusätzlich aufgenommenen Produktionsbereich "Sportvereine und Sportverbände" der Umsatz auf mehr als 8,8 Mrd. DM geschätzt werden. Für den Bereich "Sportspezifische Leistungen der Gebietskörperschaften" wurde ein Produktionswert von 11,1 Mrd. DM im Jahr 1998 ermittelt, der insbesondere die staatlichen Aufwendungen für Schul- und Dienstsport als auch zur Bereitstellung und laufenden Unterhaltung der öffentlichen Sportinfrastruktur beinhaltet.

Die Bundesbürger geben nahezu 40,6 Mrd. DM für Sportzwecke aus

Insgesamt gaben die Bundesbürger im Jahre 1998 knapp 40,6 Mrd. DM für Sportzwecke aus. Dieses sind nahezu 1.9 v. H. des gesamten privaten

Verbrauchs. Die Bundesbürger geben damit für den Sport ungefähr genauso viel Geld wie für den Kauf von Tabakwaren oder Körperpflegemitteln aus.

Von dem sportbezogenen privaten Verbrauch entfielen mehr als 50 v. H. (21,6 Mrd. DM) direkt auf die sieben Sportgüter produzierenden Sektoren, während für annähernd 19 Mrd. DM Güter im Rahmen der Sportausübung außerhalb dieser Sportbranche nachgefragt wurden (Benzin, Handelsleistungen, Verkehrsleistungen usw.).

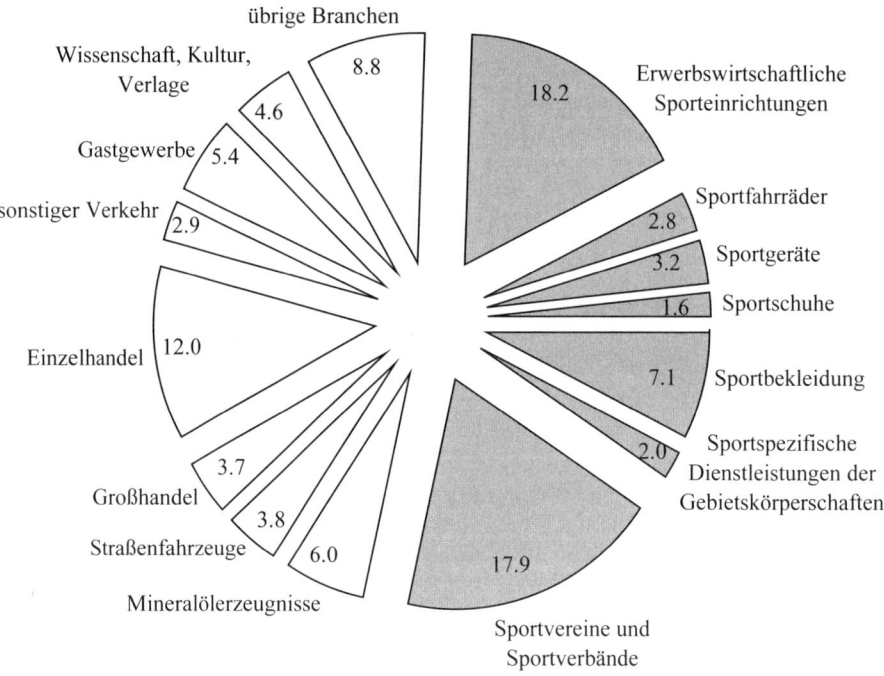

Abbildung 0.3-2: *Die prozentuale Verteilung der sportbezogenen Konsumnachfrage der privaten Haushalte auf ausgewählte Gütergruppen, die sog. Güterstruktur des sportbezogenen privaten Verbrauchs im Jahr 1998 - in v. H. des gesamten sportbezogenen privaten Verbrauchs -*

Die prozentuale Verteilung der sportbezogenen Konsumnachfrage auf einzelne Gütergruppen, die sog. Güterstruktur, zeigt Abbildung 0.3-2. Insbesondere die Sportvereine und Sportverbände als auch die privatwirtschaftlichen Sporteinrichtungen profitieren mit jeweils 17.9 v. H. und 18.2 v. H. am stärksten von der im Rahmen der Sportausübung bewirkten Konsumnachfrage. Daneben kann der Einzelhandel mehr als 12.0 v. H. der gesamten sportbezogenen Konsumnachfrage auf sich ziehen. Ca. 7.1 v. H. entfällt auf die Sportbekleidungsbranche, 6.0 v. H. auf Mineralölerzeugnisse (insbesondere für Fahrten zur Sportausübung) und 5.4 v. H. auf das Gast- und Beherbergungsgewerbe. Daneben haben noch eine Vielzahl weiterer Branchen Vorteile von der durch Sportaktivitäten ausgelösten Konsumnachfrage der privaten Haushalte.

Die Bundesbürger geben nahezu 13,8 Mrd. DM für Aktivsport aus

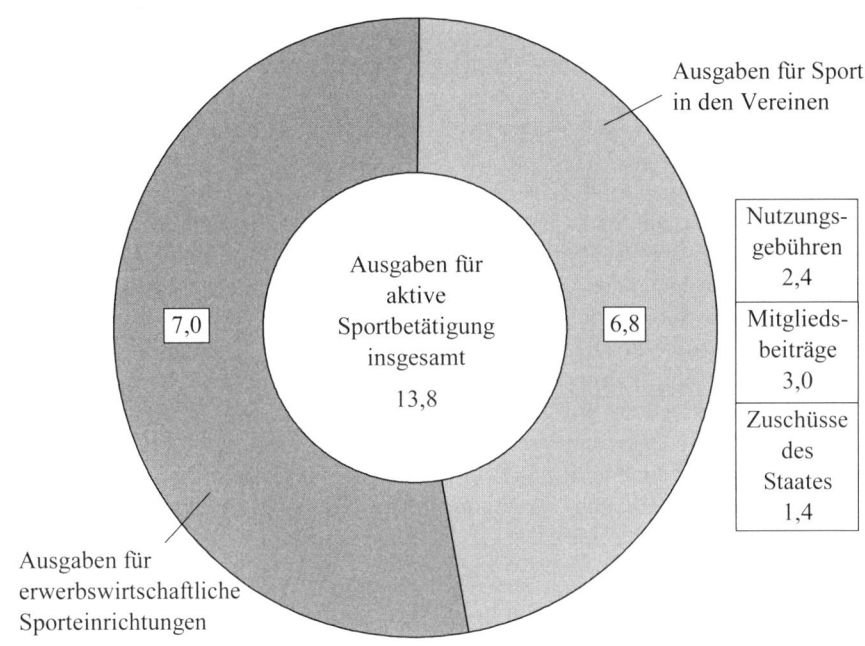

Abbildung 0.3-3:   Ausgaben für aktive Sportbetätigung im Jahr 1998
- in Mrd. DM in jeweiligen Preisen -

Die Ausgaben für aktive Sportbetätigung hatten 1998 ein Gesamtvolumen von nahezu 13,8 Mrd. DM. Davon gaben die privaten Haushalte fast 7 Mrd. DM in erwerbswirtschaftlichen Sporteinrichtungen (Fitness-Studios, Squashcenter usw.) aus, während die Sportvereine und Sportverbände Leistungen im Gesamtwert von 6,8 Mrd. DM ihren Nutzern zur Verfügung gestellt haben. Davon entfielen gut 2,4 Mrd. DM auf Gebühren für die Inanspruchnahme von Leistungen, die nicht im Rahmen einer Mitgliedschaft in einem Sportverein abgedeckt werden bzw. von Nichtmitgliedern für die Nutzung der Vereinsleistungen zu entrichten sind. Leistungen im Wert von nahezu 4,4 Mrd. DM haben die Sportvereine ihren Mitgliedern im Rahmen ihrer Mitgliedschaft zur Verfügung gestellt (sog. Eigenverbrauch der Sportvereine und Sportverbände). Diese Leistungen wurden sowohl durch Beiträge der Vereinsmitglieder (3,0 Mrd. DM) als auch durch Zuschüsse des Staates und hier insbesondere der Länder und Kommunen an die Sportvereine und Sportverbände (1,4 Mrd. DM) finanziert.

Bund, Länder und insbesondere Gemeinden stellen nahezu 11,5 Mrd. DM für Sportzwecke zur Verfügung

Der Staat mit seinen Gebietskörperschaften Bund, Länder und Gemeinden hat fast 11,5 Mrd. DM seinen Bürgern für Sportzwecke unentgeltlich zur Verfügung gestellt. Damit sind rund 1.5 v. H. des gesamten Staatsverbrauchs dem Sport zuzurechnen. Davon entfallen 10,1 Mrd. DM auf Ausgaben des Staates zur unentgeltlichen Bereitstellung der öffentlichen Sportinfrastruktur (insbesondere Personal- und laufenden Unterhaltungskosten [keine Investitionen!] für die Nutzung von Sporteinrichtungen, Schulsport in den öffentlichen Schulen, Dienstsport bei Polizei und Bundeswehr usw.), dem sogenannten Staatsverbrauch für Sportzwecke. Außerdem hat der Staat den Sportvereinen und -verbänden Zuschüsse in Höhe von ca. 1,4 Mrd. DM gewährt, um der gesellschaftlichen, sozialen und gesundheitlichen Bedeutung des Sports für das Gemeinwesen Rechnung zu tragen. Bezieht man auch die Investitionsausgaben der Gebietskörperschaften für Sportzwecke mit ein, so belaufen sich die sportbezogenen Ausgaben des Staates auf mehr als 14,3 Mrd. DM.

Die Sportbranche investiert etwa 7,3 Mrd. DM

Das gesamte Anlageinvestitionsvolumen von nahezu 7,3 Mrd. DM verteilte sich insbesondere auf die drei Sportdienstleister, wobei die erwerbswirtschaftlichen Sporteinrichtungen mit 3,1 Mrd. DM neben den Gebietskörperschaften (2,8 Mrd. DM) den größten Teil der Investitionen tätigten.

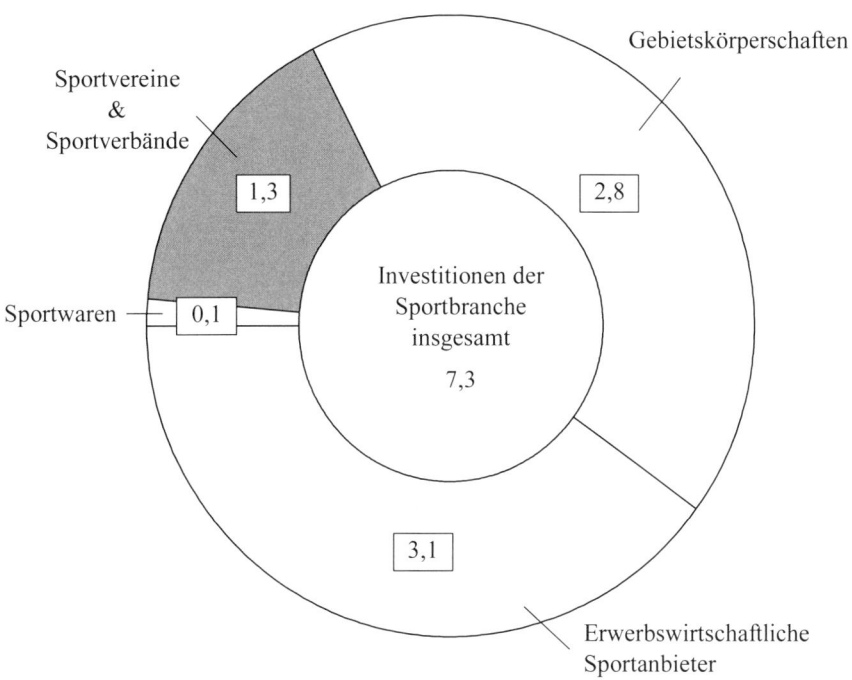

Abbildung 0.3-4:   Investitionstätigkeit der Sportbranche
- in Mrd. DM in jeweiligen Preisen -

Das hohe sportspezifische Investitionsvolumen des Staates erklärt sich dadurch, daß insbesondere die Länder Zuschüsse zum Bau von Sportanlagen geben und außerdem die Kommunen insbesondere für die Unterhaltung der öffentlichen Sportinfrastruktur verantwortlich sind. Die Investitionen der Sportvereine und Sportverbände hatten ein Volumen von knapp 1,3 Mrd. DM. Ihr relativ geringes Investitionsvolumen ist darauf zurückzuführen, daß insbesondere die Kommunen den Sportvereinen einen Großteil der benötigten Sportinfrastruktur zur Verfügung stellen oder aber die Errichtung der vereinseigenen Sportinfrastruktur im Rahmen einer Kofinanzierung zwischen Ländern, Gemeinden und Sportvereinen erfolgt.

Der Sport beschäftigt mehr als 783 Tsd. Personen

Im Jahr 1998 waren durch die innerhalb der Input-Output-Tabelle des Sports erfaßten sportbezogenen Aktivitäten mehr als 783 Tsd. Personen im Sport beschäftigt, das sind mehr als 2.4 v. H. aller beschäftigen Arbeitnehmer (vgl. Abbildung 0.3-5). Damit beschäftigt der Sport ungefähr genauso viele Menschen wie das Kreditgewerbe.

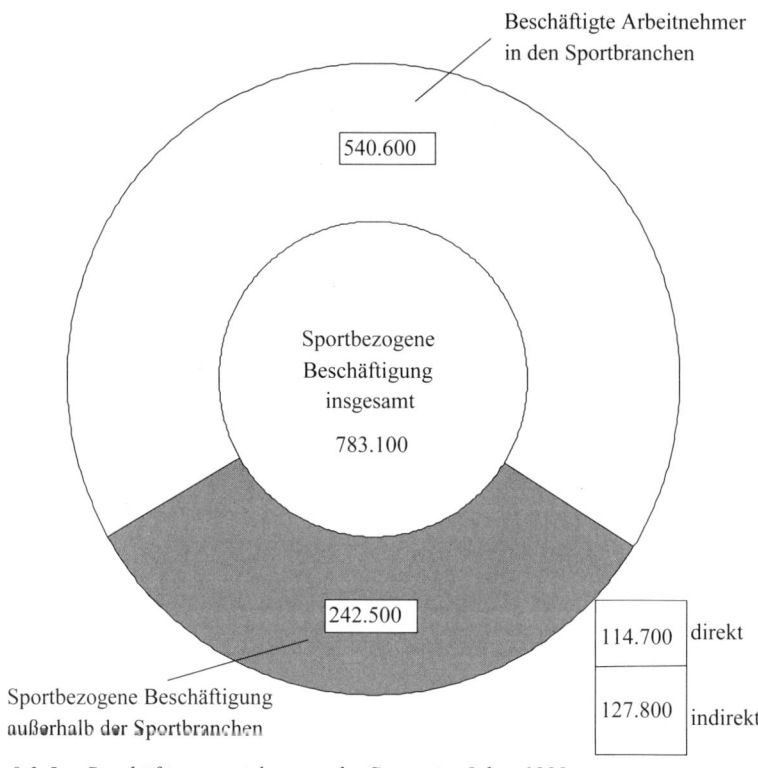

Abbildung 0.3-5: Beschäftigungswirkungen des Sports im Jahre 1998

Diese hohe Zahl enthält auch solche Personen, die im Jahre 1998 in nicht sozialversicherungspflichtigen Beschäftigungsverhältnissen beschäftigt waren. Hierzu zählen insbesondere bezahlte Übungsleiter und nebenamtliche Trainer. Da aber gerade diese Beschäftigtengruppe das qualitativ hochwertige Sportangebot der Sportvereine garantiert, sollte diese Gruppe in die Gesamtzahl der im Sport beschäftigten Personen einbezogen werden. Natürlich nicht einbezogen sind die ehrenamtlich im Sport Tätigen, die erst das breite Sportangebot der Sportvereine ermöglichen.

Insgesamt konnte für die letzten Jahre eine leichte Zunahme der sportbezogenen Beschäftigung ermittelt werden. Dieser Beschäftigungszuwachs ist insbesondere durch die positive ökonomische Entwicklung bei den erwerbswirtschaftlichen Sporteinrichtungen als auch durch die fortschreitende professionalisierte Unterstützung der ehrenamtlichen Arbeit im Bereich der Sportvereine und Sportverbände zu erklären.

Von den 783 Tsd. Beschäftigten waren gut 242 Tsd. Personen außerhalb der sportspezifischen Produktionsbereiche bei der Produktion der sportspezifischen Endnachfrage eingesetzt. In dieser Zahl sind nicht nur die direkt durch die sportspezifische Nachfrage ausgelösten Beschäftigungseffekte enthalten. Es werden auch jene Beschäftigte berücksichtigt, die indirekt - etwa durch die Herstellung von Zwischenprodukten - für die sportspezifische Endnachfrage tätig sind. Dieses waren im Jahre 1998 nahezu 128 Tsd. Personen.

DIE ÖKONOMISCHEN PERSPEKTIVEN DES SPORTS

Ergebnisse von Modellrechnungen zu den Wirkungen sportpolitischer Maßnahmen und Verhaltensänderungen der Verbraucher

Im folgenden werden einige Ergebnisse dieser Studie zu den ökonomischen Perspektiven des Sports vorgestellt. Die Ergebnisse werden als Abweichungen zur Basisprognose für den Prognosezeitraum 1999 bis 2010 ausgewiesen. Dabei unterstellt die mit dem Modell SPORT berechnete Basisprognose eine Fortführung der in der Vergangenheit beobachteten Verhaltensweisen. Die Basisprognose wird dann jeweils mit einer zweiten Prognose verglichen, die eine bestimmte sportökonomische Veränderung im Verhalten des Staates, der Konsumenten oder Produzenten von Sportgütern enthält.

Goldener Plan Ost führt dauerhaft zu höherer Beschäftigung

Zunächst wurde untersucht, welche ökonomischen Wirkungen von einem durch eine allgemeine Reduktion der Staatsausgaben finanzierten Ausbau der Sportstätteninfrastruktur gemäß dem vom Deutschen Sportbund im Jahre 1992 vorgestellten „Goldener Plan Ost" in den östlichen Bundesländern im Zeitraum 1999 bis 2010 ausgehen werden. Im Rahmen des sogenannten „Goldenen Planes Ost" wurde festgestellt, daß insgesamt eine Summe von 24,77 Mrd. DM benötigt wird, um das Sportstättenangebot in den neuen Bundesländern an den zu Beginn der 90er Jahre in den alten Bundesländern anzutreffenden Stand anzugleichen (Deutscher Sportbund 1993). Die Prognoserechnungen mit dem SPORT-Modell zeigen, daß staatliche Ausgaben für die Verbesserung der Sportstätteninfrastruktur gemäß „Goldener Plan Ost" von jährlich 1,5 Mrd. DM (real), die durch eine allgemeine Reduktion des sonstigen Staatsverbrauchs, d.h. eine Umschichtung finanziert werden, positive Effekte auf die Entwicklung von Einkommen und Beschäftigung in Deutschland haben.

Abbildung 0.3-6 zeigt, wie sich das Bruttoinlandsprodukt über den gesamten Prognosezeitraum 1999 bis 2010 positiv entwickelt.

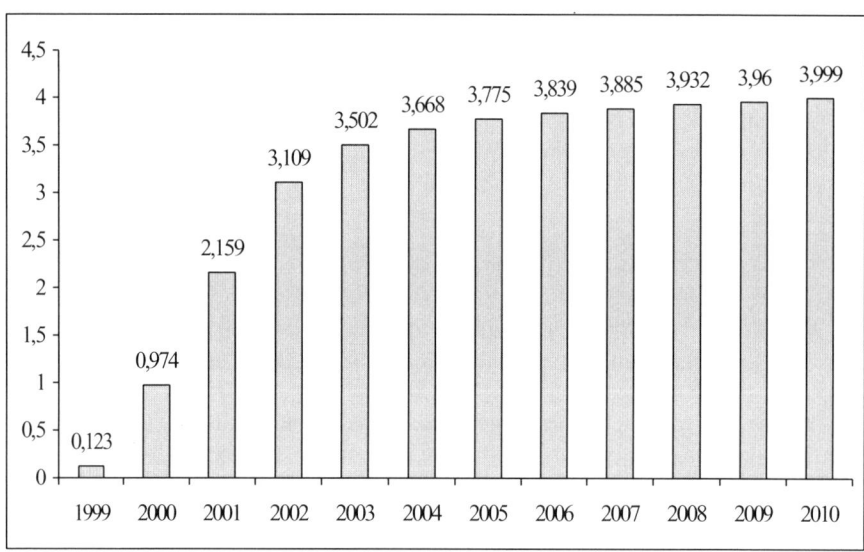

Abbildung 0.3-6: Entwicklung des Bruttoinlandsproduktes infolge der Realisierung des
Goldenen Planes Ost
- Abweichungen zur Basisprognose in Mrd. DM in jeweiligen Preisen -

Die Zunahme des Bruttoinlandsprodukt gegenüber der Basisprognose beträgt im Jahre 1999 bereits 123 Mio. DM und steigt auf knapp 4 Mrd. DM im Jahre 2010 an. Aufgrund der Reduktion des allgemeinen Staatsverbrauchs (zur Finanzierung der öffentlichen Investitionen in die Sportinfrastruktur) kommt es in den Anfangsjahren trotz der zusätzlichen Investitionen im Rahmen des Goldenen Planes Ost lediglich zu einer sehr zögerlichen Zunahme des Inlandsproduktes. Bereits ab dem Jahre 2001 werden aber alle Bereiche der Volkswirtschaft von den expansiven Wirkungen des Wirtschaftskreislaufs erfaßt. Dieses schlägt sich auch in der Entwicklung auf der staatlichen Einnahmeseite nieder. Steigende Lohn- und Gewinneinkommen führen nicht nur zu einem Anstieg des verfügbaren Einkommens der privaten Haushalte, sondern auch zu einer allgemeinen Expansion der Staatseinnahmen infolge steigender Steuereinnahmen (Abbildung 0.3-7).

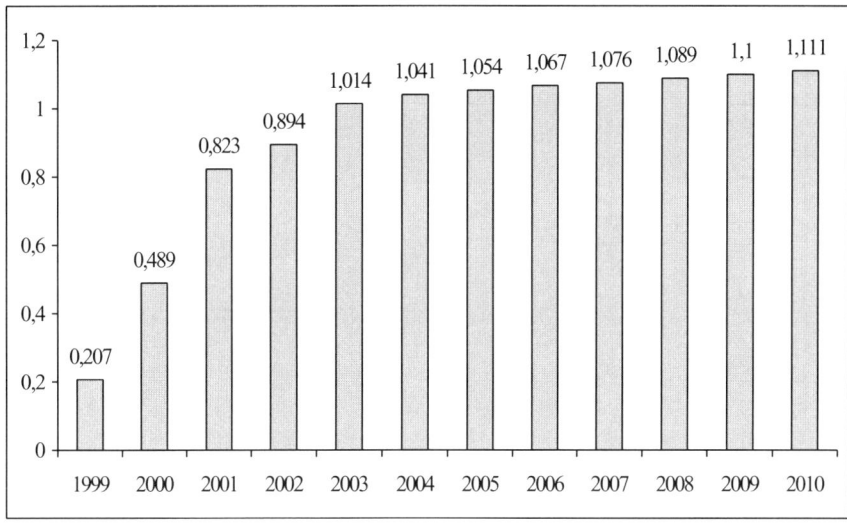

Abbildung 0.3-7:   *Entwicklung der Steuereinnahmen infolge der Realisierung des Goldenen Planes Ost*
            - Abweichungen zur Basisprognose in Mrd. DM in jeweiligen Preisen -

Die in den ersten beiden Jahren relativ kräftige Entwicklung der Steuereinnahmen ist dadurch bedingt, daß während dieser Zeit bereits die Produktionssteuern infolge der Ausdehnung der Produktion aufgrund der zusätzlichen Investitionstätigkeit kräftiger "sprudeln". Insgesamt kommt es zu einem dauerhaften Anstieg der Steuereinnahmen bis zum Ende des Prognosezeitraumes. Die Steuereinnahmen des Staates sind gegenüber dem Basislauf im Jahre 2010 um mehr als 1,1 Mrd. DM erhöht.

Neben einem Anstieg des Bruttoinlandsproduktes kommt es aber auch zu einer dauerhaft positiven Entwicklung am Arbeitsmarkt (vgl. Abbildung 0.3-8). So steigt die Zahl der zusätzlich beschäftigten Arbeitnehmer insgesamt gegenüber dem Basislauf von 1.680 im Jahre 1999 auf 10.906 Beschäftigte im Jahre 2010, wobei der Beschäftigungszuwachs in den ersten Jahren deutlich stärker ausfällt und seinen Höhepunkt mit mehr als 14.000 zusätzlichen Beschäftigten im Jahre 2002 hat. Da die positiven Primäreffekte in der Bauindustrie anfallen, ist damit zu rechnen, daß sich die expansiven Effekte auf die fünf neuen Bundesländer konzentrieren werden. Die Investitionen in die Sportstätteninfrastruktur stellen somit auch unter ökonomischen Gesichtspunkten einen Beitrag zur weiteren Angleichung der Lebensverhältnisse zwischen Ost- und Westdeutschland dar.

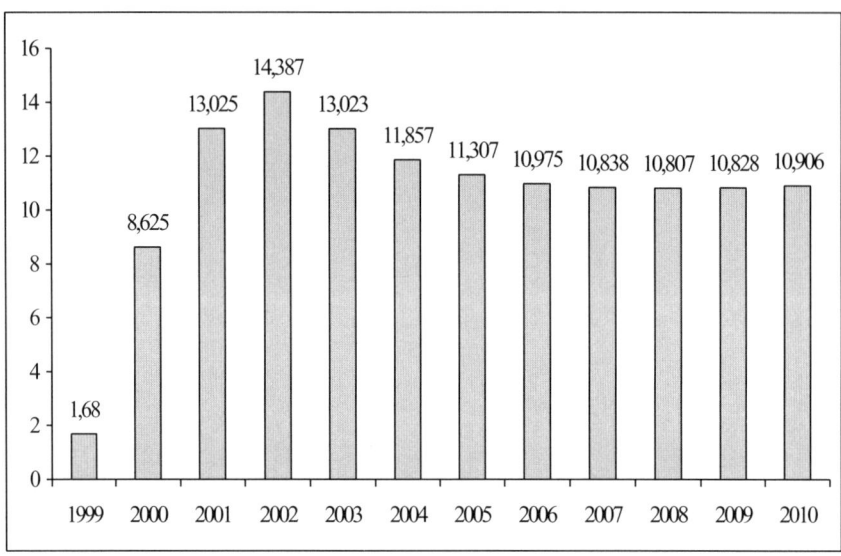

Abbildung 0.3-8:   Entwicklung der Beschäftigung infolge der Realisierung des
Goldenen Planes Ost
- Abweichungen zur Basisprognose in Tsd. Personen -

Ausweitung der öffentlichen Sportförderung hat positive Wirkungen auf Produktion und Einkommen

In einer weiteren Anwendung des Modells SPORT konnte gezeigt werden, daß eine Ausweitung der öffentlichen Sportförderung eindeutig positive Effekte auf Produktion und Einkommen in Deutschland hat, die Richtung des Beschäftigungseffektes allerdings von der Art der Finanzierung abhängt. In einer Simulationsrechnung zur Erhöhung der Zuschüsse des Staates an die Sportvereine und Sportverbände wurde unterstellt, daß der Staat über den gesamten Prognosezeitraum 1999 bis 2010 mehr als 10,6 Mrd. DM den Sportvereinen und Sportverbänden zusätzlich zur Verfügung stellt. Die Finanzierung dieser zusätzlichen Zuschüsse an die Sportvereine erfolgt durch eine entsprechende Reduktion der staatlichen Ausgaben, d. h. der allgemeine

66

Staatsverbrauch wird im Umfang der erhöhten Zuschüsse des Staates an die Sportvereine vermindert.

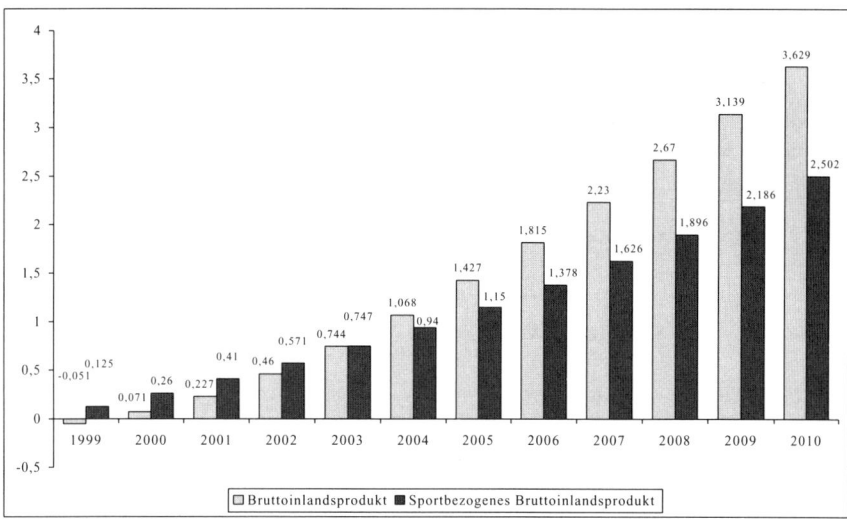

Abbildung 0.3-9:   Die Entwicklung des Bruttoinlandsproduktes infolge einer Erhöhung der Zuschüsse des Staates an die Sportvereine
- Abweichungen zur Basisprognose in Mrd. DM in jeweiligen Preisen -

Abbildung 0.3-9 zeigt die kontinuierliche Zunahme des Bruttoinlandsproduktes gegenüber der Basisprognose über den gesamten Simulationszeitraum 1999 bis 2010 um insgesamt mehr als 17,4 Mrd. DM. Die direkten und indirekten expansiven Effekte einer Zunahme der öffentlichen Sportförderung sind offensichtlich stärker als die kontraktiven Effekte, die von der Minderung des Staatsverbrauchs ausgehen. Die stärkere Dynamik des gesamtwirtschaftlichen Bruttoinlandsproduktes gegenüber dem sportbezogenen Bruttoinlandsprodukt ist darauf zurückzuführen, daß die zusätzlichen Zuschüsse des Staates aufgrund der hohen Vorleistungsquote der Sportvereine (d.h. der Anteil der Bezüge von Waren und Leistungen aus den verschiedenen Branchen der Volkswirtschaft - die sog. Vorleistungen - an ihrem Gesamtumsatz) überwiegend in andere Wirtschaftszweige abfließen. Die Beschäftigung bleibt trotz des leichten Anstiegs des Bruttoinlandsproduktes nahezu unverändert, weil der Sportsektor nicht so beschäftigungsintensiv ist wie die sonstigen Sektoren der Volkswirtschaft.

Würde hingegen die zusätzliche öffentliche Sportförderung durch höhere Steuern, statt durch eine Reduktion des allgemeinen Staatsverbrauchs finanziert,

67

könnte ein positiver Beschäftigungseffekt erzielt werden. Dieses erklärt sich dadurch, daß in dieser Situation die kontraktiven Finanzierungseffekte erheblich schwächer ausfallen. Die Anhebung der Steuern der privaten Haushalte vermindert zwar das verfügbare Einkommen der privaten Haushalte, ihre Käufe werden aber um einen geringeren Betrag vermindert, weil ihre Konsumquote (d. h. der Anteil der Konsumausgaben am verfügbaren Einkommen) kleiner als 1 ist. Die privaten Haushalte reduzieren ihre Konsumausgaben somit nicht um den vollständigen Betrag der zusätzlich erhobenen Steuern. Demgegenüber gibt aber der Staat seine zusätzlichen Steuereinnahmen vollständig aus.

Verlagerung der Sportnachfrage von den Sportvereinen zu den erwerbswirtschaftlichen Einrichtungen hat negative Beschäftigungseffekte

In einer weiteren Simulationsrechnung wurden die gesamtwirtschaftlichen Folgen eines veränderten sportbezogenen Konsumverhaltens zugunsten der erwerbswirtschaftlichen Anbieter analysiert. Dabei wurde unterstellt, daß sich lediglich die Struktur des sportbezogenen privaten Verbrauchs aufgrund einer teilweisen Substitution der Ausgaben für Vereinssport durch Ausgaben für erwerbswirtschaftliche Sporteinrichtungen ändert. Die Ausgaben der privaten Haushalte bei den Sportvereinen - Nutzungsgebühren als auch Mitgliedsbeiträge - werden bis zum Jahre 2010 kontinuierlich reduziert. Im Jahre 2010 beträgt die Reduktion bei den Nutzungsgebühren mehr als 1,7 Mrd. DM, während die Mitgliedsbeiträge lediglich um knapp 0,75 Mrd. DM vermindert werden. Die Modellierung wurde so ausgewählt, daß der Vereinssport nicht aufgrund der unterstellten Einnahmeausfälle in seiner Existenz bedroht wird. Parallel zur Senkung der Ausgaben für Sport in den Vereinen erfolgt eine entsprechende Erhöhung der Ausgaben für Sport in den erwerbswirtschaftlichen Sporteinrichtungen bis zum Jahre 2010.

Obwohl lediglich eine Änderung der sportspezifischen Konsumstruktur unterstellt wird, kommt es über den gesamten Simulationszeitraum zu einem leichten Anstieg des Bruttoinlandsproduktes (vgl. Abbildung 0.3-10). Es nimmt kontinuierlich zu und ist im Jahre 2010 gegenüber der Basisprognose um mehr als 0,3 Mrd. DM erhöht. Der Anstieg des sportbezogenen Brutto-inlandsproduktes ist auf eine höhere Wertschöpfungsquote (d. h. Anteil der Lohn- und Gewinneinkommen als Abschreibungen am Umsatz) der erwerbswirtschaftlichen Sportanbieter zurückzuführen. Diese erklärt sich insbesondere durch höhere jährliche Abschreibungen auf das Anlagevermögen (Geräte, Gebäude usw.) aufgrund eines höheren Investitionsvolumens als auch anfallender Gewinne. Gerade das Gewinnprinzip steht aber in den Sportvereinen nicht im Mittelpunkt ihrer Tätigkeit. Außerdem sind die erzielten Gewinne im Folgejahr dem ideellen Bereich des Sportvereins zuzuführen.

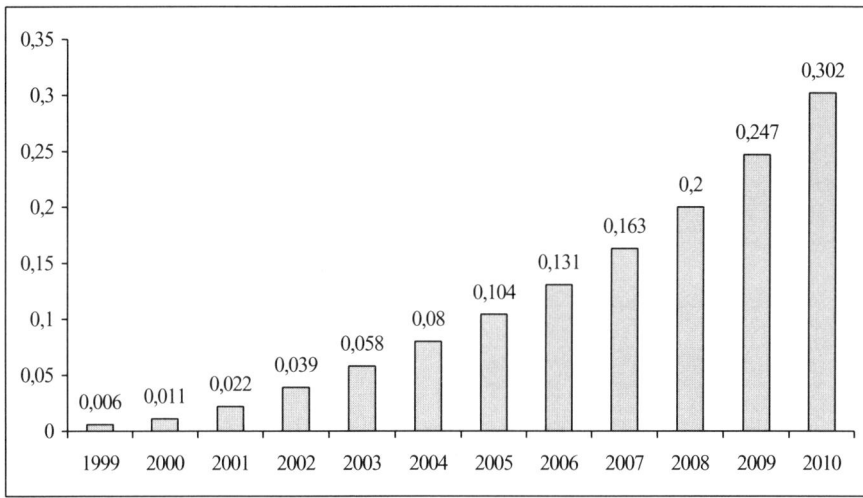

Abbildung 0.3-10: Entwicklung des Bruttoinlandsproduktes infolge einer zunehmenden Verlagerung des Sportkonsums von den Sportvereinen zu den erwerbswirtschaftlichen Anbietern
- Abweichungen zur Basisprognose in Mrd. DM in jeweiligen Preisen -

Die höhere Wertschöpfungsquote impliziert aber umgekehrt auch, daß die erwerbswirtschaftlichen Sportanbieter viel schwächer über die Vorleistungsverflechtung mit den anderen Branchen der Wirtschaft verbunden sind. Durch die Verlagerung der Konsumnachfrage aus dem Bereich Sportvereine und Sportverbände mit hoher Vorleistungsquote (und geringer Wertschöpfungsquote) zugunsten des Bereichs Erwerbswirtschaftliche Sportanbieter mit geringer Vorleistungsquote (und hoher Wertschöpfungsquote) kommt es zu einem deutlichen Rückgang des gesamtwirtschaftlichen Vorleistungseinsatzes.

Die geringere Vorleistungsverflechtung der erwerbswirtschaftlichen Sporteinrichtungen im Vergleich zu den Sportvereinen und Sportverbänden bewirkt, daß Einnahmeausfälle der Sportvereine infolge des unterstellten veränderten Sport-Freizeitverhaltens die Reduktion des Vorleistungseinsatzes multiplikativ verstärken. Sowohl die Reduktion des Vorleistungseinsatzes aufgrund der geringeren Vorleistungsquote der kommerziellen Sportanbieter als auch die höhere Arbeitsproduktivität der erwerbswirtschaftlichen Sportanbieter sorgen für einen leichten Rückgang der Beschäftigung über den gesamten Simulationszeitraum.

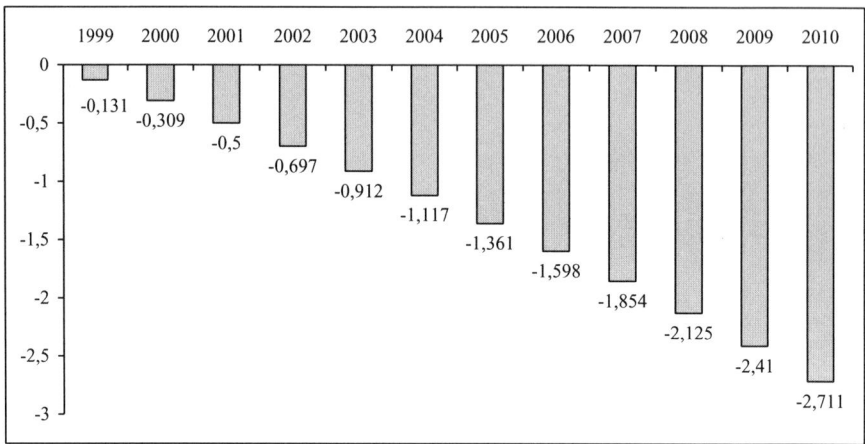

Abbildung 0.3-11: Entwicklung der Beschäftigung infolge einer zunehmenden Verlagerung des Sportkonsums von den Sportvereinen zu den erwerbswirtschaftlichen Anbietern
- Abweichungen zur Basisprognose in Tsd. Personen -

Die Fußballweltmeisterschaft 2006 in Deutschland wäre auch ökonomisch ein Gewinn

Die Modellrechnungen zu den möglichen ökonomischen Wirkungen einer im Jahre 2006 in Deutschland ausgerichteten Fußballweltmeisterschaft basieren auf ausgewählten Ergebnissen einer "Sozio-ökonomischen Analyse der Fußball-Weltmeisterschaft 2006 in Deutschland" bezüglich möglicher Investitionskosten im Rahmen der Vorbereitung der Weltmeisterschaft als auch erwarteter Ausgaben der ausländischen WM-Besucher im Jahre 2006 (Rahmann et al. 1998). Für die Jahre 2003 bis 2005 wurden staatliche Investitionen in die Infrastruktur im Wert von 0,23 Mrd. DM (Preisbasis 1991) unterstellt. Die Gesamtausgaben der ausländischen WM-Besucher im Jahre 2006 wurden mit ca. 1,765 Mrd. DM kalkuliert. Sie stellen eine Nachfrage des Auslands nach inländischen Waren und Dienstleistungen dar und wurden deswegen im Rahmen der Modellrechnungen als sportspezifische Exportnachfrage behandelt.

Generell zeigt sich, daß - unabhängig von der Art der Finanzierung der notwendigen WM-Infrastrukturinvestitionen - von einer Austragung der

Fußballweltmeisterschaft positive Einkommens- und Beschäftigungseffekte ausgehen. Selbst für den Fall einer Steuererhöhung in den Jahren 2003 bis 2005 zur Finanzierung der staatlichen WM-Infrastrukturinvestitionen kommt es aufgrund der Konsumausgaben der ausländischen WM-Touristen im Jahr 2006 zu einer deutlichen Erhöhung des Bruttoinlandsproduktes.

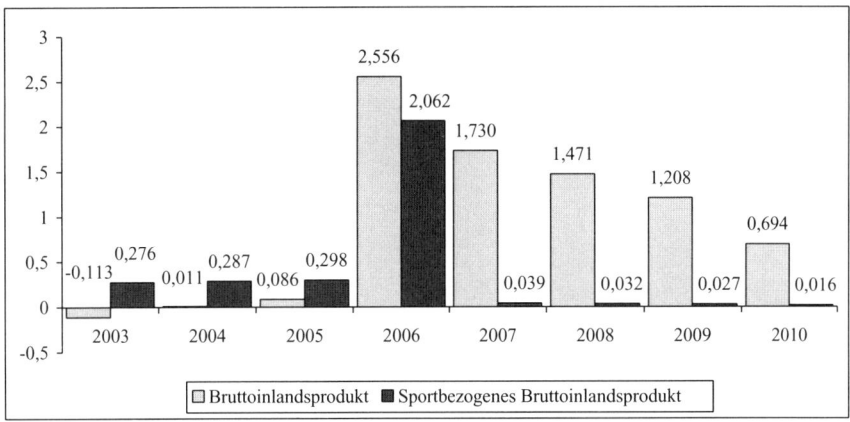

Abbildung 0.3-12: Die Entwicklung des Bruttoinlandsproduktes infolge einer steuerfinanzierten Fußball-Weltmeisterschaft 2006
- Abweichungen zur Basisprognose in Mrd. DM in jeweiligen Preisen -

Die zusätzlich erhobenen direkten Steuern der privaten Haushalte bei einer Finanzierung der Weltmeisterschaft durch Steuern bremsen den expansiven Ausgabeneffekt der zusätzlichen staatlichen Investitionen ab. Durch die Steuererhöhung wird ein Teil der entstehenden Einkommen dem Wirtschaftskreislauf entzogen. Dieses führt offensichtlich im ersten Prognosejahr gegenüber dem Basislauf zu einer Minderung der gesamtwirtschaftlichen Nachfrage (vgl. Abbildung 0.3-12). Aber bereits ab dem zweiten Jahr ist der Gesamteffekt leicht positiv. Im Jahre 2006 bewirkt die zusätzliche Nachfrage der ausländischen WM-Besucher in Höhe von 1,765 Mrd. DM eine spürbare Erhöhung der Produktion als auch der verfügbaren Einkommen der privaten Haushalte. Diese generieren nun wiederum zusätzliche Konsum- bzw. Investitionsnachfrage oder aber wandern in Form zusätzlicher Steuereinnahmen in die Kassen des Staates. Offenbar können Unternehmen, Staat und private Haushalte aufgrund der expansiven Einkommenseffekte des Wirtschaftskreislaufs zusätzliche Ausgaben finanzieren. Diese expansiven Kreislaufeffekte strahlen insbesondere in den Jahren nach der Fußballweltmeisterschaft stark auf die nichtsportspezifischen Bereiche der Volkswirtschaft aus (vgl. Abbildung 0.3-12). Die durch Steuererhöhung

71

finanzierte Ausweitung der notwendigen WM-Infrastrukturinvestitionen mündet in einen positiven Beschäftigungseffekt. Nach einem anfänglichen Rückgang im Jahre 2003 aufgrund der Finanzierung der Infrastrukturinvestitionen durch eine Erhöhung der Steuereinnahmen steigt die Beschäftigung in den Jahren 2004 bis 2009 leicht an und erreicht im Austragungsjahr der WM mit knapp 8000 zusätzlichen Arbeitsplätzen ihren Höhepunkt.

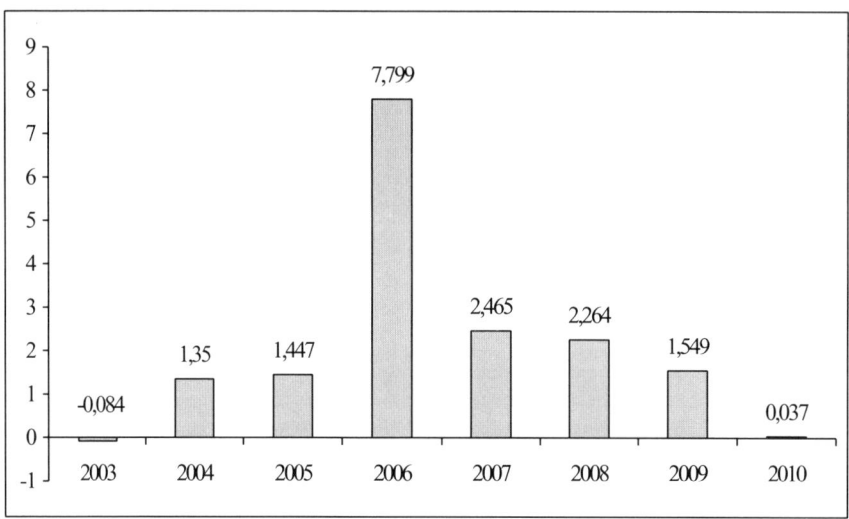

Abbildung 0.3-13: Entwicklung der Beschäftigung infolge einer steuerfinanzierten Fußball-Weltmeisterschaft 2006
- Abweichungen zur Basisprognose in Tsd. Personen -

Die Ergebnisse der vorgestellten Simulationsrechnungen mit dem Modell SPORT zeigen, daß dieses Instrumentarium die Analyse vielfältiger Fragestellungen ermöglicht. Das Modell ist so konstruiert, daß es auch in der Zukunft weiter eingesetzt und somit weiterentwickelt werden kann. Beispielhaft sei hier an die Abschätzung der makroökonomischen Auswirkungen veränderter Sportpolitiken, die Analyse der ökonomischen Bedeutung des Sports für einzelne Länder und Regionen oder aber die Analyse der ökonomischen Bedeutung des Sponsoring für Sport und Wirtschaft genannt.

Der Einsatz als auch die Weiterentwicklung des erstmals erstellten Satellitensystems "Sport" als auch des sportökonomischen Modells SPORT kann sowohl der sportökonomischen Forschung als auch der sportpolitischen Diskussion neue Impulse geben.

1 Überblick

1.1 Zur Fragestellung

Die gesellschaftliche Bedeutung des Sports liegt natürlich in erster Linie in seinen Effekten auf die Volksgesundheit, im "Lustgewinn" der Sportler als auch der Sportkonsumenten und in seiner erzieherischen Wirkung insbesondere für die Jugend. Daneben ist Sport aber auch ein ökonomisches Phänomen, bei dem es Anbieter und Nachfrager von Sportleistungen gibt, bei dem Lohn- und Gewinneinkommen entstehen, Konsum- und Investitionsentscheidungen getroffen werden, Steuern gezahlt und Subventionen gewährt werden. Kurz: Der gesamte Kosmos der vielfältigen ökonomischen Aktivitäten ist auch in der Welt des Sports zugegen.

Es gibt viele Gründe, die ökonomische Bedeutung des Sports zu erfassen. Zunächst einmal mag es interessant sein, den Sport in seiner ökonomischen Dimension abzuschätzen, um ein vollständigeres Bild der gesellschaftlichen Bedeutung des Sports zu erhalten. Natürlich gibt es auch eine politische Perspektive: Sport ist ohne Förderung des Staates kaum vorstellbar. Da interessiert es zu wissen, ob es neben den im Vordergrund stehenden gesundheitspolitischen Gründen auch ökonomische Argumente für eine Förderung des Sportes gibt, die in Zeiten leerer Kassen besondere Bedeutung haben. Außerdem ist die Wirtschaft, die als Sponsor aber auch in zunehmendem Maße als Produzent von sportbezogenen Waren und Sportleistungen auftritt, an Informationen interessiert.

Die vorliegende Studie gibt Antworten auf vielfältige Fragen, die in diesem Umfeld gestellt werden. Von anderen bereits vorliegenden Arbeiten unterscheidet sie sich in zweierlei Hinsicht: Zunächst einmal betont sie den Aspekt der Verflechtung sportökonomischer Aktivitäten mit der allgemeinen wirtschaftlichen Entwicklung. Wer Sportleistungen produziert, fragt bei anderen Wirtschaftszweigen Materialien nach und tritt auf dem Arbeitsmarkt als Nachfrager auf. Wenn Stadien gebaut werden, ergibt sich Nachfrage bei der

Bauwirtschaft und diese wiederum stößt Produktion und Beschäftigung in anderen Wirtschaftszweigen an. Wenn wir uns entscheiden, ein Fußballspiel live zu sehen, so kaufen wir nicht nur die Eintrittskarte, sondern benutzen auch Verkehrsmittel, um in das Stadion zu kommen und konsumieren dort Getränke und Nahrungsmittel.

In den letzten Jahren sind insbesondere im deutschsprachigen Raum zahlreiche Studien veröffentlicht worden, in denen der Versuch unternommen wurde, das komplexe Beziehungsgeflecht zwischen Sport und Wirtschaft zu analysieren. Diese Untersuchungen lassen sich grob in drei Kategorien gliedern.

Zum einen gibt es einige wenige Veröffentlichungen, die sehr stark theoretisch ausgerichtet sind und versuchen, ökonomische Erklärungsansätze - insbesondere aus der Finanzwissenschaft - auf den Bereich des Sports zu übertragen. Hier sei insbesondere auf die grundlegende Arbeit von Heinemann (1995) verwiesen. Diese Arbeiten sind sehr stark mikroökonomisch geprägt und es erfolgt in der Regel keine empirische Fundierung. Damit sind solche Untersuchungen aber ungeeignet, um eine Antwort auf die Frage der [Makro-]ökonomischen Bedeutung des Sports zu erhalten.

Eine weitere Gruppe von Untersuchungen beleuchtet lediglich ökonomische Teilaspekte des Sports wie z. B. Sportsponsoring (Bruhn/Pistaff 1993; Hackforth 1994) oder auch spezielle Sportveranstaltungen (Preuß 1999). Zu dieser Gruppe zählen auch die zahlreichen Branchenuntersuchungen für die erwerbswirtschaftlichen Anbieter von sportspezifischen Waren und Dienstleistungen (BBE-Unternehmensberatung 1994/97; Kamberovic 1994, Pfarr 1994, Trosien 1994 d) als auch Untersuchungen für einzelne Sportorganisationen (Trosien 1994 b, 1994 c, Heinemann/Schubert 1994, Franck 1995). Diese empirischen Untersuchungen sind wegen ihres partialanalytischen Ansatzes nicht in der Lage, eine Antwort auf die eingangs genannten Fragestellungen zu geben. Sie können nicht die komplexen Beziehungsstrukturen zwischen dem Sport, d. h. allen am Sport beteiligten Akteuren und der Wirtschaft erfassen - auch dann nicht, wenn mehrere Studien diesen Typs miteinander kombiniert würden. Dieses ist dadurch bedingt, daß kein umfassender Datensatz für die durch den Sport ausgelösten Geldströme vorliegt und kein Modell existiert, welches diese unterschiedlichen sportökonomisch relevanten Aktivitäten konsistent erfaßt.

Eine weitere Kategorie von Untersuchungen versucht die durch den Sport (Weber et al. 1995) bzw. durch eine Sportveranstaltung (Rahmann et al. 1998) ausgelösten Geldströme und wirtschaftlichen Aktivitäten vollständig zu erfassen.

74

Dieses bedeutet, daß die Verflechtungsbeziehungen des Sports in all seinen Facetten - Produktion von Sportwaren und Sportdienstleistungen, Konsum von sportbezogenen Gütern, Investitionen der Sportgüter produzierenden Unternehmen und Organisationen, Einfuhr und Ausfuhr von Sportwaren - empirisch erhoben werden müssen.

Die umfangreiche Weber-Studie untersucht die wirtschaftliche Bedeutung des Sports in der Bundesrepublik Deutschland für das Jahr 1990. In ihr werden die durch den Sport ausgelösten Geldströme und wirtschaftlichen Aktivitäten in Form einer Volkswirtschaftlichen Gesamtrechnung erfaßt und dargestellt. Diese Studie ist Ergebnis sorgfältiger Datenarbeit, die sich vor allem um eine vollständige Darstellung der vielfältigen ökonomischen Aspekte des Sports bemüht. Die Verflechtung des Sports mit der Wirtschaft konnte allerdings nur unvollständig dargestellt werden, weil man auf den dazu notwendigen Erfassungsrahmen der Input-Output Analyse verzichtet hatte. Dieser Mangel soll mit der vorliegenden Studie behoben werden: Kern der Datenarbeiten ist die Integration des Sports in den Zusammenhang der Input-Output Tabellen des Statistischen Bundesamtes.

Ein zweiter Unterschied der vorliegenden Studie zu anderen Arbeiten besteht darin, daß nicht nur Daten produziert worden sind, die die Historie der sportökonomischen Zusammenhänge beschreiben, sondern daß auf Basis dieser Daten die Sportökonomie in ein bestehendes ökonometrisches Modell für die Bundesrepublik Deutschland integriert worden ist. Es handelt sich um das sektoral tief gegliederte Modell INFORGE (**IN**terindustry **FOR**ecasting **GE**rmany), das nunmehr als Simulationsinstrument für die Beantwortung vielfältiger sportökonomischer Fragestellungen eingesetzt werden kann (Meyer et al. 1999).

In der vorliegenden Studie werden neben der Daten- und Modellierungsproblematik zur Abbildung sportökonomischer Aktivitäten in einem konsistenten und in sich geschlossenen Datensystem auch die Ergebnisse unterschiedlicher Simulationsrechnungen bei veränderten sportpolitischen Rahmenbedingungen diskutiert.

1.2 Gang der Untersuchung und einige Ergebnisse

In Kapitel 2 wird zunächst ein Überblick über die konzeptionellen Aspekte bei der Erstellung der sportökonomischen Datenbasis - das Satellitensystem

"Sport" - gegeben. Der im Rahmen dieser Studie erhobene Datensatz stellt eine sportbezogene Erweiterung der Volkswirtschaftlichen Gesamtrechnungen dar. Er ist ein ergänzendes Rechenwerk für die detaillierte Darstellung der Zusammenhänge zwischen Sport und Wirtschaft, dessen Herz die für das Jahr 1993 hergeleitete Input-Output Tabelle des Sports darstellt.

In dem sich anschließenden dritten Kapitel werden dann ausführlich die sehr unterschiedlichen methodischen und statistischen Probleme zur Erstellung der im Rahmen dieser Studie erarbeiteten Datenbasis erläutert. Dabei wird die grundsätzliche Vorgehensweise zur Erstellung dieses Datensystems mit den dazu verwendeten statistischen Ausgangsmaterialien beschrieben.

In Kapitel 4 wird das Ergebnis dieses erstmals erhobenen Datensatzes, nämlich die ökonomische Bedeutung des Sports im Jahr 1993, vorgestellt. Das in der Input-Output Tabelle des Sports für das Jahr 1993 ermittelte sportbezogene Bruttoinlandsprodukt hatte eine Gesamthöhe von knapp 44,26 Mrd. DM. Erwartungsgemäß ist der sportbezogene private Verbrauch mit mehr als 33,22 Mrd. DM die größte Verwendungskomponente. In ihm enthalten ist der Eigenverbrauch der Sportvereine und -verbände in Höhe von ca. 3,83 Mrd. DM. Er umfaßt denjenigen Teil ihres Produktionswertes, der nicht verkauft wird, sondern den Mitgliedern der Sportvereine unentgeltlich zur Verfügung gestellt wird. Der Staatsverbrauch für Sportzwecke, der diejenigen sportbezogenen Leistungen der Gebietskörperschaften erfaßt, die der Allgemeinheit ohne spezielles Entgelt zur Verfügung gestellt werden, hatte im Jahre 1993 eine Höhe von 9,4 Mrd. DM. Die sportspezifischen Investitionen erfassen die Investitionstätigkeit der sieben sportspezifischen Produktionsbereiche. Insgesamt ergibt sich ein sportspezifisches Ausrüstungsinvestitionsvolumen von knapp 0,68 Mrd. DM, während Bauten im Wert von ca. 5,22 Mrd. DM erstellt wurden. Die Sportwaren produzierenden Produktionsbereiche haben außerdem ihren Lagerbestand um gut 1,0 Mrd. DM erhöht, während sie Sportwaren im Wert von mehr als 1,42 Mrd. DM exportierten. Parallel dazu wurden Sportwaren im Wert von mehr als 4,68 Mrd. DM importiert. Dieses liegt deutlich über der inländischen Produktion dieser Sportwaren, die lediglich 3,46 Mrd. DM ausmachte.

Für den Bereich der erwerbswirtschaftlichen Sportanbieter konnte ein Umsatz von 5,09 Mrd. DM ermittelt werden. Demgegenüber konnte für den zusätzlich aufgenommenen Produktionsbereich Sportvereine und -verbände der Umsatz auf knapp 7,06 Mrd. DM geschätzt werden. Für den Produktionsbereich Sportspezifische Dienstleistungen der Gebietskörperschaften konnte ein Produktionswert von 10,19 Mrd. DM im Jahr 1993 ermittelt werden.

Im Rahmen von Modellrechnungen für das Jahr 1993 konnte festgestellt werden, daß im Jahre 1993 durch die innerhalb der Input-Output Tabelle des Sports erfaßten sportbezogenen Aktivitäten mehr als 770 Tsd. Personen, das sind 2.4 v. H. aller Arbeitnehmer, infolge dieser sportbezogenen Aktivitäten beschäftigt waren. Dieses entspricht ungefähr der Beschäftigtenzahl des Kreditgewerbes. Davon waren gut 250 Tsd. Personen außerhalb der Sportbranche für die Produktion der sportspezifischen Endnachfrage tätig. In dieser Zahl sind nicht nur die direkt durch die sportspezifische Nachfrage ausgelösten Beschäftigungswirkungen enthalten. Vielmehr werden auch jene Beschäftigte berücksichtigt, die indirekt - etwa durch die Herstellung von Zwischenprodukten, (z. B. Textilien, die in die Produktion von Sportbekleidung als Vorprodukte einfließen) - für die sportspezifische Endnachfrage tätig sind. Dieses waren im Jahre 1993 mehr als 130 Tsd. Personen.

Das folgende Kapitel 5 gibt dann einen Überblick über die Ergebnisse der Fortschreibung des Satellitensystems "Sport" für den Zeitraum 1994 bis 1998.

In Kapitel 6 wird das um sportökonomische Aktivitäten erweiterte Simulationsmodell INFORGE vorgestellt. Zunächst wird ein Überblick über das eingesetzte INFORGE-Modell gegeben, um dann in einem nächsten Schritt die Implementation sportökonomischer Aktivitäten zu erläutern. Als Datenbasis bei der Modellierung der Schnittstellen zwischen Sport und Wirtschaft fungieren hierbei die Daten des im Rahmen dieser Studie erstellten Satellitensystems "Sport" für das Jahr 1993. Danach wird auf die grundsätzliche Modellphilosophie des Modells SPORT eingegangen. Das Modell SPORT ist eine um sportökonomische Aktivitäten erweiterte Fassung des Modells INFORGE, welches die sportökonomischen Zusammenhänge in angemessener Komplexität beschreibt.

Das folgende Kapitel 7 gibt einen ausführlichen Einblick in die Basisprognose der wirtschaftlichen Entwicklung bis zum Jahre 2010, insbesondere wird die künftige ökonomische Bedeutung des Sports prognostiziert. Die Basisprognose beschreibt die künftige Entwicklung bei Fortführung der bisher betriebenen Geld-, Fiskal- und Sportpolitik (Stand: Oktober 1998). Dabei wird davon ausgegangen, daß der Staat eine moderate Ausgabenpolitik betreibt und seinen Personalbestand nicht weiter abbaut. Im Hinblick auf die Lohnpolitik wird eine Fortführung der in den neunziger Jahren zu beobachtenden Zurückhaltung mit Reallohnsteigerungen unterhalb der Rate des Produktivitätswachstums unterstellt.

Im Kapitel 8 werden die ökonomischen Perspektiven des Sports aufgezeigt. Das im Rahmen dieser Studie entwickelte Modell SPORT wird zur Abschätzung der gesamtwirtschaftlichen Wirkungen sowohl im Hinblick auf verschiedene sportpolitische Maßnahmen als auch mit Blick auf Verhaltensveränderungen der Verbraucher eingesetzt. Konkret werden die Ergebnisse von fünf Simulationsrechnungen diskutiert, die Antworten auf die folgenden Fragen geben:

• Welche ökonomischen Wirkungen hat ein Ausbau der Sportstätteninfrastruktur in den neuen Bundesländern gemäß „Goldener Plan Ost"?

• Welche Folgen hat eine Erhöhung der öffentlichen Sportförderung bei unterschiedlicher Finanzierung?

• Welche Wirkungen sind von einer zunehmenden Verlagerung des Sportkonsums von den Sportvereinen hin zu den erwerbswirtschaftlichen Anbietern zu erwarten?

• Welche ökonomischen Effekte gehen von einer im Jahre 2006 in Deutschland ausgetragenen Fußball-Weltmeisterschaft aus?

Bei den durchgeführten Simulationsrechnungen ist besonders hervorzuheben, daß stets die kontraktiven Finanzierungseffekte sportpolitischer Entscheidungen berücksichtigt werden, d. h. jede DM, die in den Sport investiert wird, kann nicht mehr für andere Zwecke ausgegeben werden und führt somit zu einer Reduktion nichtsportbezogener Ausgaben. Die im Rahmen dieser Studie durchgeführten Simulationsrechnungen können wie folgt zusammengefaßt werden:

Staatliche Ausgaben für die Verbesserung der Sportstätteninfrastruktur gemäß „Goldener Plan Ost", die durch eine allgemeine Reduktion des Staatsverbrauchs finanziert werden, haben positive Effekte auf die Entwicklung von Einkommen und Beschäftigung in Deutschland. Auch eine Ausweitung der öffentlichen Sportförderung hat eindeutig positive Effekte auf Produktion und Einkommen in Deutschland, allerdings hängt die Richtung des Beschäftigungseffektes von der Art der Finanzierung ab. Ein Strukturwandel des Sportkonsums hin zu den erwerbswirtschaftlichen Anbietern würde schließlich zwar die gesamtwirtschaftliche Wertschöpfung erhöhen, die gesamtwirtschaftliche Beschäftigung aber vermindern. Von einer Austragung der Fußball-Weltmeisterschaft im Jahre 2006 in Deutschland gehen positive Einkommens- und Beschäftigungseffekte aus, unabhängig davon wie dieses Ereignis finanziert wird. Die Stärke des Gesamteffektes wird insbesondere durch die Höhe der

Tourismusausgaben der ausländischen Besucher im Jahr der Weltmeisterschaft 2006 determiniert.

In dem den Hauptteil abschließenden Kapitel 9 werden dann künftige Anwendungs- und Ausbaumöglichkeiten der im Rahmen dieser Studie entwickelten Datenbasis - das Satellitensystem "Sport" - als auch des vollintegrierten ökonometrischen Prognose- und Simulationsmodells SPORT diskutiert. Es werden sowohl aus der Perspektive des Modellbauers als auch aus der Perspektive sportpolitischer Entscheidungsträger Anforderungen für die weiter zu entwickelnde Datenbasis - das Satellitensystem "Sport" - formuliert.

Das dem Hauptteil des Buches vorangestellte Kapitel 0 stellt die zentralen Ergebnisse der Studie kurz und präzise heraus, wobei zunächst die ökonomische Bedeutung des Sports im Jahr 1998 veranschaulicht wird. Daran schließt sich eine Diskussion der zentralen Ergebnisse von Modellrechnungen mit dem im Rahmen dieser Studie für sportökonomische Fragestellungen entwickelten ökonomischen Modell SPORT an.

1.3 Aufgaben für die Zukunft

In bezug auf das im Rahmen dieses Forschungsprojektes entwickelte Satellitensystem "Sport" stellt sich die Datenverfügbarkeit sehr heterogen dar.

Zum einen sollte dieser Datensatz noch um vielfältige Informationen erweitert werden, welche die Themenschwerpunkte Sport und Gesundheit, Sport und Freizeit als auch Sport und Umwelt herausstellen. Dabei sollte aber darauf geachtet werden, daß Anknüpfungspunkte zu der im Rahmen dieser Studie erstellten Input-Output Tabelle des Sports gegeben sind. Da Studien zu diesen Themengebieten oftmals schon vorliegen, jedoch nicht im Hinblick auf die Entwicklung eines solchen Satellitensystem "Sport" ausgewertet wurden, erscheint diese Aufgabe realisierbar. Ein um solche Informationen erweiterter Datensatz wäre für weitergehende Modellrechnungen als auch für Untersuchungen im Rahmen der Kosten-Nutzen-Analyse sehr hilfreich.

Im Hinblick auf die im Rahmen dieser Studie entwickelte Input-Output Tabelle des Sports, die die vielfältigen Beziehungen zwischen Sport und Wirtschaft konsistent abbildet, wäre es für künftige Aktualisierungen hilfreich, wenn sowohl die amtliche Statistik als auch die Sportforschung bei empirischen sportökonomischen Untersuchungen stärker zusammenarbeiten würden, so wie dieses im Rahmen dieses Forschungsprojektes realisiert werden konnte. Nur so kann gewährleistet werden, daß die produzierten Daten auch zum Aufbau als auch zur Aktualisierung eines solchen Datensystems verwertbar sind. Dieses gilt insbesondere für den Bereich der Sportvereine und -verbände und für die sportspezifischen Dienstleistungen des Staates.

Darüber hinaus wäre es sehr vorteilhaft, wenn insbesondere für die verschiedenen sportbezogenen Konsumverwendungszwecke der privaten Haushalte lange Zeitreihen erhoben würden. Dieses gilt gerade für die sportbezogene Nachfrage der privaten Haushalte als bedeutsamste Verwendungskomponente des sportbezogenen Bruttoinlandsproduktes, weil sich in ihr in besonderem Maße gesellschaftliche Veränderungsprozesse widerspiegeln. Gerade im Hinblick auf die künftige demographische Entwicklung als auch aufgrund des veränderten Freizeitverhaltens der Bundesbürger ließen sich im Rahmen von Modellrechnungen wichtige Aussagen über die ökonomischen Perspektiven des Sports unter veränderten gesellschaftlichen Rahmenbedingungen treffen (Wolter/Ahlert 1999).

Mit Blick auf die in den letzten Jahren immer stärker voranschreitende privatwirtschaftliche Sportförderung (Sponsoring, Merchandising) als auch die zunehmende Professionalisierung des Sports (d. h. Einzelsportler, die ins Profilager wechseln als auch Vereine, die einen Teil ihrer Aktivitäten in privatwirtschaftliche Unternehmen verlagern (z. B. Vermarktungsagenturen oder Sportclubs, die sich zu einer Gesellschaft mit beschränkter Haftung oder auch zu einer Aktiengesellschaft umwandeln) sollte nach Möglichkeiten gesucht werden, diese Veränderungen statistisch zu erfassen, um sie dann in der Input-Output Tabelle des Sports gesondert auszuweisen. Solche Aktivitäten sind zwar in den Input-Output Tabellen des Statistischen Bundesamtes enthalten, konnten aber im Rahmen dieser Studie nicht explizit ausgewiesen werden, da die dazu notwendigen Daten nicht in der amtlichen Statistik veröffentlicht oder erhoben werden. Außerdem gibt es auch in anderen Untersuchungen keine verläßlichen quantitativen Informationen über das Volumen und die Verteilung der Verflechtungsbeziehungen der gemeinnützigen Sportorganisationen mit der Wirtschaft, so daß wichtige Strukturinformationen fehlen.

Um diese sportökonomischen Aktivitäten wirklich detailliert in die Input-Output Tabelle des Sports integrieren zu können, sind umfangreiche primärstatistische Erhebungen notwendig, die aber den Rahmen dieser Studie gesprengt hätten. Gleiches gilt auch für den Themenkomplex Sportgroßveranstaltungen, der bisher nur unzureichend erforscht ist (Rahmann et al. 1998, Preuß 1999). Gerade hier können mit einem erweiterten Datensatz im Rahmen von Modellrechnungen wichtige zusätzliche Erkenntnisse gewonnen werden, die nicht nur dem politischen Entscheidungsträger hilfreich bei seinem Entscheidungsprozeß sind. Simulationsrechnungen mit dem im Rahmen dieser Studie entwickelten Modell SPORT haben den Charme, daß sie nicht nur die tangiblen direkten und indirekten Kosten und Nutzen als auch die intertemporale Verteilung der multiplikativen Effekte innerhalb des Wirtschaftskreislaufs konsistent berücksichtigen. Sie zeigen außerdem auf, in welchem Ausmaß die unterschiedlichen Bereiche bzw. Branchen der Volkswirtschaft von solchen Sportveranstaltungen profitieren. Gerade aber der zuletzt genannte Aspekt ist von zentraler Bedeutung für Unternehmen, die durch das Sponsoring von Sportveranstaltungen private Sportförderung betreiben und somit zusätzliche Legitimation für ihr Engagement erhalten.

Unabhängig von diesen vorstellbaren Ausbaumöglichkeiten des Systems kann sowohl das im Rahmen dieses Forschungsprojektes erstmalig erhobene Satellitensystem "Sport" als auch das speziell zur Analyse von sportökonomischen Fragestellungen konzipierte Modell SPORT künftig weiter eingesetzt und somit weiterentwickelt werden. Weitere Simulationsrechnungen mit dem Modell SPORT können sowohl der sportökonomischen Forschung als auch der sportpolitischen Diskussion neue Impulse geben.

2 Die Konzeption

In diesem Abschnitt werden die zentralen Aspekte zur Erstellung eines Satellitensystems "Sport" der Volkswirtschaftlichen Gesamtrechnungen beschrieben. Zunächst soll der konzeptionelle Rahmen dieser Studie - das Satellitensystem "Sport" - vorgestellt werden. Hierbei wird insbesondere das Konzept der Input-Output-Rechnung allgemein erläutert, um dann die um sportökonomische Aktivitäten erweiterte Input-Output-Tabelle des Sports für die Bundesrepublik Deutschland vorzustellen.

2.1 Der konzeptionelle Rahmen: Das Satellitensystem "Sport"

Der erstmalig im Rahmen dieser Studie erhobene Datensatz - das Satellitensystem "Sport" - stellt eine sportbezogene Erweiterung der Volkswirtschaftlichen Gesamtrechnungen dar. Satellitensysteme sind Datensysteme, die das eigentliche Kernsystem der Volkswirtschaftlichen Gesamtrechnungen (mit Sozialproduktsberechnung, Input-Output-Rechnung etc.) um Informationen über bestimmte, gesellschaftlich wichtige Themenbereiche ergänzen sollen (Stahmer 1992, S. 577). Das Satellitensystem "Sport" ist ein ergänzendes Rechenwerk für die detaillierte Darstellung der Zusammenhänge zwischen Sport und Wirtschaft und sehr eng mit den Volkswirtschaftlichen Gesamtrechnungen verknüpft. Dieses äußert sich insbesondere darin, daß alle sportökonomischen Variablen vollständig auf die Ergebnisse der Sozialproduktsberechnung abgestimmt sind. Mit dem Satellitensystem "Sport" ist es erstmals gelungen, wirtschafts- und sportstatistische Angaben soweit wie möglich zu einem integrierten Datensystem zu verknüpfen.

Das Statistische Bundesamt hat für den Bereich der Umwelt bereits seit Beginn der 80er Jahre an solchen Satellitensystemen gearbeitet, in denen die volkswirtschaftlichen Informationen um umweltbezogene Daten ergänzt werden.

Ende der 80er Jahre wurden dann diese Arbeiten in den konzeptionell erweiterten Rahmen der umweltökonomischen Gesamtrechnung eingebunden (Radermacher 1992).

Satellitensysteme werden konzeptionell so angelegt, daß sowohl eine enge Verknüpfung mit dem Kernsystem der Volkswirtschaftlichen Gesamtrechnungen als auch die Integration neuer Sachverhalte widerspruchsfrei möglich ist (Reich/Stahmer 1988). Dieses gilt auch für das entwickelte Satellitensystem "Sport". Die Darstellungsziele dieses neuen Satellitensystems gehen deutlich über die der Volkswirtschaftlichen Gesamtrechnungen hinaus, wodurch sich nicht alle methodischen Konzepte und statistischen Quellen nutzen lassen. Aufgrund der spezifischen Fragestellung ermöglichte diese Restriktion aber, daß im Rahmen der Entwicklung dieses ergänzenden Satellitensystems die Chance gegeben war, neue Konzepte auszuprobieren als auch Daten zu verwenden, die statistisch nicht in der Güte vorgelegen haben bzw. abgestimmt waren, wie es in der traditionellen Sozialproduktsberechnung üblicherweise der Fall ist.

Die für das Jahr 1993 hergeleitete Input-Output-Tabelle des Sports stellt das Herz des im Rahmen dieser Studie entwickelten Satellitensystems "Sport" dar. In ihr werden gleichzeitig die Absatzstrukturen und die Kostenstrukturen aller Branchen (inklusive einer explizit ausgewiesenen Sportbranche) der Volkswirtschaft erfaßt. Darüber hinaus wurden noch zusätzliche sportökonomische Daten erhoben, die nicht direkt Teil der Input-Output-Tabelle sind. So werden unter anderem Variablen wie Zuschüsse des Staates an die Sportvereine und -verbände, das Bruttoinlandsprodukt des Sports, der Konsum der privaten Haushalte für verschiedene sportspezifische Ausgabearten etc. ausgewiesen. Außerdem konnten die für 1993 ermittelten Ergebnisse im Bereich der Beschäftigung des Sports durch Modellrechnungen noch deutlich verfeinert werden.

2.2 Der Input-Output-Ansatz

Der Sport bzw. die durch ihn ausgelösten Transaktionen sind in vielfältiger Weise mit den anderen Bereichen der Volkswirtschaft verknüpft. Es fällt deshalb schwer, den Sportsektor eindeutig abzugrenzen. Das erklärt auch, weshalb die in der Literatur zu findenden Ergebnisse über die Größe dieser Sportökonomie erheblich voneinander abweichen. Um dieser Problematik begegnen zu können, haben wir eine Darstellungsweise ökonomischer Tatbestände gewählt, welche die Verflechtung und die aus ihr resultierenden Sachverhalte in den Mittelpunkt der Betrachtung stellt: Die Input-Output-Tabelle.

Tabelle 2.2-1 veranschaulicht, daß in einer Input-Output-Tabelle gleichzeitig die Absatzstrukturen und die Kostenstrukturen aller Branchen einer Volkswirtschaft erfaßt werden. In einer Zeile finden wir die Umsätze der betrachteten Branche gegliedert nach abnehmenden Bereichen. Zunächst stehen in einer jeden Zeile detailliert Lieferungen an die anderen Produktionsbereiche. Anschließend werden dann die Lieferungen an die Endnachfrage gebucht, die sich noch einmal in Privatkonsum, Staatskonsum, Investitionsnachfrage und Exporte unterscheiden. Die Zeilensumme ergibt jeweils den Umsatz oder auch den Bruttoproduktionswert des betrachteten Sektors.

Tabelle 2.2-1:   Schematische Darstellung einer Input-Output-Tabelle

	1 Sektor	2 Sektor	. . .	n Sektor	Privater Verbrauch	Staatsverbrauch	Investitionen	Exporte	Bruttoproduktion
					Endnachfrage				
Sektor 1									
Sektor 2									
. . .									
Sektor n									
Abschreibungen									
Steuern									
Löhne									
Gewinne									
Bruttoproduktion									

Die Tabelle enthält in den Spalten noch einmal alle Wirtschaftszweige, allerdings betrachten wir jetzt ihre Kostenstrukturen. Wenn wir nämlich alle Zeilen mit den Umsätzen der Sektoren ausgefüllt haben, finden wir in den

85

Spalten quasi automatisch die Materialkosten der Sektoren. Man spricht auch vom Vorleistungseinsatz. Fügen wir nun noch in jeder Spalte die anderen Kostenarten, die ein jeder Sektor trägt – wie Steuern, Löhne und Gehälter und Abschreibungen sowie die Gewinne hinzu, so erhalten wir als Spaltensumme wiederum den Bruttoproduktionswert des Sektors. Dies gilt immer, denn die Gewinne sind als Differenz zwischen Umsatz und Kosten definiert. Man nennt die Differenz zwischen Umsatz und Vorleistungseinsatz auch Wertschöpfung (Summe aus Steuern, Löhnen und Gehältern, Abschreibungen und Gewinnen).

Die großen Vorteile eines solchen Rechenwerkes liegen auf der Hand: Zum einen haben wir eine sehr detaillierte Beschreibung der sektoralen Verflechtung. Zum anderen ist der Datensatz in sich konsistent: Jede Lieferung eines Sektors an einen anderen Sektor wird dort als Kostengröße erfaßt. Außerdem ist sichergestellt, daß die gesamtwirtschaftliche Wertschöpfung stets dem Wert der erzeugten Fertigprodukte (Endnachfrage) entspricht. Mit einem Wort: Da fällt nichts unter den Tisch, und es wird auch nichts doppelt gezählt!

Tabelle 2.2-2:   *Beispiel einer einfachen Input-Output-Tabelle mit 3 Sektoren*

	Sektor A	Sektor B	Sektor C	Vorleistungsnachfrage	Privater Verbrauch	Staatsverbrauch	Investitionen	Exporte	Endnachfrage	Bruttoproduktion
Sektor A	1	2	1	4	5	/	/	1	6	10
Sektor B	3	17	10	30	10	/	10	10	30	60
Sektor C	/	10	10	20	5	5	/	/	10	30
Vorleistungseinsatz	4	29	21	54	20	5	10	11	46	100
Abschreibungen	1	3	1	5						
Steuern	1	5	1	7						
Löhne	2	13	4	19						
Gewinne	2	10	3	15						
Bruttowertschöpfung	6	31	9	46						
Bruttoproduktion	10	60	30	100						

An einem einfachen Beispiel soll nun nochmals die Interpretation einer Input-Output-Tabelle demonstriert werden. Tabelle 2.2-2 zeigt eine fiktive Volkswirtschaft mit drei Sektoren. Die Gesamtproduktion des Sektors A beträgt 10 Einheiten. Davon hat der Sektor A Güter im Wert von 4 Einheiten an alle Sektoren der Volkswirtschaft geliefert, die dort wiederum als Vorprodukte, der sogenannte Vorleistungseinsatz, in die Produktion einfließen. So liefert der Sektor A nicht nur Waren im Wert von 2 Einheiten an den Sektor B beziehungsweise im Wert von 1 Einheit an den Sektor C, sondern liefert auch Waren an die Unternehmen seines eigenen Sektors im Wert von 1 Einheit. Die restlichen 6 Einheiten seiner Gesamtproduktion produziert Sektor A für die Endnachfrage, wobei 5 Einheiten an die privaten Haushalte für Konsumzwecke geliefert werden. Der Sektor B produziert 17 Einheiten und somit nahezu 1/3 seines gesamten Umsatzes für die Unternehmen seines Bereichs. Außerdem stellt Sektor B noch Vorleistungen im Wert von 3 Einheiten für den Sektor A her. Die Endnachfragelieferungen des Sektors B verteilen sich zu gleichen Teilen mit jeweils 20 Einheiten auf den Privaten Verbrauch, Investitionen und die Ausfuhr. Der Sektor B erzeugt somit Güter im Wert von insgesamt 60 Einheiten. Die gesamte Produktion des Sektors C in Höhe von 30 Einheiten wird zu 2/3 als Vorleistungen von den Sektoren der Volkswirtschaft bezogen, wobei der Sektor A keine Vorleistungsgüter im Rahmen seiner Güterproduktion einsetzt. Lediglich 1/3 seiner Bruttoproduktion liefert der Sektor C an die Endnachfrage, wobei der Sektor C zu gleichen Teilen mit jeweils 5 Einheiten Leistungen an die privaten Haushalte als auch an den Staat verkauft. Bei dem zuletzt genannten Staatsverbrauch handelt es sich um Leistungen, die der Staat seinen Bürgern kostenlos zur Verfügung stellt.

Insgesamt verteilt sich die inländische Gesamtproduktion der 3-Sektoren-Volkswirtschaft in Höhe von 100 Einheiten auf die Bereiche der Vorleistungs- und Endnachfrage zu ungefähr gleichen Teilen. Die privaten Haushalte konsumieren Güter im Gesamtwert von 20 Einheiten, während die Unternehmen der Volkswirtschaft Investitionen im Wert von 10 Einheiten tätigen, wobei lediglich der Sektor B diese Investitionsgüter herstellt. Der Staat stellt seinen Bürgern insbesondere Schul- und Verwaltungsleistungen im Wert von 5 Einheiten ohne spezielles Entgelt zur Verfügung. Außerdem liefern die inländischen Unternehmen Waren im Wert von 11 Einheiten an das Ausland, wobei auffällt, daß nahezu ausschließlich der Sektor B für den Export produziert und somit viel stärker von der außenwirtschaftlichen Entwicklung abhängig ist.

Andererseits offenbart die spaltenweise Betrachtung, daß der Sektor A zur Erstellung seiner Gesamtproduktion Güter im Wert von 1 Einheit von den Unternehmen seines eigenen Bereichs und 3 Einheiten von den Unternehmen des

Sektors B bezieht. Insgesamt sind dem Sektor A Kosten für den Kauf der im Rahmen seiner Produktionstätigkeit eingesetzten Vorleistungen im Wert von 4 Einheiten entstanden. Daneben fallen Abschreibungen auf das von ihm eingesetzte Anlagevermögen (Gebäude, Maschinen etc.) im Wert von 1 Einheit an. Neben diesen Kosten hat der Sektor A noch Lohnausgaben für die von ihm beschäftigten Arbeitnehmer in Höhe von 2 Einheiten. Insgesamt erzielt der Sektor A nach Berücksichtigung der von ihm geleisteten Steuern im Wert von 1 Einheit einen Gewinn von 2 Einheiten. Der Sektor B hat demgegenüber eine deutlich höhere Wertschöpfungsquote von ca. 0,5 (31/60) gegenüber dem Sektor C 0,3 (9/30). Der relative Vorleistungseinsatz von Sektor B in Höhe von 29 Einheiten bei einer Gesamtproduktion von 60 Einheiten ist somit deutlich geringer gegenüber dem des Sektors C, wo 21 Einheiten der Gesamtproduktion in Höhe von 30 Einheiten auf den Einsatz von Vorleistungen entfallen.

Wie sich an diesem Beispiel zeigt, gibt eine Input-Output-Tabelle eine sehr detaillierte Beschreibung der sektoralen Verflechtung. Jede Lieferung eines Sektors an einen anderen Sektor wird dort als Kostengröße erfaßt. Außerdem ist sichergestellt, daß die gesamtwirtschaftliche Wertschöpfung stets dem Wert der erzeugten Fertigprodukte (Endnachfrage) entspricht. Natürlich läßt sich die in einer Input-Output-Tabelle abgebildete Volkswirtschaft im Rahmen analytischer Verfahren noch wesentlich detaillierter auswerten. Eine guten Überblick geben Holub und Schnabl in ihren einführenden Darstellungen zur Input-Output-Rechnung (Holub/Schnabl 1985 und 1995).

2.3 Die Input-Output-Tabelle des Sports

Die im Rahmen dieser Studie erstellten Input-Output-Tabelle des Sports erfaßt die Verflechtungsbeziehungen zwischen diesen sportspezifischen Bereichen als auch mit den sonstigen (nichtsportspezifischen) Bereichen der Volkswirtschaft. Sie stellt eine sportspezifische Disaggregation der bestehenden Input-Output-Tabelle des Statistischen Bundesamtes dar und ist auf diese vollständig abgestimmt, d. h. alle definitorisch bestimmten Eckwerte beider Tabellen sind absolut identisch.

Um besser verstehen zu können, welche Beurteilungskriterien eingesetzt wurden, um sportökonomische Aktivitäten entsprechend den Konzepten der Input-Output-Rechnung des Statistischen Bundesamtes zu erfassen, sollen zunächst kurz ihre grundlegenden Konzepte vorgestellt werden. In einem weiteren

Unterabschnitt wird dann erläutert, welche sportökonomischen Aktivitäten in der Input-Output-Tabelle des Sports erfaßt werden konnten.

2.3.1 Konzeptioneller Aufbau der Input-Output-Tabellen des Statistischen Bundesamtes

Da die Input-Output-Tabellen des Statistischen Bundesamtes die produktions- und gütermäßigen Verflechtungen in der Volkswirtschaft aufzeigen, werden als Darstellungseinheiten nicht die institutionell abgegrenzten Unternehmen der disaggregierten Inlandsproduktsberechnung herangezogen. Statt dessen erfolgt eine Abgrenzung nach funktionellen Produktionsbereichen, die möglichst homogen im Hinblick auf die Produktionstechnik, Inputstruktur und zum Teil auch hinsichtlich der Verwendung der produzierten Güter sind. Die Produktionstätigkeit des homogenen Produktionsbereichs umfaßt keine Nebentätigkeiten. Für diese werden eigene Einheiten gebildet, so daß ein Unternehmen oder Betrieb mit Nebentätigkeiten in mehrere homogene Produktionsbereiche aufgeteilt wird. Hilfstätigkeiten werden dagegen nicht von der Haupt- oder Nebentätigkeit, zu der sie gehören, getrennt. Hilfstätigkeiten sind Dienstleistungen, die in jedem Produktionsbereich vorkommen und nur für diesen Bereich erbracht werden (Statistisches Bundesamt 1997 e, S. 9 f.). Sie werden im Gegensatz zur Nebentätigkeit nicht gesondert abgerechnet.

Um in den Input-Output-Tabellen möglichst detailliert die Zusammenhänge zwischen der Produktion der Güter und ihrer Verwendung zeigen zu können, erfolgt eine Nettodarstellung der Verteilerleistungen, d. h. die Handels- und Transporttätigkeit wird ohne den Einstandswert der abgesetzten bzw. transportierten Ware gesondert ausgewiesen. Auf diesem Wege erfolgt eine Bewertung zu Ab-Werk-Preisen (Statistisches Bundesamt 1996f, S. 18 f.). Sie sind um die Verteilerleistungen und nichtabziehbare Umsatzsteuer geringer als der Anschaffungspreis, d. h. der Preis, den der Käufer am Markt zu zahlen hat.

Der Wert der Handelsleistungen wird somit in den Input-Output-Tabellen zu Ab-Werk-Preisen jeweils zusammengefaßt in den Zeilen für Leistungen des Handels ausgewiesen. Gleiches gilt auch für die Erfassung der Transporttätigkeit. Auch die im Verkehr erbrachten Leistungen werden separat in den Zeilen für Leistungen des Verkehrs dokumentiert.

Unter Berücksichtigung dieser zentralen konzeptionellen Überlegungen veröffentlicht das Statistische Bundesamt Input-Output-Tabellen mit jeweils 58 Produktionsbereichen in den Spalten und 58 Gütergruppen in den Zeilen, wobei Produktionsbereiche und Gütergruppen identisch abgegrenzt sind (vgl. Tabelle

2.3-2). Ihr schematischer Aufbau kann der Tabelle 2.3-1 entnommen werden. Die Verwendung von Waren und Dienstleistungen wird in den Zeilen, die gütermäßige Zusammensetzung in den Spalten dargestellt.

Tabelle 2.3-1:   *Schematischer Aufbau der Input-Output-Tabelle*
des Statistischen Bundesamtes
- Inländische Produktion und Einfuhr

Tabelle 2.3-2: *Die Abgrenzung der 58 Produktionsbereiche in den Input-Output-Tabellen des Statistischen Bundesamtes*

1	Erzeugung von Produkten der Landwirtschaft
2	Erzeugung von Produkten Forstwirtschaft, Fischerei, etc.
3	Erzeugung von Elektrizität, Dampf und Warmwasser
4	Erzeugung von Gas
5	Gewinnung und Verteilung von Wasser
6	Gewinnung von Kohle, Erzeugnisse des Kohlenbergbaus
7	Gewinnung von Erzen, Salzen, Torf
8	Gewinnung von Erdöl und Erdgas
9	Herstellung von Chemischen Erzeugnissen, Spalt- und Brutstoffen
10	Herstellung von Mineralölerzeugnissen
11	Herstellung von Kunststofferzeugnissen
12	Herstellung von Gummierzeugnissen
13	Gewinnung von Steinen und Erden, Herstellung von Baustoffen
14	Herstellung von feinkeramischen Erzeugnissen
15	Herstellung von Glas und Glaswaren
16	Herstellung von Eisen und Stahl
17	Herstellung von NE-Metallen, NE-Metallhalbzeug
18	Herstellung von Gießereierzeugnissen
19	Herstellung von Zieherei- und Kaltwalzerzeugnissen
20	Herstellung von Metallbauerzeugnissen und Schienenfahrzeugen
21	Herstellung von Maschinenbauerzeugnissen
22	Herstellung von Büromaschinen und Computer
23	Herstellung von Straßenfahrzeugen
24	Herstellung von Wasserfahrzeugen
25	Herstellung von Luft- und Raumfahrzeugen
26	Herstellung von elektrotechnischen Erzeugnissen
27	Herstellung von feinmechanischen und optischen Erzeugnissen, Uhren
28	Herstellung von Eisen-, Blech- und Metallwaren
29	Herstellung von Musikinstrumenten, Spielwaren, Sportgeräten und Schmuck
30	Bearbeitung von Holz
31	Herstellung von Holzwaren
32	Herstellung von Zellstoff, Papier und Pappe
33	Herstellung von Papier- und Pappwaren
34	Herstellung von Druckereierzeugnissen, Kopien
35	Herstellung von Leder, Lederwaren und Schuhen
36	Herstellung von Textilien
37	Herstellung von Bekleidung
38	Herstellung von Nahrungsmitteln
39	Herstellung von Getränken
40	Herstellung von Tabakwaren
41	Hoch- und Tiefbau u. ä.
42	Ausbau
43	Leistungen des Großhandels u. ä., Rückgewinnung

44	Leistungen des Einzelhandels
45	Leistungen der Schienenverkehrsdienste
46	Leistungen der Schiffahrts- und Hafendienste
47	Leistungen der Nachrichtenübermittlung
48	Leistungen der Straßen- und Luftverkehrsdienste
49	Dienstleistungen der Kreditinstitute
50	Dienstleistungen der Versicherungen
51	Vermietung von Gebäuden und Wohnungen
52	Marktbestimmte Dienstleistungen des Gast- und Beherbergungsgewerbes
53	Dienstleistungen der Wissenschaft und Kultur und Verlage
54	Marktbestimmte Leistungen des Gesundheits- und Veterinärwesens
55	Sonstige marktbestimmte Dienstleistungen
56	Leistungen der Gebietskörperschaften
57	Leistungen der Sozialversicherung
58	Leistungen der Organisationen ohne Erwerbszweck (Kirchen, Parteien, Vereine), häusliche Dienste

2.3.2 Der Ausweis sportökonomischer Aktivitäten in der Input-Output-Tabelle des Sports

Das Sportangebot besteht aus Waren und Dienstleistungen, die entweder von erwerbswirtschaftlichen Unternehmen, dem Staat oder den Vereinen und Verbänden erbracht werden. Welche Waren und Dienstleistungen als Sportangebot einzustufen sind, wurde der Ausgangsstudie von Weber et al. entnommen (Weber et al., 1995). Um diese Produzenten in der bestehenden Input-Output-Tabelle explizit ausweisen zu können, mußte zunächst geklärt werden, welche Aktivitäten überhaupt integriert werden können, ohne die zentralen Konzepte (siehe Abschnitt 2.3.1) oder die Konsistenz der Tabelle zu zerstören. Für den Ausweis sportspezifischer Produktionsbereiche innerhalb der Input-Output-Tabelle des Statistischen Bundesamtes mußte einerseits gewährleistet sein, daß die ausgewiesenen Sportproduktionsbereiche eine eigene Produktionstechnik als auch eine ähnliche Verwendungsstruktur haben, d. h. die sportspezifische Produktion muß eine spezifische Kosten- und [oder] Absatzstruktur aufweisen.

Um zu überprüfen, ob die in der Weber-Studie abgegrenzten Sportangebote eine spezifische Input- und [oder] Outputstruktur besitzen und explizit in der Input-Output-Tabelle auszuweisen sind, wird insbesondere die Systematik der Produktionsbereiche in Input-Output-Rechnungen des Jahres 1994 (SIO)[1], die

---

[1] Die SIO ist von der Systematik der Wirtschaftszweige (WZ) abgeleitet und ermöglicht eine Zusammenführung von nach Wirtschaftszweigen gegliederten Ergebnissen mit Ergebnissen, die nach verschiedenen Gütersystematiken gegliedert sind (Statistisches Bundesamt, S. 26, 1997).

der Gliederung der Produktionsbereiche in der Input-Output-Rechnung zugrunde liegt, einbezogen (Statistisches Bundesamt 1994f.).

Außerdem wird die SIO benötigt, um den bisherigen Standort der explizit auszuweisenden Sportproduktionsbereiche in der Input-Output-Tabelle des Statistischen Bundesamtes zu lokalisieren. Erst mit dieser Information ist eine konsistente Zerlegung des übergeordneten Produktionsbereichs in sport- und nichtsportspezifische Produktion möglich.

Dieses Vorgehen erklärt beispielsweise, warum die in der Weber-Studie genannten Angebote Sportjournalismus oder Sportgetränke nicht als eigenständige Produktionsbereiche ausgewiesen werden (Weber et al. 1995, S. 178f.). Beide Güter haben im Gegensatz zu Sportgeräten keine spezifische Input- als auch Outputstruktur, die sich deutlich von ihrem übergeordneten Produktionsbereich unterscheidet.

Die SIO bestätigt, daß für beide Güter - Sportjournalismus oder Sportgetränke - keine eigenen SIO-Nummern ausgewiesen werden. Die Tabelle 2.3-3 und Tabelle 2.3-4 dokumentieren, daß nur dort zusätzliche Produktionsbereiche angelegt werden, wo auch tatsächlich sportspezifische Waren und Dienstleistungen entsprechend der Systematik der Produktionsbereiche in Input-Output-Tabellen gesondert erfaßt werden. Zum einen wird bei dieser Art der Vorgehensweise sichergestellt, daß das funktionelle Input-Output-Konzept mit homogenen Produktionsbereichen bewahrt bleibt. Zum anderen wird deutlich, für welche Güterarten Daten erhoben werden müssen und auf welchen Systematiken diese beruhen.

Im ersten Quadranten der Input-Output-Tabelle (vgl. Tabelle 2.3-1), der die intermediäre Verwendung (Vorleistungsverbrauch der einzelnen Produktionsbereiche) zeigt, werden sieben zusätzliche Produktionsbereiche ausgewiesen. Es ist zu erkennen, daß die Produktionsbereiche 23 (Straßenfahrzeuge), 29 (Musikinstrumente, Spielwaren, Sportgeräte, Schmuck usw.), 35 (Leder, Lederwaren, Schuhe), 37 (Bekleidung), 53 (Dienstleistungen der Wissenschaft und Kultur und der Verlage) und 58 (Dienstleistungen der privaten Organisationen ohne Erwerbszweck, häusliche Dienste) in nichtsport- und sportspezifische Produktionsbereiche aufgespalten werden können.

Tabelle 2.3-3:   *Input-Output-Tabelle des Sports - Identifizierung und Abgrenzung sportspezifischer Produktionsbereiche (Teil I)*

		Produktionsbereich	**SIO (1994) 1)**	**WZ (1979) 2)**	**WZ 93**
1		Landwirtschaft			
...					
23		Straßenfahrzeuge	244-245, 2490		
	59	Fahrräder	245170, 245181, 245183	24517, 24525	3542, 52741
...					
29		Musikinstrumente, Spielwaren etc.	257-258, 259700-259900		
	60	Sport- und Turngeräte	2586	2586	36.40.0
...					
35		Leder, Lederwaren, Schuhe	270-272, 279100		
	61	Sportschuhe	272117	[27210]	[19300]
36		Textilien	273-275, (275170)	[27565]	
37		Bekleidung	276-277, 279500		
	62	Sportbekleidung	276060, 276530	[27618]	18241
...					
53		Dienstleistungen der Wissenschaft, Kultur und Verlage	703-708		
	63	Sportschulen und sonstige Sporteinrichtungen (Sporthallen, Fitness-Studios, Selbständige Sportler etc.)	[706200], 706800	75587, 75581, 75584	71402,92341, 92610, 92622, 92623, 92624, 92625
...					
56		Leistungen der Gebietskörperschaften			
	64	Sportspez. Leistungen der Gebietskörperschaften			
...					
58		Leistungen der privaten Organisationen ohne Erwerbszweck			
	65	Leistungen der Sportvereine und -verbände	800141, [804], [808]	[814]	92621

1) Systematik der Produktionsbereiche in Input-Output-Rechnungen (SIO), Ausgabe 1994
2) Systematik der Wirtschaftszweige, Ausgabe 1979 -> Ableitung der 1-, 2-, 3- und teilweise auch 6-Steller der SIO

Tabelle 2.3-4:   *Input-Output-Tabelle des Sports - Identifizierung und Abgrenzung*
sportspezifischer Produktionsbereiche (Teil II)

		Produktionsbereich	**SYPRO (1979) 3)**	**GP (1989) 4)**
1		Landwirtschaft		
...				
23		Straßenfahrzeuge		33
	59	Fahrräder	3324, 3327	3375, 3376
...				
29		Musikinstrumente, Spielwaren etc.		39
	60	Sport- und Turngeräte	3940	394
...				
35		Leder, Lederwaren, Schuhe		62
	61	Sportschuhe	6251	6252
36		Textilien	6370	
37		Bekleidung		64
	62	Sportbekleidung	6430	6415
...				
53		Dienstleistungen der Wissenschaft, Kultur und Verlage		
	63	Sportschulen und sonstige Sporteinrichtungen 5)		
...				
56		Leistungen der Gebietskörperschaften		
	64	Sportspez. Leistungen der Gebietskörperschaften		
...				
58		Leistungen der privaten Organisationen ohne Erwerbszweck		
	65	Leistungen der Sportvereine und -verbände		

3) Systematik der Wirtschaftszweige, Ausgabe 1979, Fassung für die Statistik im Produzierenden Gewerbe (SYPRO)
4) Systematisches Güterverzeichnis für Produktionsstatistiken (GP), Ausgabe 1989
5) Sportschulen, Sporthallen, Fitness-Studios, Selbständige Sportler, Forschungseinrichtungen etc.

Quellen: Systematische Verzeichnisse des Statistischen Bundesamtes (1982 a, 1982 c, 1994 e, 1994 f, 1995 k).

Es ist möglich, für den Bereich der Waren Sportfahrräder, Sportgeräte, Sportschuhe und Sportbekleidung zusätzliche Zeilen und Spalten in die Input-Output-Tabelle aufzunehmen. Für den Bereich der Dienstleistungen werden als zusätzliche Produktionsbereiche Leistungen der erwerbswirtschaftlichen Sportanbieter (Fitness-Studios, Squash-Center, Tanzschulen, Sportveranstalter, Profisportler etc.) und Leistungen der Sportvereine und -verbände aufgenommen.

Für den Produktionsbereich 56 (Leistungen der Gebietskörperschaften) wird ein sportspezifischer Produktionsbereich eröffnet, da die Gebietskörperschaften einen großen Teil der sportspezifischen Infrastruktur erstellen und unterhalten.

Im 2. Quadranten der Input-Output-Tabelle, der die letzte Verwendung von Gütern (Privater Verbrauch, Staatsverbrauch, Anlageinvestitionen, Vorratsveränderung und Ausfuhr von Waren und Dienstleistungen) aufzeigt, werden alle Komponenten der Endnachfrage um sportspezifische Vektoren erweitert. Der Vektor des sportbezogenen privaten Verbrauchs umfaßt nicht nur den Konsum der Sportgüter aus den sieben zusätzlich ausgewiesenen Produktionsbereichen. Im Vektor des sportbezogenen privaten Verbrauchs werden sämtliche Waren und Dienstleistungen erfaßt, die bei der Durchführung von Sportaktivitäten genutzt werden. Durch diese Art der Modellierung ist es möglich, die ökonomische Bedeutung des Sports von der Nachfrageseite her sehr umfassend abzubilden.

Neben dem sportbezogenen Konsum der privaten Haushalte enthält der sportbezogene private Verbrauch aber auch den Eigenverbrauch der Sportvereine und Sportverbände. Der Eigenverbrauch umfaßt denjenigen Teil des Produktionswertes (Umsatzes) der Sportvereine und Sportverbände, der nicht verkauft, sondern den Vereinsmitgliedern im Rahmen ihrer Mitgliedschaft ohne spezielles Entgelt zur Verfügung gestellt wird.

Die sportspezifischen Investitionen - Bauten, Ausrüstungen, Vorräte - zeigen das Investitionsvolumen der Sportgüterproduzenten, d. h. der sieben zusätzlichen sportspezifischen Produktionsbereiche. Gleiches gilt auch für die sportspezifische Ausfuhr. Der Staatsverbrauch für Sportzwecke enthält die unentgeltlich abgegebene Sportgüterproduktion der Gebietskörperschaften (Ausgaben für Schulsport, Dienstsport oder Bereitstellungskosten für öffentliche Sporteinrichtungen etc.).

Die Input-Output-Tabelle des Sports unterscheidet 58 nichtsportspezifische Produktionsbereiche, 7 sportspezifische Produktionsbereiche und jeweils

6 nichtsportspezifische und sportspezifische Endnachfragebereiche. Das Ergebnis ist die um Sportaktivitäten erweiterte Input-Output-Tabelle des Sports.

Tabelle 2.3-5, welche die Input-Output-Tabelle des Sports schematisch darstellt, zeigt, daß alle Verflechtungsbeziehungen zwischen diesen sportspezifischen Bereichen als auch mit den sonstigen (nichtsportspezifischen) Bereichen der Volkswirtschaft erfaßt werden. Die Input-Output-Tabelle des Sports stellt eine sportspezifische Disaggregation der bestehenden Input-Output-Tabelle des Statistischen Bundesamtes dar und ist auf diese vollständig abgestimmt, d. h. alle definitorisch bestimmten Eckwerte beider Tabellen sind absolut identisch. Tabelle 2.3-5 dokumentiert, aus welchen Bereichen der Input-Output-Tabelle des Statistischen Bundesamtes sportspezifische Aktivitäten extrahiert wurden und nun gesondert ausgewiesen werden können. Aufgrund der zusätzlichen sportspezifischen Zeilen und Spalten haben sich auch die bereichsspezifischen Nummern verändert.

Sportspezifische Produktionsbereiche:

Sportwaren:

Sportfahrräder	(59)
Sportgeräte	(60)
Sportschuhe	(61)
Sportbekleidung	(62)

Sportdienstleistungen:

Dienstleistungen der erwerbswirtschaftlichen Sportanbieter	(63)
Sportspezifische Leistungen der Gebietskörperschaften	(64)
Leistungen der Sportvereine und -verbände	(65)

Sportspezifische letzte Verwendung:

Sportbezogener Privater Verbrauch	(68)
Staatsverbrauch für Sportzwecke	(70)
Sportspezifische Ausrüstungsinvestitionen	(72)
Sportspezifische Bauinvestitionen	(74)
Sportspezifische Vorratsveränderung	(76)
Sportspezifische Ausfuhr	(78)

Tabelle 2.3-5:   Schematische Darstellung der Input-Output-Tabelle des Sports

Güteraufkommen

Güterverwendung

		Input der Produktionsbereiche
Fahrräder	58 59	
Sportgeräte	60	
Sportschuhe	61	
Sportbekleidung	62	
Sportspez. Dienstlstg. der Wissenschaft, etc.	63	
Sportspez. Dienstlstg. der Gebietskörperschaften	64	
Sportspez. Dienstlstg. der Org. o. Erwerbszw.	65	I
Intermediäre Verwendung	66	
Privater Verbrauch im Inland	67	
sportspez. Privater Verbrauch	68	
Staatsverbrauch	69	
Staatsverbrauch für Sportzwecke	70	
Ausrüstungen	71	
Sportausrüstungen	72	II
Bauten	73	
Sportbauten	74	
Vorratsveränderung	75	
sportspez. Vorratsveränderung	76	
Ausfuhr von Waren und Dienstl.	77	
sportspez. Ausfuhr	78	
Letzte Verwendung zusammen	79	
Gesamte Verwendung von Gütern	80	

Input der Produktionsbereiche

Letzte Verwendung von Gütern
Anlageinvestitionen

Column labels (Güteraufkommen):
- 1
- 58 Fahrräder
- 59 Sportgeräte
- 60 Sportschuhe
- 61 Sportbekleidung
- 62 Sportspez. Dienstlstg.
- 63 Sportspez. Dienstlstg. (Sportschulen, etc.)
- 64 Sportspez. Dienstlstg. der Gebietskörpersch.
- 65 Sportspez. Dienstlstg. der Org. o. Erwerbszw.
- 66 Vorleistungen/Letzte Verwendung (ohne USt.)
- 67 Nichtabziehbare Umsatzsteuer
- 68 Vorleistungen/Letzte Verwendung (incl. USt.)
- 69 Abschreibungen
- 70 Produktionssteuern abzgl. Subventionen *
- 71 Einkommen aus unselbständiger Arbeit
- 72 Eink. aus Unternehmertätigk. und Vermögen *
- 73 Bruttowertschöpfung
- 74 Bruttoproduktionswert
- 75 Einfuhr gleichartiger Güter
- 76 Gesamtes Aufkommen

III

* Die Produktionssteuern abzgl. Subventionen nach Produktionsbereichen sind zusammen mit den Einkommen aus Unternehmertätigkeit in Zeile 65 nachgewiesen

2.3.3 Exkurs: Erfassung von Kooperationen der gemeinnützigen Sportorganisationen mit der Wirtschaft

Ein besonderes Problem stellt die Erfassung von Vermarktungsaktivitäten der Unternehmen zugunsten von Einzelsportlern oder Sportmannschaften, Sportveranstaltungen, Sportvereinen und -verbänden dar, von denen sich die Unternehmen eine Image- und [oder] Absatzsteigerung erhoffen. Andererseits sehen die Sportvereine und -verbände in dem Verkauf ihrer Leistungen eine Möglichkeit zur besseren Erfüllung ihrer Aufgaben (Büch 1996, S. 29f.). Hier ist insbesondere an sportspezifisches Sponsoring und Merchandising zu denken. Solche Aktivitäten sind in der Input-Output-Tabelle des Statistischen Bundesamtes grundsätzlich als Vorleistungslieferungen der Sportsektoren an die anderen Branchen der Volkswirtschaft erfaßbar. So werden zum Beispiel die durch den Verkauf von Übertragungsrechten an die öffentlich-rechtlichen Medieneinrichtungen erhaltenen Einnahmen der Sportvereine und -verbände ausgewiesen. Eine weitergehende Darstellung des Sponsoring und Merchandising war allerdings nicht möglich, weil die dazu notwendigen Daten nicht in der amtlichen Statistik veröffentlicht oder erhoben werden. Zum anderen gibt es auch in anderen Untersuchungen keine verläßlichen quantitativen Informationen über das Volumen als auch die Verflechtungsbeziehungen der gemeinnützigen Sportorganisationen mit der Wirtschaft, so daß wichtige Strukturinformationen fehlen.

Um diese sportökonomischen Aktivitäten wirklich detailliert in die Input-Output-Tabelle des Sports integrieren zu können, sind umfangreiche primärstatistische Erhebungen notwendig, die aber den Rahmen dieser Studie gesprengt hätten. Es lassen sich somit nicht detailliert Volumen und Struktur der verschiedenen Sportvermarktungsstrategien analysieren.

Trotz dieses Mangels werden damit aber Aussagen im Rahmen der Analyse der ökonomischen Bedeutung des Sports nicht weniger aussagekräftig, vielmehr beschränkt diese Restriktion im Datensatz die detaillierte Analyse bestimmter Fragestellungen.

3 Die Datenbasis [1]

In diesem Kapitel sollen einige zentrale Aspekte bei der Erstellung der Input-Output-Tabelle des Sports für das Jahr 1993 erläutert werden. Nach einer kurzen Beschreibung der zentralen statistischen Quellen, wird in dem sich anschließenden Abschnitt die allgemeine Berechnungsmethode zur Auffüllung der sportspezifischen Zeilen und Spalten erläutert. Die in den sportspezifischen Bereichen erfaßten Aktivitäten als auch die zu ihrem Ausweis verwendeten Quellen werden in den Unterabschnitten 3.3 und 3.4 vorgestellt. Der Quellennachweis dient der konkreten Zuordnung der vielfältigen statistischen Quellen und soll insbesondere weitere Forschungsarbeiten auf diesem Forschungsgebiet erleichtern. Die Bestimmung der entsprechenden Zeilen und Spalten in der Input-Output-Tabelle des Sports wird aufgrund der Komplexität der mathematischen Routinen nicht explizit dargestellt.

3.1 Zentrale Quellen zur Erstellung der Input-Output-Tabelle des Sports

Die Datenarbeiten zur Erstellung der Input-Output-Tabelle des Sports hatten nicht nur ein klar definiertes Ziel, sondern wurden auch durch einige vorhandene Datenquellen determiniert. Zum einen ist hier insbesondere die Input-Output-Rechnung des Statistischen Bundesamtes mit allen dahinter befindlichen Datenquellen zu nennen, die Auskunft über Verflechtungsbeziehungen innerhalb der Volkswirtschaft geben. Zum anderen ist es die Studie von Weber et al. (1995), die über die vielfältigen ökonomischen Aspekte des Sports sehr differenziert berichtet (siehe Kapitel 1).

---

[1] An der Erstellung der Input-Output-Tabelle des Sports hat Dr. Claudia Schnieder mitgearbeitet.

101

Daneben tritt aber auch die in Kapitel 1 genannte Gruppe von sportökonomischen Untersuchungen, die lediglich für ökonomische Teilaspekte des Sports sehr differenziert die Beziehungen zwischen Sport und Wirtschaft analysiert. Gerade aber diese empirischen Untersuchungen können für die Ermittlung der intersektoralen Verflechtungsbeziehungen zwischen dem Sport und der sonstigen Wirtschaft wertvolle zusätzliche Informationen liefern und wurden deswegen vollständig genutzt. Dadurch läßt sich der Aufwand an eigenen Erhebungen deutlich reduzieren, ohne daß darunter die Güte der erzeugten Daten leiden müßte - im Gegenteil, sie profitiert davon! Außerdem garantiert die im folgenden Unterabschnitt skizzierte Berechnungsmethode als auch der Input-Output-Ansatz, daß bei der Erstellung der Input-Output-Tabelle des Sports Inkonsistenzen im Datenmaterial sofort aufgedeckt und daher grobe Berechnungsfehler frühzeitig eliminiert werden.

3.2 Methodische Aspekte bei der Erstellung der Datenbasis

Die systematische Auffüllung der sportspezifischen Zeilen und Spalten erfolgte entsprechend einer einheitlichen Berechnungsmethode (Ahlert/Schnieder 1997). Eine Berechnung entsprechend der im folgenden beschriebenen Methode (siehe Abbildung 3.2-1) garantiert nicht nur, daß die Daten in dem geschlossenen, in sich konsistenten Datensystem der Input-Output-Rechnung generiert werden. Auch werden die aus anderen oder eigenen Erhebungen und der amtlichen Statistik einfließenden Informationen stets mit den vorhandenen, tief disaggregierten Strukturinformationen der Input-Output-Tabelle konfrontiert. Dadurch gibt es eine Vielzahl von Validierungsschleifen bei der Berechnung der Input-Output-Tabelle des Sports, die Inkonsistenzen und Unplausibilitäten frühzeitig aufdecken.

Zunächst einmal werden für die sportspezifischen Zeilen und Spalten der Input-Output-Tabelle des Sports die Gesamte Verwendung von Gütern (Spalte 80), Produktionswerte (Zeile 74) und die letzte Verwendung von Gütern (einschließlich Umsatzsteuer) (Zeile 68) ermittelt.

Zur Ableitung einer ersten, groben Kostenstruktur werden die Inputkoeffizienten der ursprünglichen Input-Output-Tabelle des Statistischen Bundesamtes auf die Sportgüterproduktion übertragen. Inputkoeffizienten geben Auskunft über die relative Bedeutung der einzelnen Kostenbestandteile der Güter in Relation zum Produktionswert bzw. Umsatz. Bei der Übertragung der Kostenstrukturen werden diejenigen Güter ausgewählt, die den betrachteten Sportgütern so ähnlich wie möglich sind. Gewöhnlich lassen sich diese vergleichbaren Güter in dem Produktionsbereich finden, aus dem das betreffende Sportgut herausgelöst wurde. Durch das Übertragen der Inputstrukturen der jeweiligen übergeordneten Bereiche auf die neuen sportspezifischen Bereiche wird bereits in einem sehr frühen Stadium der Datenarbeiten die vollständige und in sich konsistente Information der Input-Output-Rechnung genutzt. Es ist natürlich klar, daß diese Koeffizienten in weiteren Berechnungsschritten präzisiert werden müssen, doch stellen sie einen wichtigen Startpunkt bei der Erstellung der Input-Output-Tabelle des Sports dar.

Nachdem nun eine erste Annäherung an die Inputstruktur der Sportgüter erfolgte, wird in einem weiteren Schritt die generelle Plausibilität der Inputkoeffizienten überprüft. Diese Prüfung vollzieht sich in mehreren Stufen. Zunächst wird untersucht, ob die unterstellte Verflechtungsbeziehung überhaupt im sportspezifischen Bereich Relevanz besitzen kann. Falls dieses bejaht werden kann, wird der vorläufige Wert eines jeden einzelnen Koeffizienten auf seine Höhe getestet. Auf diesem Wege soll sichergestellt werden, daß die in den Berechnungsvorgang eingehenden Koeffizienten ökonomisch sinnvoll sind.

Während das Statistische Bundesamt zur Generierung der Inputstruktur mit der Berechnung der Vorleistungskoeffizienten beginnt (Statistisches Bundesamt 1995, S. 45 f.), werden zur Ableitung der sportspezifischen Inputstruktur zunächst die Wertschöpfungsanteile bestimmt. Durch den Rückgriff auf die Ergebnisse der Studie von Weber (Weber et al. 1995) stehen für den Sportbereich mehr Informationen über die Wertschöpfungskomponenten als über die Vorleistungsstrukturen zur Verfügung. Die Gewinne werden in der Regel residual bestimmt. Von diesem Vorgehen wird nur dann abgewichen, wenn die dazu benötigten Informationen, nämlich die Vorleistungsinputs aufsummiert über 58 Gütergruppen, nicht so zuverlässig erscheinen, wie Daten über die Bedeutung der Gewinne am Produktionswert des sportspezifischen Bereichs.

Sind die Wertschöpfungsanteile ermittelt, ergibt sich quasi als Residuum der Koeffizient für die gesamten Vorleistungsbezüge. Auf dieser Grundlage werden anschließend anhand der unterschiedlichsten Datenquellen die einzelnen Vorleistungskoeffizienten bestimmt. Diese Vorgehensweise empfiehlt sich, weil Informationen über einzelne Komponenten der Vorleistungen nicht vollständig zu ermitteln sind. Trotz zusätzlicher Informationsquellen können oftmals nur für Gruppen von Vorleistungen wie z. B. Energie, Eisen und Stahl etc. Anteile ermittelt werden. Um nun die relative Bedeutung der einzelnen Vorleistungsgüter in dieser Gruppe bestimmen zu können, wird die Aufteilung entsprechend der bereits aus dem übergeordneten Bereich bekannten Verteilung vorgenommen. Die nach der Input-Methode bestimmten sportspezifischen Koeffizienten werden in einem letzten Schritt mit bereits ermittelten Produktionswerten multipliziert. Dadurch erhält man die Niveauwerte der sportspezifischen Spalten der Input-Output-Tabelle des Sports.

Für die Ermittlung der Zeilen- bzw. Absatzstruktur konnte eine ähnliche Vorgehensweise wie zur Bestimmung der Spalten- bzw. Kostenstruktur gewählt werden, weswegen an dieser Stelle auf eine detaillierte Darstellung der zeilenspezifischen Berechnungsmethodik verzichtet wird.

Der letzte Berechnungsschritt nach Ermittlung der sportspezifischen Zeilen- und Spaltenstrukturen entsprechend der Input- und Outputmethode ist die konsistente Integration dieser zusätzlichen sportspezifischen Vektoren durch Abstimmung auf den Gesamtvektor der Input-Output-Tabelle des Statistischen Bundesamtes für das Jahr 1993. Dazu werden die disaggregierten Niveauwerte des nichtsportspezifischen Bereichs per Definition als Residuum bestimmt. Diese Vorgehensweise garantiert, daß die erstellte Input-Output-Tabelle des Sports voll abgestimmt ist mit der Input-Output-Tabelle des Statistischen Bundesamtes des Jahres 1993.

In einem zweiten und letzten Schritt müssen dann noch die intrasektoralen (Vorleistungsbezüge der Unternehmen innerhalb desselben Produktionsbereichs) als auch intersektoralen (Vorleistungsbezüge der Unternehmen des Sektors von anderen Produktionsbereichen) Bezüge des sport- und nichtsportspezifischen Produktionsbereichs innerhalb des übergeordneten Bereichs ermittelt werden. Die Zerlegung erfolgt auf der Basis von Plausibilitätüberlegungen unter Berücksichtigung aller verfügbaren Informationen.

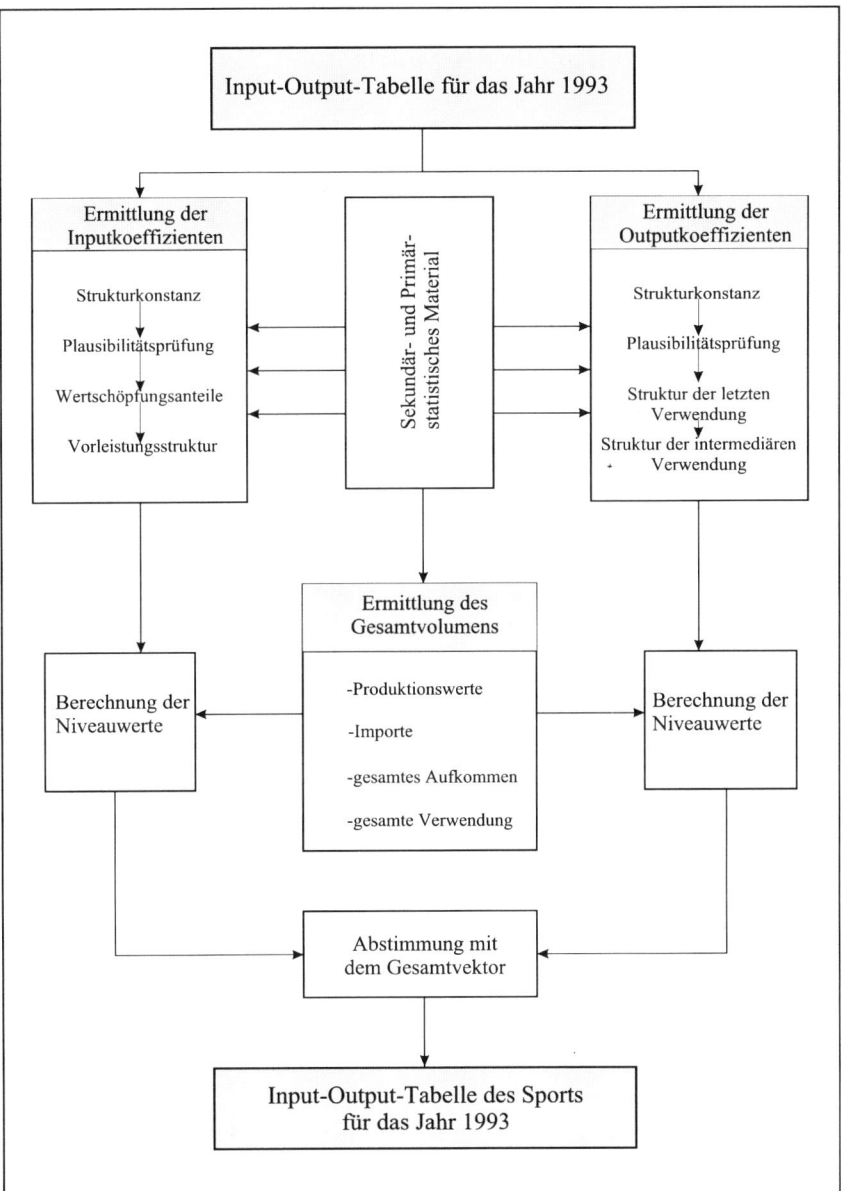

Abbildung 3.2-1:   *Schematische Darstellung des Berechnungsverfahrens zur Ermittlung der sportspezifischen Kosten- und Absatzstrukturen für die Input-Output-Tabelle des Sports*

3.3 Sportspezifische Produktionsbereiche innerhalb der Input-Output-Tabelle des Sports

3.3.1 Sportwaren

Zur Erfassung der sportspezifischen Warenproduktion wurde die Systematik der Produktionsbereiche in Input-Output-Tabellen (SIO) ausgewertet (Statistisches Bundesamt 1994 f). Sie gibt nicht nur Auskunft über die Zusammensetzung der Produktionsbereiche in den funktionellen Input-Output-Tabellen des Statistischen Bundesamtes. Sie zeigt auch, wie sich die in den unterschiedlichen (in der Regel nach institutionellen Gesichtspunkten gegliederten) Statistiken ausgewiesenen Warengruppen entsprechend dem funktionellen Konzept zuordnen lassen. Die detaillierte Auswertung der SIO ergab die Möglichkeit des Ausweises von vier sportspezifischen Produktionsbereichen für den Bereich der Warenproduktion (siehe Tabelle 3.3-1).

Als zusätzliche Produktionsbereiche lassen sich Sportfahrräder (neuer Produktionsbereich 59) aus dem Produktionsbereich 23 (Straßenfahrzeuge), Sportgeräte (neuer Produktionsbereich 60) aus dem Produktionsbereich 29 (Musikinstrumente, Spielwaren, Sportgeräte, Schmuck usw.), Sportschuhe (neuer Produktionsbereich 61) aus dem Produktionsbereich 35 (Leder, Lederwaren, Schuhe) und Sportbekleidung (neuer Produktionsbereich 62) aus dem Produktionsbereich 37 (Bekleidung) herauslösen und gesondert ausweisen.

Zentrales Entscheidungskriterium für die Ausweisung zusätzlicher Produktionsbereiche im Bereich der Warenproduktion ist dabei insbesondere die explizite Nennung dieser Produktionsaktivitäten entsprechend der SIO in der Systematik der Wirtschaftszweige (Statistisches Bundesamt 1982 a). Dieses ist gerade deswegen wichtig, weil sich nahezu die gesamte Produktions- und Kostenstrukturstatistik des Produzierenden Gewerbes auf diese Systematik bezieht. Auch wenn dort nicht explizit die Produktion von Sportfahrrädern oder -schuhen ausgewiesen wird, so bekommt man dort einen ersten Eindruck über die Kostenstrukturen dieser Produktionsaktivitäten. Es ist klar, daß die dort vorliegenden Daten durch ergänzende Auswertungen weiter validiert als auch angereichert werden müssen.

Tabelle 3.3-1:   *Die Erfassung der Produktion von Sportwaren in den verschiedenen Systematiken*

		Produktionsbereich	SIO (1994) 1)	WZ (1979) 2)	SYPRO 3)	GP (1989) 4)
23	23	Straßenfahrzeuge	244-245, 2490			
	59	Fahrräder, Fahrradteile und -rahmen	245170, 245181, 245183	24517, 24525	3324, 3327	3375, 3376
29	29	Musikinstrumente, Spielwaren etc.	257-258, 259700- 259900			
	60	Turn- und Sportgeräte	2586 *610; *620; *630; *640; *651; *654; *657; *670	2586	3940	394
35	35	Leder, Lederwaren, Schuhe	270-272, 279100			
	61	Sportschuhe und -stiefel	272117	[27210]	6251	6252
37	37	Bekleidung	276-277, 279500			
	62	Sport-, Strand- und Badebekleidung	276060, 276530	[27618]	6430	6415, 6454

1) Systematik der Produktionsbereiche in Input-Output-Rechnungen (SIO), Ausgabe 1994
2) Systematik der Wirtschaftszweige, Ausgabe 1979 (WZ 79)
3) Systematik der Wirtschaftszweige, Ausgabe 1979, Fassung für die Statistik im Produzierenden Gewerbe (SYPRO)
4) Systematisches Güterverzeichnis für Produktionsstatistiken (GP), Ausgabe 1989

Quellen: Systematische Verzeichnisse des Statistischen Bundesamtes (1982 a, 1982 c, 1994 f, 1995 k).

Andere sportspezifische Produktionsaktivitäten lassen sich aus der SIO nicht herausfiltern. Dieses läßt sich insbesondere dadurch erklären, daß Sportgüter wie z. B. Sportgetränke, Sportboote etc. keine individuellen Input- oder Outputstrukturen besitzen, keine so große Bedeutung haben oder sich nur schwierig statistisch erfassen lassen. Dieses gilt insbesondere dann, wenn der betrachtete Teilmarkt nur wenige Anbieter umfaßt. Zahlen sind dann zwar oftmals dem Statistischen Bundesamt bekannt, aber aus datenschutzrechtlichen Gründen geheimzuhalten. Gerade der letztgenannte Aspekt führt dazu, daß Zahlen über die Kostenstrukturen solcher Anbieter unbekannt bleiben. Andererseits sollte natürlich auch bedacht werden, daß sich die Kosten- und

Absatzstrukturen dieser Anbieter nicht so stark von denen des übergeordneten Produktionsbereichs unterscheiden werden.

Für die Ermittlung der sportspezifischen Zeilen- und Spaltenstrukturen wurde insbesondere auf folgende Untersuchungen zurückgegriffen:

- Vierteljährliche Produktionsstatistik des Statistischen Bundesamtes (Statistisches Bundesamt 1994 a)

- Sonderauswertung des Statistischen Bundesamtes für die oben genannten SIO 6-Steller für das Berichtsjahr 1993 (Statistisches Bundesamt 1997 j)

- Sonderauswertung der Güterstromtabelle des Statistischen Bundesamtes für das Jahr 1993 (Statistisches Bundesamt 1997 g)

- Kostenstrukturstatistiken „Kostenstruktur der Unternehmen im Verbrauchs-güter produzierenden Gewerbe und im Nahrungs- und Genußmittelgewerbe" (Statistisches Bundesamt 1995 d)

- Beschäftigung im Produzierenden Gewerbe (Statistisches Bundesamt 1995 b)

- Material- und Wareneingangserhebung (Statistisches Bundesamt 1996 b)

- Informationen der entsprechenden Verbände:
  Verband der Fahrrad- und Motorradindustrie e.V. (1993)
  Verband des deutschen Zweiradhandels e.V. (1996)
  Hauptverband der Deutschen Schuhindustrie e.V. (1997)
  Bundesverband der Sportartikel-Industrie e.V. (1997)

- Sportökonomische Studien:
  Weber et al. (1995)
  Heinemann (1995)

3.3.2 Marktbestimmte sportspezifische Dienstleistungen

Die nach 58 Produktionsbereichen untergliederte Input-Output-Tabelle des Statistischen Bundesamtes weist erwerbswirtschaftlich angebotene Sportdienstleistungen innerhalb des Produktionsbereichs 53 (Leistungen der Wissenschaft, Kultur und Verlage) nach. Dort werden unter der SIO-Nummer 706800 die Dienstleistungen der Sporteinrichtungen und der selbständigen Profisportler ausgewiesen (Statistisches Bundesamt 1994 f, S. 417).

Welche Einrichtungen im einzelnen den Sporteinrichtungen zugeordnet werden oder wie der Kreis der selbständigen Sportler abzugrenzen ist, kann der SIO nicht entnommen werden, da eine inhaltliche Beschreibung der Systematiknummern fehlt. Ein Rückgriff auf die Systematik der Wirtschaftszweige (WZ 79) ermöglicht jedoch eine Interpretation der SIO-Nummern, da die Systematik der Produktionsbereiche in Input-Output-Rechnungen (SIO) auf die Systematik der Wirtschaftszweige (WZ 79) aufgebaut ist.

Die hier interessierende SIO-Nummer 706800 setzt sich aus den Abteilungsnummern 75581 und 75584 der Systematik der Wirtschaftszweige (Stand 1979) zusammen (vgl. Statistisches Bundesamt 1994 f, S. 417). Während die Abteilungsnummer 75581 Sporteinrichtungen erfaßt, werden der Systematiknummer 75584 selbständige Sportler zugeordnet. Zur Beschreibung der Abteilungsnummer 75581 werden in der WZ rund 40 verschiedene Einrichtungen (u. a. Golfplätze, Gymnastikhallen, Kegelbahnen, Tennishallen etc.) aufgelistet. (Statistisches Bundesamt 1982 b, S. 628 f.). Die Systematiknummer 75584 wird in der WZ über 10 verschiedene Berufssportgruppen beschrieben (u. a. Boxer, Tennispieler) (Statistisches Bundesamt 1982 b, S. 630).

Diese Beschreibungen dürfen allerdings nicht als eine lückenlose oder eindeutige Charakterisierung der marktbestimmten Sportdienstleistungen bzw. der genannten Unterabteilungen mißverstanden werden. Dies ist schon aufgrund des eher historischen Charakters der WZ (Stand 1979) nicht möglich. Gerade im Zusammenhang mit dem Sport haben sich viele Dienstleistungen erst in den letzten zehn- bis fünfzehn Jahren entwickelt. So etablierten sich beispielsweise Fitness-Studios oder Squashcenter erst zu Beginn der 80er Jahre. Die Sportart „Squash" tauchte im Jahr 1979 noch nicht einmal in der Statistik des Deutschen Sportbunds auf (BBE-Unternehmensberatung 1992, S. 64 & 134). Diese Weiterentwicklung zeigt auch der Vergleich mit der neuen

Wirtschaftszweigsystematik (Stand 1993). So zeigen Umsteigeschlüssel, die zur Überleitung zwischen der alten und neuen Wirtschaftszweigsystematik eingesetzt werden, daß dieser Nummer nicht nur Sporteinrichtungen, wie Tenniscenter oder Eishallen zuzuordnen sind, sondern auch die Leistungen der professionellen Sportveranstalter (Sportpromoter) sowie der professionellen Sportmannschaften (Statistisches Bundesamt 1994 e, S. 668). Die Dienstleistungen der professionellen Einzelsportler werden dagegen im Wirtschaftszweig 75584 verbucht. Im Zusammenhang mit dem Profisport ergibt sich darüber hinaus die Frage, inwieweit die Einkommen aus der Vermarktung des Profisports (Sponsoringeinnahmen, Fernsehgelder etc.) innerhalb der Systematiknummern 75581 und 75584 verbucht werden.

Mit Blick auf die zunehmende Professionalisierung ist folgendes anzumerken: Gründet eine professionelle Sportmannschaft oder ein selbständiger Profisportler eine eigene Agentur zur Abwicklung dieser Vermarktungstätigkeiten, liegen im Sinne der WZ und der SIO keine Sportdienstleistungen mehr vor. Statt dessen werden diese Vermarktungsaktivitäten als Leistungen der Werbe- und Beratungsbranche eingestuft, die sich in der Input-Output-Tabelle des Statistischen Bundesamtes im Produktionsbereich 55 (Sonstige marktbestimmte Dienstleistungen) wiederfinden. Da diese Entwicklungen aber erst in den letzten Jahren deutlich an Bedeutung zugenommen haben, ergeben sich für das im Rahmen dieser Studie betrachtete Jahr 1993 keine größeren Untererfassungen. Dieses bedeutet, daß diese Aktivitäten entweder in diesem Produktionsbereich oder aber im Produktionsbereich 65 (Leistungen der Sportvereine und -verbände) erfaßt werden.

Zusammenfassend ist festzuhalten, daß folgende Dienstleistungen der erwerbswirtschaftlichen Sporteinrichtungen innerhalb des neu gebildeten Produktionsbereichs 63 berücksichtigt werden:

- Betrieb von Sportanlagen (Fitness-Studios, Tennis-, Squashcenter, Schwimmbäder etc.)

- Professionelle Sportmannschaften und Rennställe

- Selbständige Berufssportler

- Sportpromoter und sonstige professionelle Sportveranstalter

Für den Reitsport ist darauf hinzuweisen, daß in diesem neuen Produktionsbereich Leistungen der erwerbswirtschaftlichen Sportanbieter der professionelle Tuniersport als auch die Rennställe mit ihren Umsätzen erfaßt werden. Der gesamte Bereich der Pferdezucht und gewerblichen Tierpflege (oftmals auch dem Pferdesport zugeordnet, vgl. Deutsche Reiterliche Vereinigung 1994) wird jedoch in der Input-Output-Tabelle innerhalb des Produktionsbereichs 2 (Produkte der Forstwirtschaft, Fischerei usw.) erfaßt und wird daher nicht explizit ausgewiesen.

Für die Ermittlung der sportspezifischen Zeilen- und Spaltenstrukturen wurde insbesondere auf folgende Untersuchungen zurückgegriffen:

- Branchenreport „Kommerzielle Freizeitanlagen" (BBE-Unternehmensberatung 1992, 1994, 1997)

- Umsatzsteuerstatistik des Statistischen Bundesamtes (Statistisches Bundesamt 1995 i)

- Sonderauswertung des Statistischen Bundesamtes für die oben genannten SIO 6-Steller für das Berichtsjahr 1993 (Statistisches Bundesamt 1997 j)

- Sonderauswertung der Güterstromtabelle des Statistischen Bundesamtes für das Jahr 1993 (Statistisches Bundesamt 1997 g)

- Informationen der entsprechenden Verbände:
  Direktorium der Vollblutzucht und Rennen e. V. (1994)
  Hauptverband der Traber-Zucht und Rennen e. V. (1994)
  Deutscher Motorsport-Verband (1994)
  Deutscher Tanzsportverband (1994)
  Deutscher Sportstudio Verband (1997)

- Eigene Erhebungen bei insgesamt 18 Verbänden bezüglich ihrer Kostenstruktur

- Sportökonomische Studien:
  Weber et al. (1995)
  Deutsche Reiterliche Vereinigung (1988)
  Bundesinstitut für Sportwissenschaft (1992)

Der Quellennachweis an dieser Stelle soll zum einen die verschiedenen im Rahmen dieser Untersuchung verwendeten statistischen Quellen aufzeigen. Er gibt damit einen Eindruck in die außerordentlich aufwendigen Recherchen zur Bestimmung der entsprechenden sportökonomischen Daten. Außerdem kann die konkrete Zuordnung der vielfältigen statistischen Quellen weitere Forschungsarbeiten auf diesem Forschungsgebiet erleichtern.

3.3.3 Leistungen der Sportvereine und Sportverbände

In der SIO werden unter der Nummer 800141 die nichtmarktbestimmten Dienstleistungen der Organisationen der Sportpflege aufgeführt. Diese Nummer wiederum setzt sich aus Bestandteilen der Abteilungsnummern 81411 und 81412 der WZ, Stand 1979 zusammen (Statistisches Bundesamt 1994 f, S. 425). Welche Organisationen sich hinter dieser Abgrenzung verbergen, läßt sich nur ansatzweise klären. So werden innerhalb der WZ unter der nächst höheren Abteilungsnummer 8141 rund 60 Organisationen des Sport- und Gesundheitswesens aufgeführt (Statistisches Bundesamt 1982 b, S. 672 f.). Die dort aufgeführten Sportorganisationen decken sich nur zum Teil mit den im Deutschen Sportbund organisierten Vereinen und Verbänden. Es ist daher zu vermuten, daß in der WZ und in der SIO nur ein Ausschnitt des selbst organisierten Sports erfaßt ist. Gänzlich ausgeklammert werden die Sportangebote derjenigen gemeinnützigen Organisationen, die Sport eher als Nebenzweck ihres Angebots betrachten. Hierunter fallen beispielsweise die Sportangebote der Kirchen oder sonstiger karitativer Organisationen. Letztlich dürfte dies auch Ausdruck erfassungstechnischer Probleme sein.

Um die gemeinnützigen Sportangebote möglichst vollständig abzubilden, werden die Dienstleistungen aller im Deutschen Sportbund organisierten Institutionen als auch die sportbezogenen Dienstleistungen der Pferderennvereine als gemeinnützige Sportangebote betrachtet (Weber et al. 1995, S. 144). Neben einer Vielzahl von Expertenbefragungen in den entsprechenden Institutionen wurde für die Ermittlung der sportspezifischen Zeilen- und Spaltenstrukturen insbesondere auf folgende Untersuchungen zurückgegriffen:

- Finanz- und Strukturanalyse der Sportvereine in Deutschland (Heinemann/Schubert 1994)

- Sonderauswertung des Statistischen Bundesamtes für die Jahresrechnungs-ergebnisse der öffentlichen Haushalte für die Jahre 1990 bis 1993 (Statistisches Bundesamt 1997 h)

- Sonderauswertung des Statistischen Bundesamtes für die oben genannten SIO 6-Steller für das Berichtsjahr 1993 (Statistisches Bundesamt 1997 j)

- Sonderauswertung der Güterstromtabelle des Statistischen Bundesamtes für das Jahr 1993 (Statistisches Bundesamt 1997 g)

- Eigene Erhebung und Auswertung der Haushaltsdaten bzw. Jahresabschlüsse der Sportverbände (auf Bundes- und Landesebene) für das Jahr 1993

- Sportökonomische Studien:
  Weber et al. (1995)
  Bruhn/Pistaff (1993)

3.3.4 Die sportspezifischen Leistungen der Gebietskörperschaften

Neben erwerbswirtschaftlichen Anbietern und gemeinnützigen Sportorganisationen stellen die Gebietskörperschaften die dritte Säule für die Bereitstellung sportbezogener Leistungen dar. Zur Identifizierung der sportspezifischen Produktion der Gebietskörperschaften konnte nicht auf die SIO zurückgegriffen werden, da dort keine eigenen Nummern für derartige Produktionstätigkeiten ausgewiesen sind. Statt dessen bot sich eine Auswertung der Finanzstatistik an, die vom Statistischen Bundesamt anhand der Jahresrechnungsergebnisse der öffentlichen Haushalte erstellt wird. Im Rahmen dieser Statistik werden die verschiedenen Leistungen der Gebietskörperschaften sogenannten Aufgabenbereichen zugeordnet. Insgesamt lassen sich in ihrer tiefsten Untergliederung (fünfstellige Gliederungsziffern) rund 300 Aufgabenbereiche unterscheiden. Eine Auswertung dieser fünfstelligen Ziffern zeigt, daß eine Produktion von Sportgütern in folgenden Bereichen stattfindet:

Tabelle 3.3-2:   Die Sportproduktion der Gebietskörperschaften - Sport als eigenständiger Aufgabenbereich

Aufgabenbereich	Gliederungsnummer in der Finanzstatistik
Badeanstalten	03220
Eigene Sportstätten	03230
Förderung des Sports	03240

Quelle: Statistisches Bundesamt 1997 h.

Diese Ziffern geben allerdings noch nicht erschöpfend Auskunft über die gesamte Sportproduktion der Gebietskörperschaften, da auch andere

113

Aufgabenbereiche sportspezifische Produktionsanteile enthalten (Weber et al. 1995, S. 228). Der Schulsport stellt beispielsweise eine Teilproduktion des Aufgabengebiets „Schulen" dar. Der Dienstsport für Verteidigungs- und Sicherheitskräfte (Bundeswehr/Bundesgrenzschutz/Polizei) geht in den Aufgabengebieten „Verteidigung" und „Öffentliche Sicherheit und Ordnung" unter. Ausgegrenzt ist ferner der Komplex der Sportwissenschaft. Dieses Sportgut wird dem Aufgabengebiet „Hochschulen" zugeordnet (vgl. Tabelle 3.3-3).

Interpretiert man die einzelnen sportproduzierenden Aufgabenbereiche als homogene Produktionseinheiten im Sinne der Input-Output-Rechnung (Statistisches Bundesamt 1995 j, S. 22), geben Tabelle 3.3-2 und Tabelle 3.3-3 die Zusammensetzung des Produktionsbereichs 64 nach untergeordneten Produktionseinheiten wieder.

Tabelle 3.3-3:   Die Sportproduktion der Gebietskörperschaften - Sport als Bestandteil übergeordneter Aufgabenbereiche

Aufgabenbereich	Gliederungsnummer in der Finanzstatistik
Verteidigung (Dienstsport)	003
Öffentliche Sicherheit und Ordnung (Dienstsport)	004
Schulen und vorschulische Bildung (Schulsport)	012
Hochschulen (Sportwissenschaft)	013

Quelle: Statistisches Bundesamt 1997 h.

Die folgenden Untersuchungen wurden für die Ermittlung der sportspezifischen Zeilen- und Spaltenstrukturen herangezogen:

• Rechnungsergebnisse der öffentlichen Haushalte (Statistisches Bundesamt 1996 d, 1996 e)

• Umsatzsteuerstatistik des Statistischen Bundesamtes (Statistisches Bundesamt 1995 i)

• Hochschulfinanzstatistik (Statistisches Bundesamt 1996 c)

• Bildungsstatistik (Statistisches Bundesamt 1995 f, 1995 g)

• Sonderauswertung des Statistischen Bundesamtes für die oben genannten SIO 6-Steller für das Berichtsjahr 1993 (Statistisches Bundesamt 1997 j)

- Sonderauswertung des Statistischen Bundesamtes für die Jahresrechnungs-ergebnisse der öffentlichen Haushalte für die Jahre 1990 bis 1993 (Statistisches Bundesamt 1997 h)

- Sonderauswertung der Güterstromtabelle des Statistischen Bundesamtes für das Jahr 1993 (Statistisches Bundesamt 1997 g)

- Staatsverflechtungstabelle des Rheinisch Westfälischen Instituts für Strukturforschung (RWI 1991)

- Sportökonomische Studien:
  Weber et al. (1995)
  Ländersynopse der Sportministerkonferenz (1997)

3.4 Letzte Verwendung in der Input-Output-Tabelle des Sports

3.4.1 Der sportbezogene private Verbrauch

Der sportbezogene private Verbrauch setzt sich aus dem sportbezogenen Konsum der privaten Haushalte und dem Eigenverbrauch der Sportvereine und Sportverbände zusammen. Der Eigenverbrauch der Sportvereine und Sportverbände umfaßt denjenigen Teil ihres Produktionswertes, der nicht verkauft wird, sondern den Mitgliedern der Sportvereine im Rahmen ihrer Mitgliedschaft unentgeltlich zur Verfügung gestellt wird (Statistisches Bundesamt 1997 e, S. 35).

Zentrale statistische Quellen für die Bestimmung des sportspezifischen Verbrauchs der privaten Haushalte sind die Studie von Weber et al. (1995), eine Sonderauswertung der Einkommens- und Verbrauchsstichprobe des Jahres 1993 (Statistisches Bundesamt 1997 e) als auch die Konsumverflechtungstabellen für 58 Gütergruppen und 57 Verwendungszwecke für die Jahre 1990 und 1993 (Statistisches Bundesamt 1994 d, 1995 j).

Aus der Weber-Studie (1995) konnte eine Vielzahl der Strukturinformationen zum sportbezogenen Konsum der privaten Haushalte im Jahre 1990 unter Zuhilfenahme der Konsumverflechtungstabellen der Jahre 1990 und 1993 genutzt werden. Dieses ist um so erfreulicher, weil die Studie von Weber et al. nicht nur sehr umfassend, sondern auch sehr differenziert den sportbezogenen

Konsum der privaten Haushalte analysiert hat. Die Konsumverflechtungstabellen der Jahre 1990 und 1993 ermöglichten dabei nicht nur eine adäquate Fortschreibung für das Jahr 1993. Erst sie erlauben eine Berechnung der gütermäßigen Zusammensetzung des sportbezogenen Konsums der privaten Haushalte.

Die Nutzung der Konsumverflechtungstabelle zur Ermittlung des sportbezogenen Verbrauchs der privaten Haushalte empfiehlt sich aus verschiedenen Gründen. Die Konsumverflechtungstabelle ist ein in sich konsistentes Rechenwerk zur Erfassung aller Verbrauchsaktivitäten der privaten Haushalte. Sie ist vollständig in die Input-Output-Rechnung des Statistischen Bundesamtes integriert und hat für die Jahre 1990 und 1993 zu Anschaffungs- als auch zu Ab-Werk-Preisen vorgelegen. Durch die tiefe Disaggregation des privaten Verbrauchs (siehe Anhang III: Verwendungszwecke in der sportspezifischen Konsumverflechtungstabelle) in 57 Verwendungszwecke lassen sich die möglichen Fehler bei der Ermittlung des sportbezogenen privaten Verbrauchs als auch seine gütermäßigen Zusammensetzung deutlich reduzieren. Es werden nicht nur sehr spezielle Ausgabezwecke ausgewiesen (z. B. Getränke, Schuhe, Sportbekleidung, Pauschalreisen etc.), sondern es erfolgt auch eine Zuordnung dieser Ausgabezwecke auf die 58 Gütergruppen der Input-Output-Tabelle. Da diese Tabellen in beiden Preiskonzepten vorgelegen haben, ließ sich der sportbezogene private Verbrauch wesentlich genauer in dem Ab-Werk-Preiskonzept der Input-Output-Rechnung bestimmen. Es konnten somit mögliche Fehlerquellen bei der Ermittlung des sportspezifischen privaten Verbrauchs reduziert werden, weil für die Umrechnung der zu Anschaffungspreisen vorliegenden Ausgangsdaten zum sportbezogenen Konsum der privaten Haushalte Informationen über den Anteil der Handels- und Transportdienstleistungen als auch über die auf den Konsumgütern lastende Umsatzsteuer vorgelegen haben.

Im folgenden soll kurz der Ausweis der sportbezogenen Konsumaktivitäten der privaten Haushalte skizziert werden. Die gewählte Vorgehensweise ähnelt sehr stark dem im Abschnitt 3.1 beschriebenen Verfahren zur Identifizierung sportspezifischer Produktionsbereiche.

Zunächst wird die der Konsumverflechtungstabelle zugrunde liegende Systematik zum Ausweis der Verwendungszwecke, nämlich die Systematik der Einnahmen und Ausgaben (SEA) (Statistisches Bundesamt 1983), im Hinblick auf explizit genannte sportspezifische Verwendungszwecke analysiert. Das Ergebnis dieser Auswertung gibt Auskunft darüber, in welchen der 57 verschiedenen Verwendungszwecke sportspezifische Konsumaktivitäten erfaßt werden. Dieses Wissen ist zum einen hilfreich, um eine Zuordnung der sportspezifischen Ausgabezwecke auf die einzelnen übergeordneten Verwendungszwecke korrekt vornehmen zu können. Zum anderen ist bei diesem Verfahren sichergestellt, daß für die zusätzlichen sportspezifischen Verwendungszwecke entsprechende Korrekturbuchungen nicht nur auf der Aggregatebene, sondern auch auf der Ebene der liefernden Produktionsbereiche vorgenommen werden.

Neben der Auswertung der Systematik der Einnahmen und Ausgaben wurde aber auch die Studie von Weber et al. (1995) herangezogen, um zusätzliche sportbezogene Konsumaktivitäten auszuweisen. Außerdem wurde die Einkommens- und Verbrauchsstichprobe 1993 (Statistisches Bundesamt 1997 i) herangezogen, um für einige sportspezifische Verwendungszwecke eine gemeinsame Berechnungsgrundlage zu erstellen. Dieses wurde notwendig, weil in der Studie von Weber (1995) für den sportbezogenen privaten Verbrauch teilweise sehr spezielle Verwendungszwecke ausgewiesen werden, denen aber in der Konsumverflechtungstabelle des Statistischen Bundesamtes keine vergleichbaren Äquivalente gegenüberstanden. Mittels einer Sonderauswertung der Einkommens- und Verbrauchsstichprobe (Statistisches Bundesamt 1997 f) konnten einige der 57 Verwendungszwecke noch deutlich tiefer disaggregiert werden. Durch diese Vorgehensweise war es möglich, alle in der Weber-Studie aufgeführten sportbezogenen Konsumaktivitäten in die vorliegende Untersuchung zu integrieren.

Das allgemeine Berechnungsverfahren zur Berechnung des sportspezifischen Verbrauchs bezogen auf die 19 neuen sportspezifischen Verwendungszwecke vollzog sich nun in mehreren Berechnungsschritten, welches sehr stark dem im Abschnitt 3.2 beschriebenen Verfahren ähnelt und deswegen an dieser Stelle nicht näher erläutert wird. Das Ergebnis dieses Prozesses ist eine in sich konsistente und vollständig mit der Input-Output-Tabelle des Statistischen Bundesamtes abgestimmte Konsumverflechtungstabelle des Sports.

Ein tief disaggregierter Ausweis aller sportspezifischen Verwendungszwecke innerhalb der Input-Output-Tabelle des Sports erscheint dagegen nicht sinnvoll, weil sich eine Vielzahl von Konsumaktivitäten aufgrund vielfältiger komplementärer Beziehungen nicht voneinander trennen lassen. Die tiefe Disaggregation des Konsums wurde hier nur unter dem Aspekt der Erstellung eines umfassenden und in sich konsistenten sportspezifischen Datensatzes vorgenommen.

3.4.2 Staatsverbrauch für Sportzwecke

Im Rahmen dieser Studie werden unter dem Begriff des Staates alle seine Gebietskörperschaften zusammengefaßt, also Bund, Länder und Gemeinden. Der Staatsverbrauch für Sportzwecke umfaßt diejenigen sportbezogenen Leistungen der Gebietskörperschaften, die der Allgemeinheit ohne spezielles Entgelt zur Verfügung gestellt werden (Statistisches Bundesamt 1997 e, S. 35).

Dazu zählen insbesondere sportspezifische Unterrichts- und Verwaltungsleistungen, Dienstsport für Beschäftigte der Gebietskörperschaften als auch die Personal- und laufende Unterhaltungskosten für die Bereitstellung des öffentlichen Sportinfrastrukturangebotes. Staatliche Investitionen in die Sportinfrastruktur - z. B. der Bau von Sportplätzen und Sporthallen - werden aber nicht im Staatsverbrauch für Sportzwecke erfaßt, sondern als Teil der Investitionen der Sportgüterproduzenten (zu denen auch der Staat zählt) ausgewiesen. Der Staatsverbrauch für Sportzwecke bestimmt sich definitorisch nach Abzug des Wertes der Verkäufe von sportbezogenen Gütern vom Produktionswert des Produktionsbereiches Sportspezifische Leistungen der Gebietskörperschaften.

3.4.3 Anlageinvestitionen der Sportgüterproduzenten

Die Investitionen der Sportgüterproduzenten ließen sich für die Hersteller von Sportwaren nur aus den Angaben für Westdeutschland bestimmen, da die Angaben für Deutschland nicht ausreichend tief disaggregiert waren. Zur Berechnung der Investitionen der Sportwarenhersteller wurden die Angaben über die Zugänge an Sachanlagen aus der Fachserie 4 Reihe 4.2.1 Tabelle 1.1 (Statistisches Bundesamt 1995 c) zunächst auf Gesamtdeutschland hochgerechnet, um danach das sportspezifische Anlageinvestitionsvolumen zu ermitteln und eine Zerlegung in Ausrüstungen und Bauten vorzunehmen. Für diese Zerlegung wurden sowohl Verbandsinformationen als auch Angaben aus Fachserie 4 Reihe 4.2.1 Tabelle 1.1 zum Anteil der Maschinen, maschinellen Anlagen etc. an den Gesamtinvestitionen genutzt.

Für die drei Produktionsbereiche Erwerbswirtschaftliche Sportanbieter, Sportspezifische Leistungen der Gebietskörperschaften und Sportvereine & Sportverbände wurden eigene Untersuchungen zur Erfassung ihres Investitionsvolumens durchgeführt. Für die erwerbswirtschaftlichen Sportanbieter wurden die Investitionen der einzelnen Untergruppen entweder aus den spezifischen Einzeluntersuchungen oder aber indirekt über die Ermittlung der Relation der Abschreibungen zu Bauten und Ausrüstungen ermittelt.

Das Investitionsvolumen des Produktionsbereichs Sportspezifische Leistungen der Gebietskörperschaften (Bund, Länder und Gemeinden) resultiert aus der Auswertung der Finanzstatistik. Aus ihr läßt sich für die Funktionsziffern 322 bis 324, den Bereichen Schulsport, Bedienstetensport für Verteidigungs- und Sicherheitskräfte als auch Sportwissenschaft eine Aufteilung der Investitionen in Ausrüstungen und Bauten vornehmen.

Für den Produktionsbereich Sportvereine und Sportverbände standen die Haushaltsdaten diverser Verbände (einige Landessportbünde als auch Bundesfachverbände) für das Jahr 1993 zur Verfügung. Anhand dieser Zahlen war es möglich das Investitionsvolumen für das Jahr 1993 zu schätzen.

Nach der Ermittlung des Gesamtinvestitionsvolumens an Ausrüstungs- und Bauinvestitionen der sieben sportspezifischen Produktionsbereiche erfolgte abschließend seine Aufteilung auf die Produktionsbereiche der Volkswirtschaft. Hierzu wurde zum einen die Plausibilität der Struktur der sportspezifischen Vektoren unter der Annahme geprüft, daß die Investitionsstruktur der entsprechenden gesamtwirtschaftlichen Vektoren - Ausrüstungen, Bauten - unterstellt wird. Dieses Verfahren führte zu einer Korrektur der Inputstruktur der jeweiligen sportspezifischen Investitionen, welche in einem letzten Schritt auf die Ergebnisse der Sonderauswertung der Güterstromtabelle (Statistisches Bundesamt 1997 g) abgestimmt wurden.

3.4.4 Sportspezifische Vorratsveränderung

Die sportspezifische Vorratsveränderung umfaßt die Veränderung der Lagerbestände der Unternehmen innerhalb der Berichtsperiode. Diese Vorräte sollen entweder in der Folgeperiode im Rahmen des Produktionsprozesses als Vorprodukte verbraucht werden oder aber sind zum direkten Verkauf bestimmt. Auf Grund der sehr schwierigen Datenlage konnten die sportspezifischen Vorräte nur durch Multiplikation der Werte des Vektors der gesamten Verwendung der sportspezifischen Produktionsbereiche mit den Outputkoeffizienten der Vorratsveränderung des übergeordneten Produktionsbereichs berechnet werden. Lediglich im Bereich der Produktion von Sportfahrrädern konnten Verbandsdaten für die Lagerbestände berücksichtigt werden (vgl. Verband der deutschen Motorrad- und Fahrradindustrie e.V. 1997).

3.4.5   Ausfuhr von Sportgütern

Die Ermittlung der sportspezifischen Ausfuhr (gleiches gilt auch für die Einfuhr) von Gütern der sieben sportspezifischen Produktionsbereiche erfolgte durch Nutzung entsprechender Daten aus der Sonderauswertung des Statistischen Bundesamtes für die oben genannten SIO 6-Steller für das Berichtsjahr 1993 (Statistisches Bundesamt 1997 j) und der Außenhandelsstatistik (Statistisches Bundesamt 1994 b).

4 Die ökonomische Bedeutung des Sports im Jahre 1993

Die ökonomische Bedeutung des Sports wurde mittels der für das Jahr 1993 erstellten Input-Output-Tabelle des Sports erfaßt. Diese gesamtdeutsche Input-Output-Tabelle des Sports erfaßt erstmalig alle Verflechtungsbeziehungen zwischen den sportspezifischen Bereichen als auch mit den sonstigen (nichtsportspezifischen) Bereichen der Volkswirtschaft. Sie ist das Ergebnis intensiver Analysen zur Erfassung der vielfältigen ökonomischen Wirkungen sportlicher Aktivitäten und stellt eine sportspezifische Disaggregation der bestehenden Input-Output-Tabelle des Statistischen Bundesamtes dar. Sie ist auf diese vollständig abgestimmt, d. h. alle definitorisch bestimmten Eckwerte beider Tabellen sind absolut identisch. Außerdem konnten diese in der Input-Output-Tabelle erfaßten Daten für das Jahr 1993 um zusätzliche Informationen erheblich erweitert und somit zu einem Satellitensystem "Sport" ausgebaut werden. Im folgenden wird die ökonomische Bedeutung der im Satellitensystem "Sport" ausgewiesenen ökonomischen Variablen für das Jahr 1993 detailliert vorgestellt.

4.1 Der sportbezogene private Verbrauch

Das Ergebnis der Berechnung des Vektors des sportbezogenen privaten Verbrauchs wird in Tabelle 4.1-1 gezeigt. Es ist deutlich zu erkennen, daß neben den sportspezifischen Produktionsbereichen eine Vielzahl anderer Produktionsbereiche Beziehungen zu dem sportbezogenen Verbrauchsvektor haben. Der Anteil des sportbezogenen privaten Verbrauchs - der sportbezogene Konsum der privaten Haushalte zuzüglich des Eigenverbrauchs der Sportvereine und Sportverbände - am gesamten privaten Verbrauch beträgt mehr als 1.8 v. H. und hatte ein Gesamtvolumen von mehr als 33 Mrd. DM.

Tabelle 4.1-1:   *Sportbezogener privater Verbrauch in der Input-Output-Tabelle des Sports im Jahre 1993*
- in Mrd. DM in jeweiligen Preisen -

Gütergruppe	Sportbezogener privater Verbrauch
Chem. Erzeugnisse	0,081
Mineralölerzeugnisse	1,799
Kunststofferzeugnisse	0,005
Gummierzeugnisse	0,029
Straßenfahrzeuge	1,137
Wasserfahrzeuge	0,570
Luft- und Raumfahrzeuge	0,115
Papier- und Pappewaren	0,002
Erzeugnisse der Druckerei	0,001
Leder, Lederwaren, Schuhe	0,054
Textilien	0,652
Bekleidung	0,068
Nahrungsmittel	0,204
Getränke	0,038
Dienstleistungen des Großhandels	1,173
Dienstleistungen des Einzelhandels	3,720
Dienstleistungen der Eisenbahnen	0,082
Dienstleistungen der Schiffahrt, etc.	0,013
Dienstleistungen des sonstigen Verkehrs	0,890
Dienstleistungen der Versicherungen	0,087
Dienstleistungen des Gastgewerbes	1,688
Wissenschaft, Kultur, Verlage	1,342
Gesundheits- und Veterinärwesen	0,094
Marktbestimmte Leistungen	0,449
Gebietskörperschaften	0,041
Leistg. der priv. Org. ohne Erwerbszweck	0,046
Sportfahrräder	0,834
Sportgeräte	0,960
Sportschuhe	0,509
Sportbekleidung	2,273
Erwerbswirtschaftliche Sportanbieter	5,084
Sportspez. Leistg. der Gebietskörperschaften	0,594
Sportvereine und Sportverbände	5,741
Letzte Verwendung (exkl. Umsatzsteuer)	**30,377**
Nichtabziehbare Umsatzsteuer	2,841
Letzte Verwendung (inkl.Umsatzsteuer)	**33,218**

Quelle: *Eigene Berechnungen.*

Der sportbezogene private Verbrauch ist damit deutlich größer als die gesamte inländische Produktion der sieben sportspezifischen Produktionsbereiche mit knapp 26 Mrd. DM (vgl. Tabellen 4.4-1 und 4.4-2). Dieses ist durch die umfassende Erhebung sportbezogener Konsumaktivitäten bedingt, die sich nicht nur auf die Güter der sportspezifischen Produktionsbereiche beschränkt. Dieses umfassende Erhebungskonzept erklärt, warum sich neben den sportspezifischen Produktionsbereichen, die sog. Sportbranche, auch für nichtsportspezifische Produktionsbereiche relativ hohe Lieferungen ausmachen lassen, was besonders deutlich Abbildung 4.1-1 illustriert.

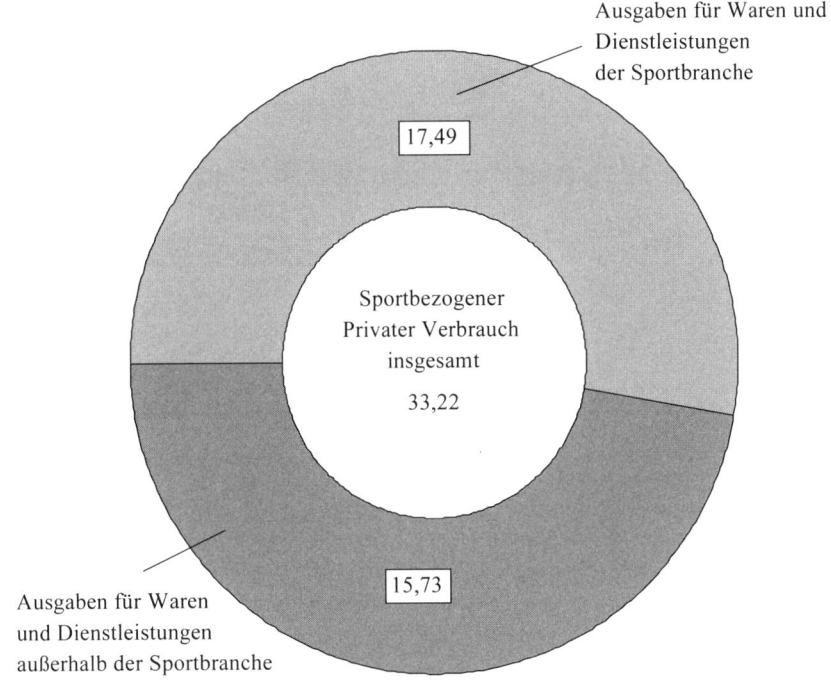

Ausgaben für Waren und
Dienstleistungen
der Sportbranche

17,49

Sportbezogener
Privater Verbrauch
insgesamt

33,22

15,73

Ausgaben für Waren
und Dienstleistungen
außerhalb der Sportbranche

*Abbildung 4.1-1: Überblick über die Aufteilung des sportbezogenen privaten Verbrauchs
im Jahr 1993
- in Mrd. DM in jeweiligen Preisen -*

Im Detail (vgl. Tabelle 4.1-1) sei exemplarisch auf die sportspezifischen Lieferungen der Produktionsbereiche Mineralölerzeugnisse (ca. 1,8 Mrd. DM), Straßenfahrzeuge (ca. 1,14 Mrd. DM), Handelsdienstleistungen (ca. 5 Mrd. DM),

Gastgewerbe (ca. 1,7 Mrd. DM) oder Dienstleistungen der Wissenschaft Kultur und Verlage (ca. 1,34 Mrd. DM) verwiesen.

Die Sportvereine und Sportverbände lieferten Leistungen im Wert von 5,74 Mrd. DM an die privaten Haushalte. Neben dem sportspezifischen Konsum der privaten Haushalte in Form von Benutzungsgebühren in Höhe von 1,91 Mrd. DM ist in diesem Wert auch der sportspezifischen Eigenverbrauch der Sportvereine und Sportverbände in Höhe von ca. 3,83 Mrd. DM erfaßt.

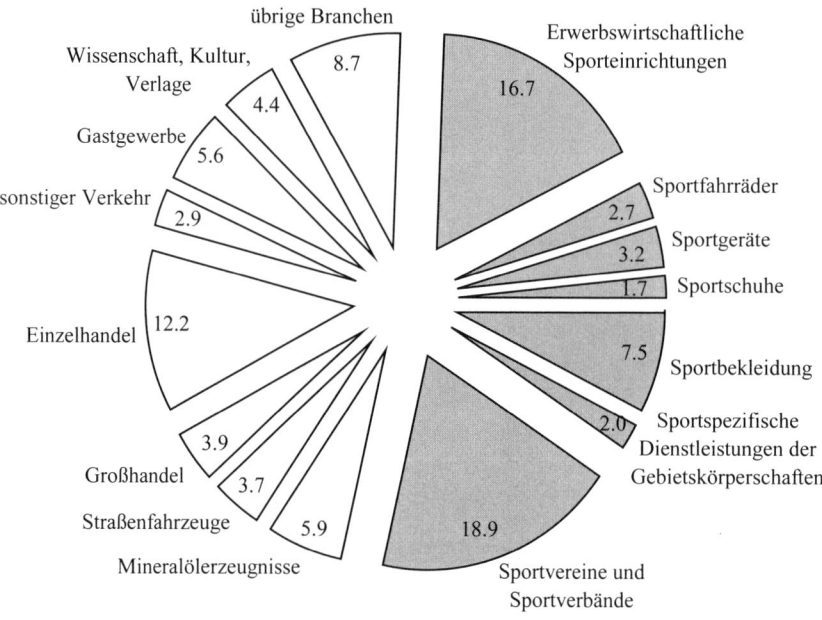

Abbildung 4 1-2: Die prozentuale Verteilung der sportbezogenen Konsumnachfrage der privaten Haushalte auf ausgewählte Gütergruppen, die sog. Güterstruktur des sportbezogenen privaten Verbrauchs, im Jahr 1993
- in v. H. des gesamten sportbezogenen privaten Verbrauchs -

Der Ausweis der Lieferungen der verschiedenen Produktionsbereiche an den sportbezogenen privaten Verbrauch wurde durch eine umfassende Erhebung des sportbezogenen Konsums der privaten Haushalte nach 20 sportspezifischen Verwendungszwecken ermöglicht (siehe Kapitel 3.4.1). Insgesamt gaben die privaten Haushalte mehr als 29,38 Mrd. DM für sportbezogene Konsumzwecke aus (vergleiche Tabelle 4.1-2). Damit haben die Bundesbürger für Sportzwecke im Jahr 1993 nahezu genauso viel Geld ausgegeben wie für den Kauf von Tabakwaren, immerhin 1.7 v. H. ihrer gesamten Käufe.

Aufgrund der vielfältigen Verflechtungsbeziehungen innerhalb der Konsumverflechtungstabelle des Sports soll hier nur auf die in Tabelle 4.1-2 für die einzelnen sportspezifischen Verwendungszwecke ausgewiesenen Gesamtausgaben eingegangen werden. Während in Tabelle 4.1-1 als auch in Abbildung 4.1-2 auf die Güterstruktur des sportbezogenen privaten Verbrauchs eingegangen wird, veranschaulicht Tabelle 4.1-2, für welche sportbezogenen Verwendungszwecke die privaten Haushalte ihr Geld im Jahre 1993 ausgeben haben.

Tabelle 4.1-2:   *Sportbezogene Ausgaben der privaten Haushalte im Jahre 1993*
                   (Inklusive Mehrwertsteuer)
                   - in Mrd. DM in jeweiligen Preisen -

Verwendungszweck	Ausgaben in 1993
Sportnahrung	0,277
Sportgetränke	0,059
Verzehr bei Sportaktivitäten	1,645
Sportbekleidung	6,165
Sportschuhe	1,243
Sportbezogene Verbrauchsgüter für Gesundheit	0,148
Sportbezogene Dienstleistungen von Ärzten etc.	0,094
Sportfahrräder	1,351
Sportbezogener Kraftstoffverbrauch	2,401
Sportbezogene Reparaturaufwendungen	1,692
Sportbezogene fremde Verkehrsleistungen	0,345
Sportartikel	2,921
Sportbücher, Sportzeitungen	1,620
Besuch von Sportveranstaltungen	1,525
Sportbezogene Rundfunkgebühren	0,539
Nutzung von Sporteinrichtungen	5,970
Wettgebühren	0,428
Sportbezogene Dienstleistungen des Beherbergungsgewerbes	0,312
Sportreisen	0,558
Sportversicherungen	0,087
Sportbezogene Konsumausgaben der privaten Haushalte	**29,38**

Quelle: Eigene Berechnungen.

Tabelle 4.1-1 erklärt somit, in welchem Umfang im Jahre 1993 die einzelnen Branchen der Volkswirtschaft Sportgüter für die privaten Haushalte als auch für die Sportvereine und -verbände produziert haben. Hingegen zeigt die folgende Tabelle 4.1-2, wieviel DM die privaten Haushalte im Jahre 1993 für die im Rahmen dieser Studie erfaßten sportbezogenen Konsumaktivitäten brutto, d.h. inklusive der beim Kauf gezahlten Mehrwertsteuer, bezahlt haben. Die entsprechenden finanziellen Aufwendungen der Sportvereine und -verbände für Sportzwecke werden in dieser Tabelle nicht erfaßt. Dieser sogenannte Eigenverbrauch der Sportvereine und -verbände, der sich aus Mitgliedsbeiträgen und Zuschüssen des Staates zusammensetzt (vgl. Abbildung 4.1-3), erklärt genau die Differenz zwischen den unterschiedlichen Summen in den Tabellen 4.1-1 und 4.1-2 (Sportbezogener Privater Verbrauch insgesamt versus Sportbezogene Konsumausgaben der privaten Haushalte).

Es zeigt sich, daß die privaten Haushalte mehr als 0,27 Mrd. DM für sportspezifsche Nahrungsmittel und knapp 0,06 Mrd. DM für sportspezifische Getränke (spezielle eiweiß- und kohlenhydrathaltige Getränke) ausgaben. Der Verzehr von Lebensmitteln und Getränken außer Haus bei sportspezifischen Aktivitäten (z. B. beim Besuch von Sportveranstaltungen, im Urlaub oder bei der Sportausübung) wird auf ca. 1,64 Mrd. DM geschätzt. Für Sportbekleidung gaben die Bundesbürger 1993 mehr als 6,16 Mrd. DM aus, während sich die Ausgaben für Sportschuhe auf ca. 1,24 Mrd. DM beschränkten.

Die Ausgaben der privaten Haushalte für medizinische Waren und Dienstleistungen werden nur dann als Konsum der privaten Haushalte erfaßt, wenn sie nicht von den Krankenkassen finanziert werden. Anderenfalls werden sie im Bereich der Vorleistungsverflechtung im Produktionsbereich 57 (Leistungen der Sozialversicherung) berücksichtigt. Die sportspezifischen Verbrauchsgüter für Gesundheit sind also diejenigen Arzneimittel und Verbandsmaterialien, die bei Sportverletzungen nicht von der Krankenkasse bezahlt werden. Außerdem gehört zu dieser Kategorie auch noch der von den Patienten zu zahlende Eigenanteil an den Arzneimittelkosten. Insgesamt gaben die privaten Haushalte im Jahre 1993 für solche Zwecke knapp 0,148 Mrd. DM aus, während für die Inanspruchnahme von sportspezifischen Dienstleistungen von Ärzten etc. ein Betrag von 0,094 Mrd. DM verwendet wurde. Leider war es nicht möglich, die Ausgaben der stationären Behandlung infolge von Sportunfällen in einem eigenen Verwendungszweck nachzuweisen, wodurch diese nicht gesondert erfaßt werden konnten.

Auch werden drei sportspezifische verkehrsbezogene Verwendungszwecke unterschieden. Der sportbezogene Kraftstoffverbrauch belief sich im Jahre 1993 auf mehr als 2,4 Mrd. DM, während für sportbezogene Reparaturen (Reparaturen und Instandhaltungsaufwendungen an Kraftfahrzeugen) knapp 1,7 Mrd. DM aufgewendet wurden. Für die Nutzung von fremden Verkehrsleistungen (private und öffentliche Verkehrsmittel), die im Rahmen der Sportausübung in Anspruch genommen wurden, gaben die Bundesbürger ca. 0,34 Mrd. DM aus. Im Jahr 1993 wurden Sportfahrräder (Rennräder, Mountainbikes, Trekkingbikes) im Wert von mehr als 1,35 Mrd. DM nachgefragt.

Mehr als 2,9 Mrd. DM gaben die privaten Haushalte für Sportartikel (Sportbälle, Wintersportartikel wie Schlittschuhe, Eishockeyschläger oder Schlitten und sonstige Sportartikel wie Tennisbälle, Tennisschläger, Angelhaken, Sportgewehre oder Pferdesportartikel) aus. Die sportspezifischen Aufwendungen der privaten Haushalte für den Verwendungszweck Bücher und Zeitungen hatten eine Höhe von ca. 1,62 Mrd. DM.

Für den Besuch von Sportveranstaltungen wurden 1993 insgesamt 1,52 Mrd. DM aufgewendet. Davon haben die Sportvereine und -verbände mehr als 1,34 Mrd. DM aus Eintrittsgeldern für den Besuch von Sportveranstaltungen, die von ihnen organisiert wurden, erlöst. Für die aktive Sportausübung, sprich die Nutzung von Sporteinrichtungen, verlangten die erwerbswirtschaftlichen Sportanbieter ca. 4,53 Mrd. DM von ihren Kunden als Beiträge oder Benutzungsgebühren, während die Gebietskörperschaften lediglich 0,59 Mrd. DM als sportspezifische Benutzungsgebühren von den privaten Haushalten erhalten haben. Die Sportvereine und -verbände nahmen für die Nutzung ihrer Einrichtungen ca. 0,4 Mrd. DM ein. Daraus ließ sich unter Berücksichtigung der noch abzuführenden Umsatzsteuer ein Gesamtausgabevolumen von 5,97 Mrd. DM für die Ausgabeart Nutzung von Sporteinrichtungen berechnen. Außerdem ließen sich ca. 0,54 Mrd. DM für sportspezifische Fernseh- und Rundfunkgebühren ausweisen. Bei den Ausgaben der privaten Haushalte für sportbezogene Wetten (Totto- und Rennquintett als auch Wettausgaben bei Trab- und Galopprennveranstaltungen) ließ sich für das Jahr 1993 ein Gesamtvolumen von ca. 0,43 Mrd. DM ermitteln.

Für die Inanspruchnahme von Dienstleistungen des Beherbergungs- und Reisegewerbes im Rahmen der Sportausübung wurden insgesamt ca. 0,31 Mrd. DM, für sportspezifische Reiseangebote ca. 0,55 Mrd. DM ausgegeben. Die Aufwendungen der privaten Haushalte für sportspezifische Versicherungsleistungen konnten im Jahr 1993 auf ca. 0,087 Mrd. DM geschätzt werden.

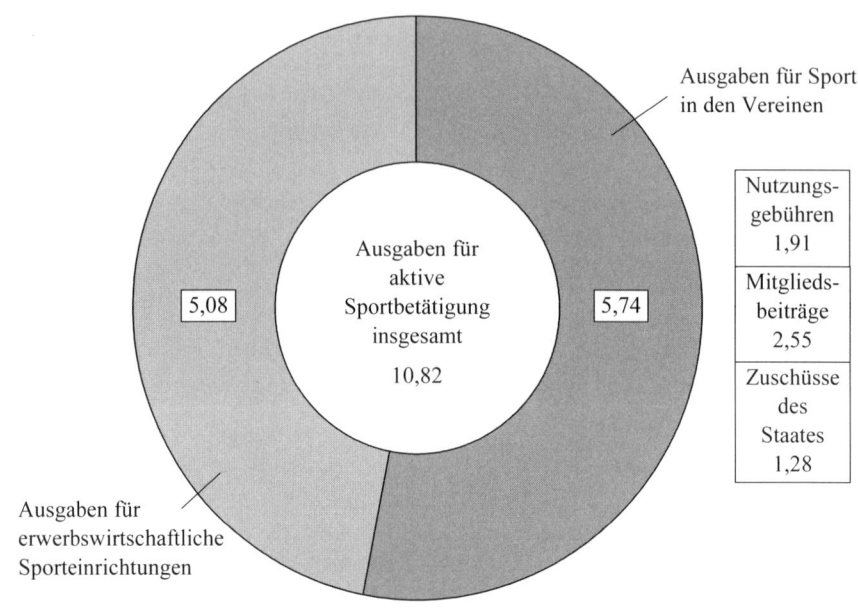

Abbildung 4.1-3: *Ausgaben für aktive Sportbetätigung im Jahr 1993*
- in Mrd. DM in jeweiligen Preisen -

Abbildung 4.1-3 veranschaulicht die Ausgaben der Bundesbürger für aktive Sportbetätigung. Diese hatten 1993 ein Gesamtvolumen von mehr als 10,8 Mrd. DM. Davon gaben die privaten Haushalte mehr als 5 Mrd. DM in erwerbswirtschaftlichen Sporteinrichtungen aus, während die Sportvereine und Sportverbände Leistungen im Gesamtwert von 5,7 Mrd. DM ihren Nutzern zur Verfügung gestellt haben. Davon entfielen gut 1,9 Mrd. DM auf Nutzungsgebühren für die Inanspruchnahme von Leistungen, die nicht im Rahmen einer Mitgliedschaft in einem Sportverein abgedeckt werden bzw. von Nichtmitgliedern für die Nutzung der Vereinsleistungen zu entrichten sind. Leistungen im Wert von mehr als 3,83 Mrd. DM haben die Sportvereine ihren Mitgliedern im Rahmen ihrer Mitgliedschaft zur Verfügung gestellt (sog. Eigenverbrauch der Sportvereine und Sportverbände).

Der sportspezifische Eigenverbrauch der Sportvereine und -verbände wird innerhalb der Input-Output-Tabelle des Sports im Vektor des privaten Verbrauchs als Lieferung der Sportvereine und -verbände an die privaten

Haushalte verbucht. Der Eigenverbrauch setzt sich aus Mitgliedsbeiträgen in Höhe von 2,55 Mrd. DM und Zuschüssen des Staates an die Sportvereine in Höhe von 1,28 Mrd. DM zusammen.

4.2 Staatsverbrauch für Sportzwecke

Die Ausgaben des Staates für Sportzwecke umfassen diejenigen sportspezifischen Leistungen der Gebietskörperschaften, die der Allgemeinheit ohne spezielles Entgelt zur Verfügung gestellt werden (Statistisches Bundesamt 1997, S. 35). Dazu zählen insbesondere sportspezifische Unterrichts- und Verwaltungsleistungen, Dienstsport für Beschäftigte der Gebietskörperschaften als auch die Personal- und laufende Unterhaltungskosten für die Bereitstellung der öffentlichen Sportinfrastruktur. Staatliche Investitionen in die Sportinfrastruktur werden aber nicht innerhalb dieses Bereichs erfaßt, sondern als Teil der sportspezifischen Anlageinvestitionen ausgewiesen. Der Staatsverbrauch für Sportzwecke ergibt sich definitorisch nach Abzug des Wertes der Verkäufe von sportbezogenen Gütern vom Produktionswert des Produktionsbereiches "Sportspezifische Leistungen der Gebietskörperschaften" und betrug 9,4 Mrd. DM, rund 1.5 v. H. des gesamten Staatsverbrauchs.

4.3 Anlageinvestitionen der Sportgüterproduzenten

Die sportspezifischen Investitionen erfassen die Investitionstätigkeit der sieben sportspezifischen Produktionsbereiche. Diese sogenannte Sportbranche tätigte im Jahre 1993 Anlageinvestitionen in Höhe von knapp 6 Mrd. DM.

Das jeweilige Investitionsvolumen der sportspezifischen Produktionsbereiche wird in Tabelle 4.3-1 dargestellt. Dabei fällt auf, daß die Produzenten von Sportdienstleistungen in einem sehr hohen Maße in Bauten investieren. Dieses hängt natürlich damit zusammen, daß diese drei Bereiche für die Bereitstellung der gesamten Sportstätteninfrastruktur verantwortlich sind, während die Sportwaren produzierenden Sektoren viel stärker in Ausrüstungen investieren, um ihre Produktionsanlagen zu erneuern. Das hohe sportspezifische Investitionsvolumen des Staates (2,35 Mrd. DM) erklärt sich dadurch, daß insbesondere die Länder Zuschüsse zum Bau von Sportanlagen geben und außerdem die Kommunen insbesondere für die Unterhaltung der öffentlichen Sportinfrastruktur verantwortlich sind. Dieses waren immerhin 2.8 v. H. der

129

gesamten Anlageinvestitionen der Gebietskörperschaften (Bund, Länder und Gemeinden) in Höhe von 84,43 Mrd. DM im Jahre 1993. Die Investitionen der Sportvereine und Sportverbände hatten ein Volumen von 0,944 Mrd. DM. Ihr relativ geringes Investitionsvolumen ist darauf zurückzuführen, daß insbesondere die Kommunen den Sportvereinen einen Großteil der benötigten Sportinfrastruktur zur Verfügung stellen oder aber die Errichtung der vereinseigenen Sportinfrastruktur im Rahmen einer Kofinanzierung zwischen Ländern, Gemeinden und Sportvereinen erfolgt.

Tabelle 4.3-1:   *Investitionsvolumen der sportspezifischen Produktionsbereiche im Jahre 1993*
- in Mrd. DM in jeweiligen Preisen -

Produktionsbereiche	Investitionen		
	Insgesamt	Ausrüstungen	Bauten
Sportfahrräder	0,014	0,011	0,003
Sportgeräte	0,021	0,014	0,007
Sportschuhe	0,005	0,004	0,001
Sportbekleidung	0,045	0,036	0,009
Erwerbswirtschaftliche Sportanbieter	2,355	0,229	2,126
Sportspez. Leistg. der Gebietskörperschaften	2,515	0,097	2,418
Sportvereine und Sportverbände	0,944	0,291	0,653
Insgesamt (inkl. Umsatzsteuer)	**5,898**	**0,682**	**5,217**

Quelle: Eigene Berechnungen.

Ein Blick auf die Güterstruktur der sportspezifischen Investitionsvektoren - Ausrüstungen und Bauten - läßt für den Bereich der Ausrüstungsinvestitionen den Wert der Lieferung des Produktionsbereichs Sportgeräte an den Vektor der sportspezifischen Ausrüstungen in Höhe von 0,448 Mrd. DM besonders ins Auge fallen (vgl. Tabelle 4.3-2). Dieses sind die insbesondere an die drei sportspezifischen Dienstleistungssektoren gelieferten Sport- und Turngeräte. Insgesamt ergibt sich ein sportspezifisches Ausrüstungsinvestitionsvolumen von mehr als 0,68 Mrd. DM.

Die Bauinvestitionstätigkeit der Sportbranche hatte im Jahre 1993 mit ca. 5,2 Mrd. DM dieselbe gesamtwirtschaftliche Bedeutung wie die des Kreditgewerbes. Das gesamte Bauinvestitionsvolumen der sieben neu aufgenommenen Produktionsbereiche innerhalb der Sportbranche verteilt sich (erwartungsgemäß) insbesondere auf die Sektoren 41 (Hoch- und Tiefbauleistungen) als auch 42 (Ausbauleistungen) mit ca. 2,56 Mrd. DM bzw. ca. 1,45 Mrd. DM.

Tabelle 4.3-2:   *Sportspezifische Ausrüstungsinvestitionen und sportspezifische*
               Bauinvestitionen der sieben Sportsektoren im Jahr 1993 in ihrer
               gütermäßigen Zusammensetzung
               - in Mrd. DM in jeweiligen Preisen -

Gütergruppen	Sportspezifische Ausrüstungen	Sportspezifische Bauten
Produkte der Forstwirtschaft etc.	0	0,008
Kunststofferzeugnisse	0	0,015
Steine und Erden, Baustoffe etc.	0	0,000
NE-Metalle, NE-Metallhalbzeug	0	0,001
Erzeug. der Ziehereien, Kaltwalzwerke	0	0,105
Stahl-/Leichtmetallbauerzeugnisse	0,012	0,191
Maschinenbauerzeugnisse	0	0,011
Büromaschinen, ADV-Geräte	0,043	0
Straßenfahrzeuge	0,087	0
Wasserfahrzeuge	0,007	0
Luft- und Raumfahrzeuge	0,009	0
Elektrotechnische Erzeugnisse	0	0,078
EBM-Waren	0	0,040
Holzwaren	0,020	0,022
Textilien	0,001	0
Hoch- und Tiefbauleistungen	0	2,558
Ausbauleistungen	0	1,451
Dienstleistungen des Großhandels	0,023	0
Dienstleistungen des Einzelhandels	0,008	0
Dienstleistungen der Eisenbahnen	0,000	0
Dienstleistungen des sonstigen Verkehrs	0,003	0,002
Sonstige marktbest. Dienstleistungen	0	0,281
Leistg. der Gebietskörperschaften	0	0,018
Sportgeräte	0,448	0
Letzte Verwendung (exkl. Umsatzsteuer)	**0,662**	**4,780**
Nichtabziehbare Umsatzsteuer	0,020	0,437
Letzte Verwendung (inkl. Umsatzsteuer)	**0,682**	**5,217**

Quelle: Eigene Berechnungen.

4.4 Verflechtungsbeziehungen innerhalb der Input-Output-Tabelle des Sports

Innerhalb der Input-Output-Tabelle des Sports gibt es eine Vielzahl von Verflechtungsbeziehungen. Hier ist insbesondere auf die detailliert nach 65 Produktionsbereichen ausgewiesene Vorleistungsnachfrage der sieben sportspezifischen Produktionsbereiche hinzuweisen, auf die hier natürlich nicht vollständig eingegangen werden kann. Deswegen werden im folgenden die Kosten- und Absatzstrukturen der sportspezifischen Produktionsbereiche nur in vereinfachter, d.h. aggregierter Form, dargestellt.

4.4.1 Die Kostenstruktur der sieben sportspezifischen Produktionsbereiche

Die Kostenstrukturen (d. h. die Zerlegung der Gesamtproduktion eines Sektors in seine einzelnen Kostenbestandteile) der sieben sportspezifischen Produktions-bereiche unterscheiden sich erwartungsgemäß in einigen Kostenarten erheblich voneinander. Dieses wird besonders deutlich, wenn eine aggregierte Darstellung der Kostenkomponenten vorgenommen wird (vgl. Tabelle 4.4-1 und Tabelle 4.4-2).

Bei einem Vergleich der aggregierten Kostenbestandteile Vorleistungen und Wertschöpfung fällt auf, daß die sportwarenproduzierenden Produktionsbereiche im Vergleich zu den sportdienstleistungsproduzierenden Produktionsbereichen eine deutlich höhere Vorleistungsintensität aufweisen (vgl. Tabelle 4.4-1 und Tabelle 4.4-2). Dieses ist nicht weiter verwunderlich, da die Produzenten von Sportwaren in viel stärkerem Maße materielle Vorleistungsinputs aus dem Bereich des verarbeitenden Gewerbes zur Produktion ihres Outputs einsetzen. So beziehen diese Bereiche mehr als 60 v. H. ihrer Vorleistungen aus dem Bereich des verarbeitenden Gewerbes. Außerdem nutzen diese Bereiche in stärkerem Umfang Leistungen des Handelsgewerbes, die ca. 10 v. H. ihres Vorleistungseinsatzes ausmachen. Die drei sportspezifischen Dienstleistungs-branchen weisen demgegenüber deutlich höhere Lohneinkommen aus.

Ein Blick auf die Kostenstruktur der sportspezifischen Produktionsbereiche gibt nun folgendes Bild: Die Bruttoproduktion der Produzenten von Sportfahrrädern belief sich auf ca. 0,54 Mrd. DM. Knapp 60 v. H. ihrer Bruttoproduktion, also 0,32 Mrd. DM entfiel auf Vorleistungsbezüge, wobei unter den Vorleistungsbezügen Waren des verarbeitenden Gewerbes mit 0,21 Mrd. DM mehr als 65 v. H. ihrer gesamten Vorleistungsbezüge ausmachten.

Tabelle 4.4-1: *Aggregierte Kostenstruktur der sportspezifischen Warenbereiche der Input-Output-Tabelle des Sports im Jahre 1993*
- in Mrd. DM in jeweiligen Preisen -

	Sportfahrräder	Sportgeräte	Sportschuhe	Sportbekleidung
Landwirtschaft etc.	0	0,001	0,008	0,012
Energie	0,005	0,009	0,002	0,014
Verarbeitendes Gewerbe	0,211	0,219	0,074	0,909
Bau	0,003	0,009	0,002	0,012
Handel	0,028	0,044	0,014	0,105
Verkehr	0,009	0,016	0,008	0,054
Kreditinstitute, Versicherungen	0,002	0,005	0,001	0,006
Wohnungsvermietung	0,004	0,017	0,003	0,018
Dienstleistungen	0,061	0,102	0,022	0,295
Staat	0,001	0,001	0,001	0,008
Private Organisationen ohne Erwerbszweck etc.	0	0	0	0
Vorleistungen (exkl. Umsatzsteuer)	**0,325**	**0,422**	**0,134**	**1,434**
Nichtabziehbare Umsatzsteuer	0	0	0	0
Vorleistungen (inkl.Umsatzsteuer)	**0,325**	**0,422**	**0,134**	**1,434**
Abschreibungen	0,022	0,021	0,004	0,026
Produktionssteuern abzüglich Subventionen*	-	-	-	-
Einkommen aus unselbständiger Arbeit	0,143	0,193	0,046	0,464
Einkommen aus Unternehmertätigk. und Vermögen*	0,053	0,069	0,016	0,086
Bruttowertschöpfung	**0,218**	**0,283**	**0,067**	**0,575**
Bruttoproduktionswert	**0,542**	**0,705**	**0,201**	**2,009**
Einfuhr gleichartiger Güter	0,521	0,950	0,474	2,730
Gesamtes Aufkommen	**1,064**	**1,655**	**0,675**	**4,739**

* Die Produktionssteuern abzüglich Subventionen nach Produktionsbereichen sind zusammen mit den Einkommen aus Unternehmertätigkeit und Vermögen ausgewiesen.

Quelle: Eigene Berechnungen.

Daneben sind mit gut 0,028 Mrd. DM Leistungen des Handels ein weiterer zentraler Kostenfaktor (siehe Tabelle 4.4-1), wobei insbesondere Dienstleistungen des Großhandels in Anspruch genommen werden. Ein weiterer zentraler Kostenbestandteil sind Ausgaben für Dienstleistungen mit knapp 0,061 Mrd. DM. In diesem Bereich werden insbesondere Dienstleistungen der Rechts- und Wirtschaftsberatung, Ingenieurbüros, Reinigungsdienste etc. erfaßt.

Die Wertschöpfung belief sich auf 0,218 Mrd. DM, wobei Einkommen aus unselbständiger Arbeit, sprich die Arbeitskosten mit 0,14 Mrd. DM die bedeutsamste Komponente war. Die Gewinne (inkl. Produktionssteuern abzüglich Subventionen) konnten auf ca. 0,053 Mrd. DM geschätzt werden. Die Einfuhr von Sportfahrrädern hatte mit mehr als 0,52 Mrd. DM eine ähnlich hohe Bedeutung wie die inländische Produktion in Höhe von 0,54 Mrd. DM.

Die relative Kostenstruktur des Bereichs Sportgeräte ist sehr ähnlich im Vergleich mit den Sportfahrrädern, was nicht überrascht. Es zeigt sich, daß mehr als 0,42 Mrd. DM der gesamten Produktion in Höhe von 0,7 Mrd. DM auf Vorleistungsgüter entfallen. Dabei dominieren auch hier die Vorleistungsbezüge aus dem Bereich des verarbeitenden Gewerbes mit mehr als 0,219 Mrd. DM als auch die Bezüge aus dem Bereich Sonstige marktbestimmte Dienstleistungen mit 0,1 Mrd. DM. Daneben entstanden Kosten durch Einkommen aus unselbständiger Arbeit (Löhne) in Höhe von 0,193 Mrd. DM. Außerdem konnte ein Bruttogewinn von 0,069 Mrd. DM ermittelt werden. Neben den im Inland produzierten Sportgeräten im Wert von 0,705 Mrd. DM wurden Sportgeräte im Wert von mehr als 0,95 Mrd. DM eingeführt.

Die Hersteller von Sportschuhen produzierten im Jahre 1993 Produkte im Wert von 0,201 Mrd. DM. Daneben wurden aber Sportschuhe im Wert von ca. 0,474 Mrd. DM, mehr als das Zweifache der inländischen Produktion, aus dem Ausland importiert. Mehr als 0,134 Mrd. DM wurden für Vorleistungskäufe ausgegeben. Im Bereich der Wertschöpfung entstanden Lohnkosten in Höhe von ca. 0,046 Mrd. DM, während der Bruttogewinn auf ca. 0,016 Mrd. DM geschätzt werden konnte.

Die inländische Produktion von Sportbekleidung hatte im Jahr 1993 ein Volumen von gut 2 Mrd. DM. Mehr als 70 v. H. dieser Produktion, also 1,43 Mrd. DM entfiel auf den Einsatz von Vorleistungsgütern, wobei unter den Vorleistungsbezügen Waren des verarbeitenden Gewerbes mit mehr als 0,9 Mrd. DM mehr als 63 v. H. der gesamten Vorleistungsbezüge ausmachten. Erwartungsgemäß dominieren die bekleidungsnahen Rohstoffe aus den Bereichen der Textilindustrie (0,541 Mrd. DM), der Bekleidungsindustrie (0,228 Mrd. DM) und der Kunststoffindustrie (0,032 Mrd. DM) (siehe Tabelle 4.4-1). Weitere wichtige Kostenblöcke sind Ausgaben für die Inanspruchnahme von Handelsleistungen (0,105 Mrd. DM) und sonstiger marktbestimmter Dienstleistungen (0,295 Mrd. DM). Die Wertschöpfung dieses Bereichs belief sich auf gut 1,43 Mrd. DM, wobei Einkommen aus unselbständiger Arbeit mit 0,464 Mrd. DM die bedeutsamste Komponente ist. Die Bruttogewinne hatten im Jahr 1993 eine Höhe von 0,085 Mrd. DM. Neben der inländischen Produktion im

Wert von 2 Mrd. DM wurde Sportbekleidung für gut 2,7 Mrd. DM eingeführt. Die Einfuhr hatte damit eine größere Bedeutung als die inländische Produktion.

Die Kostenstruktur der erwerbswirtschaftlichen Sporteinrichtungen ist durch eine hohe Wertschöpfungsquote von mehr als knapp 65 v. H. gekennzeichnet. Sie macht somit 3,268 Mrd. DM an der gesamten Bruttoproduktion in Höhe von 5,094 Mrd. DM aus (siehe Tabelle 4.4-2). Im Bereich der Wertschöpfung dominieren neben den Einkommen aus unselbständiger Arbeit (1,812 Mrd. DM) insbesondere auch die Abschreibungen auf das Anlagevermögen (0,955 Mrd. DM). Dieses ist insbesondere dadurch bedingt, daß in dieser Branche der Wettbewerb durch die besondere Kundenorientierung ausgesprochen eng ist, wodurch permanente Neuinvestitionen in neue Geräte erforderlich sind, um die Attraktivität der Einrichtungen zu sichern. Ein gutes Beispiel dafür ist für den Bereich der Fitness-Studios die Trendsportart Spinning, die ein erhebliches Investitionsvolumen von den Fitnesseinrichtungen erfordert. Im Bereich der Vorleistungen dominieren insbesondere die Ausgaben für Dienstleistungen (0,702 Mrd. DM) und Pacht- bzw. Mietausgaben für die genutzten Sportanlagen (0,337 Mrd. DM).

Eine Analyse der tief disaggregierten Kostenstruktur der erwerbswirtschaftlichen Sportanbieter zeigt außerdem, daß für Elektrizität 0,113 Mrd. DM, Gas/Mineralölerzeugnisse 0,067 Mrd. DM und Chemische Erzeugnisse (insbesondere Reinigungsmittel) mehr als 0,057 Mrd. DM ausgegeben wurden. Weitere große Kostenpositionen waren Ausgaben für Baumaßnahmen (0,11 Mrd. DM) und für Erzeugnisse der Druckerei und Vervielfältigung (0,188 Mrd. DM). Gerade letzt genannte Ausgabeposition zeigt, daß die erwerbswirtschaftlichen Sportanbieter erheblichen Aufwand für die Werbung neuer Kunden betreiben.

Für den Produktionsbereich Sportspezifische Leistungen der Gebietskörperschaften konnte ein Produktionswert von knapp 10,2 Mrd. DM im Jahr 1993 ermittelt werden. Davon entfallen lediglich 2,75 Mrd. DM auf den Kauf von Vorleistungsgütern. Im Bereich der Vorleistungen dominieren insbesondere die Ausgaben für Energie in Höhe von mehr als 0,7 Mrd. DM, das sind nahezu 30 v. H. des gesamten Vorleistungseinsatzes. Dieser hohe Anteil ist auf die Bereitstellung und Unterhaltung der öffentlichen Sportinfrastruktur (Bäder, Sporthallen und sonstige öffentliche Sportstätten) mit den damit verbundenen hohen Ausgaben für Gas, Wasser, Energie etc. zurückzuführen. 6,69 Mrd. DM und somit knapp zwei Drittel des gesamten Umsatzes dieses Bereichs entfallen auf Ausgaben für Beschäftigte mit sportspezifischen Aufgabenbereichen (Sportlehrer, Bademeister, Beschäftigte für die Unterhaltung von Sportanlagen).

Die Abschreibungen auf das sportspezifische Anlagevermögen der Gebietskörperschaften wurden auf 0,74 Mrd. DM geschätzt.

Tabelle 4.4-2: *Aggregierte Kostenstruktur der sportspezifischen*
Dienstleistungsbereiche der Input-Output-Tabelle des Sports im Jahre
1993
- in Mrd. DM in jeweiligen Preisen -

	Erwerbswirtschaftliche Sportanbieter	Sportspez. Leistungen der Gebietskörperschaften	Sportvereine & -verbände
Landwirtschaft etc.	0,004	0,048	0,046
Energie	0,129	0,733	0,102
Verarbeitendes Gewerbe	0,412	0,431	1,087
Bau	0,110	0,456	0,120
Handel	0,027	0,219	0,151
Verkehr	0,046	0,053	0,330
Kreditinstitute, Versicherungen	0,034	0,042	0,086
Wohnungsvermietung	0,337	0,045	0,110
Dienstleistungen	0,702	0,259	1,377
Staat	0,009	0,025	0,203
Private Organisationen ohne Erwerbszweck etc.	0	0,208	0
Vorleistungen (exkl. Umsatzsteuer)	**1,810**	**2,521**	**3,613**
Nichtabziehbare Umsatzsteuer	0,016	0,233	0,244
Vorleistungen (inkl. Umsatzsteuer)	**1,826**	**2,753**	**3,857**
Abschreibungen	0,955	0,743	0,219
Produktionssteuern abzüglich Subventionen*	0	0	0
Einkommen aus unselbständiger Arbeit	1,812	6,690	2,868
Einkommen aus Unternehmertätigk. und Vermögen*	0,502	0,005	0,120
Bruttowertschöpfung	**3,268**	**7,438**	**3,207**
Bruttoproduktionswert	**5,094**	**10,191**	**7,064**
Einfuhr gleichartiger Güter	0	0	0
Gesamtes Aufkommen	**5,094**	**10,191**	**7,064**

* Die Produktionssteuern abzüglich Subventionen nach Produktionsbereichen sind zusammen mit den Einkommen aus Unternehmertätigkeit und Vermögen ausgewiesen.

Quelle: Eigene Berechnungen.

Der in die Input-Output-Tabelle des Sports zusätzlich aufgenommene Produktionsbereich Sportvereine und Sportverbände hat im Jahre 1993 einen Umsatz von mehr als 7,06 Mrd. DM erwirtschaftet. Im Gegensatz zu den beiden anderen sportspezifischen Dienstleistungsanbietern ist jedoch die Vorleistungsintensität dieses Bereichs mit knapp 55 v. H. bzw. ca. 3,86 Mrd. DM wesentlich höher. Neben Ausgaben für die Inanspruchnahme von Dienstleistungen (1,377 Mrd. DM) fielen im Bereich der Vorleistungen Ausgaben für Nahrungsmittel (0,3 Mrd. DM) und Getränke (0,127 Mrd. DM) an. Außerdem wurden mehr als 0,33 Mrd. DM für Verkehrsleistungen und 0,151 Mrd. DM für die Inanspruchnahme von Handelsleistungen verwendet. Daneben sind Mietausgaben für die Nutzung öffentlicher oder privater Sporteinrichtungen (0,110 Mrd. DM) von ähnlicher Bedeutung. Im Bereich der Wertschöpfung dominieren insbesondere die Ausgaben für die Beschäftigten dieses Bereichs in Höhe von knapp 2,87 Mrd. DM. Außerdem sind Abschreibungen auf das Anlagevermögen der Sportvereine und Sportverbände in Höhe von 0,219 Mrd. DM angefallen. Für die Sportvereine und -verbände konnte ein Bruttogewinn von 0,12 Mrd. DM ermittelt werden. Dieser bestimmt sich insbesondere aus dem Saldo der geleisteten Produktionssteuern (Verwaltungsgebühren, Versicherungssteuern etc.) abzüglich Subventionen, da diese in den gesamtdeutschen Input-Output-Tabellen des Statistischen Bundesamtes lediglich zusammen mit den Einkommen aus Unternehmertätigkeit und Vermögen ausgewiesen werden (Statistisches Bundesamt 1997 e, S. 40f.).

4.4.2 Die Absatzstruktur der sieben sportspezifischen Produktionsbereiche

Auch bei der Betrachtung der Absatzstruktur (vgl. Tabelle 4.4-3, Tabelle 4.4-4), d. h. den Lieferungen der Produktionsbereiche an andere Sektoren der Volkswirtschaft oder den Komponenten der letzten Verwendung, sollen nur einige markante Verflechtungsbeziehungen innerhalb der Input-Output-Tabelle des Sports erläutert werden.

Der Produktionsbereich Sportvereine und -verbände verkaufte im Jahre 1993 Übertragungsrechte an die öffentlich-rechtlichen Medieneinrichtungen im Wert von ca. 0,123 Mrd. DM, die im Produktionsbereich 53 (Kultur und Verlage etc.) erfaßt werden. Außerdem veräußerten die Sportvereine und -verbände im Jahre 1993 Vermarktungs- und Übertragungsrechte an die Wirtschaft im Wert von ca. 1,2 Mrd. DM, deren Erfassung im Produktionsbereich 55 (Sonstige Marktbestimmte Dienstleistungen) erfolgt. Diese Verflechtungsbeziehung erfaßt somit insbesondere die an die privatwirtschaftlichen Medieneinrichtungen verkauften Übertragungsrechte als auch die Vermarktungsaktivitäten der Sportvereine und -verbände im Rahmen des Sportsponsoring.

Tabelle 4.4-3: *Vorleistungslieferungen der sportspezifischen Produktionsbereiche in der Input-Output-Tabelle des Sports des Jahres 1993 (Intermediäre Verwendung)*
- in Mrd. DM in jeweiligen Preisen -

Liefernde Sektoren \ Empfangende Sektoren	Sportfahrräder	Sportgeräte	Sportbekleidung	Gastgewerbe	Kultur und Verlage etc.	Erwerbswirtschaftliche Sportanbieter	Vermarktungsagenturen etc.	Sportspez. Leistungen. der Gebietskörperschaften	Sportvereine/-verbände	Intermediäre Verwendung
Sportfahrräder	0,0548	0,0001		0,0041					0,0060	**0,0650**
Sportgeräte		0,0140				0,0051		0,0660	0,0020	**0,0871**
Sportschuhe								0,0005	0,0068	**0,0073**
Sportbekleidung			0,0257			0,0006		0,0026	0,0680	**0,0969**
Erwerbswirtschaftl. Sportanbieter						0,0099				**0,0099**
Öffentliche Sportinfrastruktur						0,0094		0,0241	0,1618	**0,1952**
Sportvereine und Sportverbände					0,1230		1,1996			**1,3226**

Quelle: Eigene Berechnungen.

Der Produktionsbereich Sportspezifische Leistungen der Gebietskörperschaften lieferte an die Sportvereine und Sportverbände Leistungen im Wert von 0,161 Mrd. DM. Dieses sind insbesondere die von den Sportvereinen und -verbänden geleisteten Gebühren für die Nutzung der kommunalen Sporteinrichtungen. Die Hersteller von Sportbekleidung (Produktionsbereich 62) verkauften an die Sportvereine und -verbände Waren (z. B. Trikots der Sportmannschaften) im Wert von 0,068 Mrd. DM. Die Hersteller von Sportgeräten lieferten Turn- und Sportgeräte im Wert von 0,066 Mrd. DM an den Bereich Sportspezifische Leistungen der Gebietskörperschaften. Dieses sind insbesondere geringwertige Sportgeräte, die nicht als Investitionen in der Input-Output-Tabelle behandelt werden.

Tabelle 4.4-4: *Absatzstrukturen der sportspezifischen Produktionsbereiche in der Input-Output-Tabelle des Sports des Jahres 1993 (Letzte Verwendung) - in Mrd. DM in jeweiligen Preisen -*

Empfangende Sektoren / Liefernde Sektoren	Intermediäre Verwendung	Nichtsportbez.. Privater Verbrauch	Sportbez. Privater Verbrauch	Sportspez. Staatsverbrauch	Sportausrüstungen	Sportspez. Vorräte	Sportspez. Ausfuhr	Letzte Verwendung	Gesamte Verwendung
Sportfahrräder	**0,0650**		0,8344			0,0625	0,1017	**0,9986**	**1,0635**
Sportgeräte	**0,0871**		0,9599		0,4480	-0,2500	0,4100	**1,5679**	**1,6550**
Sportschuhe	**0,0073**		0,5089			0,0178	0,1410	**0,6677**	**0,6750**
Sportbekleidung	**0,0969**	2,4408	2,2731			-0,8347	0,7630	**4,6421**	**4,7390**
Erwerbswirtschaftl. Sportanbieter	**0,0099**		5,0841					**5,0841**	**5,0941**
Öffentliche Sportinfrastruktur	**0,1952**		0,5940	9,4020				**9,9960**	**10,1912**
Sportvereine und Sportverbände	**1,3226**		5,7413					**5,7413**	**7,0639**

Quelle: Eigene Berechnungen.

Die Produzenten von Sportgeräten lieferten den weitaus größeren Teil ihrer Produktion direkt an die beiden Komponenten der sportbezogenen letzten Verwendung: Sportbezogener Privater Verbrauch (0,959 Mrd. DM) und Sportspezifische Ausrüstungsinvestitionen (0,448 Mrd. DM).

Es zeigt sich, daß die sportspezifischen Produktionsbereiche erwartungsgemäß insbesondere für den privaten Verbrauch produzieren (vgl. Tabelle 4.4-4), und daß ein nicht unerheblicher Teil des gesamten Aufkommens an sportspezifischen Gütern aus der Einfuhr stammt (in der Regel liegen die Einfuhrwerte über dem Bruttoproduktionswert, vgl. Tabelle 4.4-1).

Die sportbezogene Endnachfrage, d. h. die letzte Verwendung von Gütern im Rahmen sportbezogener Aktivitäten innerhalb der Volkswirtschaft, betrug im Jahre 1993 in Deutschland ca. 48,9 Mrd. DM. Das sind rund 1.3 v. H. der gesamten Endnachfrage.

4.5 Das sportbezogene Bruttoinlandsprodukt

Tabelle 4.5-1 zeigt die sportspezifischen Komponenten des Bruttoinlandsproduktes für das Jahr 1993.

Tabelle 4.5-1:   *Das Bruttoinlandsprodukt des Sports im Jahre 1993*
- in Mrd. DM in jeweiligen Preisen -

Sportbezogener Privater Verbrauch	33,218
+ Ausgaben des Staates für Sportzwecke	9,402
+ Sportspezifische Ausrüstungsinvestitionen	0,682
+ Sportspezifische Bauinvestitionen	5,217
+ Sportspezifische Vorratsveränderung	-1,004
+ Sportspezifische Ausfuhr	1,416
- Sportspezifische Einfuhr	4,675
= Sportbezogenes Bruttoinlandsprodukt	**44,256**

Quelle: Eigene Berechnungen.

Das sportbezogene Bruttoinlandsprodukt, also der Gesamtwert aller infolge von sportbezogenen Aktivitäten im Inland produzierten Waren und Dienstleistungen, hatte eine Gesamthöhe von mehr als 44,25 Mrd. DM, wobei erwartungsgemäß der sportbezogene private Verbrauch mit nahezu 33,22 Mrd. DM die größte Verwendungskomponente ist. Daneben treten die Ausgaben des Staates für Sportzwecke mit mehr als 9,4 Mrd. DM. Außerdem wurden durch die sieben sportspezifischen Sektoren der Sportbranche Anlageinvestitionen (Bauten und Ausrüstungen) in Höhe von mehr als 6 Mrd. DM getätigt. Auch reduzieren die Hersteller von Sportwaren ihre Lagerbestände durch Verkäufe um mehr als 1 Mrd. DM. Die Einfuhr von Sportwaren hatte im Jahre 1993 ein Volumen von 4,67 Mrd. DM, während diese lediglich im Wert von 1,41 Mrd. DM exportiert wurden.

Der Gesamtwert der sportökonomischen Leistungserstellung - das Bruttoinlandsprodukt des Sports - betrug 44,25 Mrd. DM im Jahre 1993 und entspricht somit etwa 1.4 v. H. des gesamtdeutschen Bruttoinlandsprodukts in Höhe von 3163,7 Mrd. DM.

Korrigiert man das Bruttoinlandsprodukt des Sports um die sportspezifisch ausgewiesene nichtabziehbare Umsatzsteuer als auch um Einfuhrabgaben, so erhält man die sportbezogene Bruttowertschöpfung. Es zeigt sich, daß im Jahre 1993 Waren und Dienstleistungen im Wert von mehr als 40,4 Mrd. DM für sportbezogene Zwecke innerhalb der Volkswirtschaft geschaffen wurden. Das entspricht 1.4 v. H. der gesamten Bruttowertschöpfung. Eine Bruttowertschöpfung in vergleichbarer Größenordnung erzielten die Land-/Forstwirtschaft & das Fischereigewerbe, das KFZ- & Tankstellengewerbe oder das Verlags- & Druckgewerbe.

4.6 Beschäftigungswirkungen des Sports

Insgesamt waren in Deutschland direkt und indirekt durch die innerhalb der Input-Output-Tabelle des Sports erfaßten sportökonomischen Aktivitäten mehr als 772 Tsd. Personen bzw. 2.3 v. H. aller beschäftigen Arbeitnehmer im Sportbereich tätig. Dieses entspricht ungefähr der Beschäftigtenzahl des Kreditgewerbes.

Die Daten zur Beschäftigung beruhen auf einer umfassenden Auswertung verschiedener Untersuchungen. Hier ist insbesondere auf die Statistik des Produzierenden Gewerbes als auch die Erwerbstätigenstatistik (Statistisches Bundesamt 1995 b) zu verweisen. Für den Bereich der Dienstleistungen wurden diese Zahlen noch durch zusätzliche Informationen aus sportökonomischen Studien ergänzt und verifiziert (Heinemann/Schubert 1994, Weber et al. 1995, Kamberovic/Schwarze 1998).

Tabelle 4.6-1 veranschaulicht die durch sportökonomische Aktivitäten induzierten Beschäftigungswirkungen innerhalb der Volkswirtschaft. So zeigt sich, daß für die Produktion der in der Input-Output-Tabelle des Sports erfaßten Sportwaren - Sportfahrräder, Sportgeräte, Sportschuhe und Sportbekleidung - ca. 17,3 Tsd. Personen beschäftigt waren, wobei davon ca. 10,3 Tsd. Personen allein im Produktionsbereich Sportbekleidung ihren Arbeitsplatz hatten.

Für den Produktionsbereich 63 (Erwerbswirtschaftliche Sportanbieter) wurden knapp 70 Tsd. Personen ermittelt. In dieser Zahl sind ca. 24 Tsd. nicht sozialversicherungspflichtige Beschäftigungsverhältnisse enthalten. Gerade auch in diesem Bereich wird ein nicht unbeträchtlicher Teil des Dienstleistungsangebotes "Sport" - Trainer, Kursleiter, Servicekräfte - auf der Basis geringfügiger Beschäftigungsverhältnisse oder aber freiberuflich erbracht.

Die sportbezogene Beschäftigung im öffentlichen Sektor, d. h. des Produktionsbereichs Sportspezifische Leistungen der Gebietskörperschaften von rund 112,5 Tsd. Personen verteilte sich je zur Hälfte auf Sportlehrer und andere sportbezogene Beschäftigte. Zu den letztgenannten zählen insbesondere diejenigen Beschäftigten, die für die Bereitstellung und laufende Unterhaltung der öffentlichen Sporteinrichtungen zuständig sind.

Tabelle 4.6-1:   Beschäftigungswirkungen des Sports im Jahr 1993

	Beschäftigte
Herstellung von Sportfahrrädern	2.500
Herstellung von Sportgeräten	3.600
Herstellung von Sportschuhen	900
Herstellung von Sportbekleidung	10.300
Erwerbswirtschaftliche Sportanbieter *	69.300
Erwerbswirtschaftliche Sportanbieter	45.300
Gebietskörperschaften	112.500
Sportvereine/-verbände *	320.000
Sportvereine/-verbände	80.000
Beschäftigte Arbeitnehmer in den Sportsektoren	**255.100**
Beschäftigte Arbeitnehmer in den Sportsektoren *	519.100
Sportbezogene Beschäftigung außerhalb der Sportsektoren	253.250
Sportbezogene Beschäftigung insgesamt *	**772.350**
Beschäftigte Arbeitnehmer	32.897.000

* inkl. der Beschäftigten in geringfügigen Beschäftigungsverhältnissen

Quelle: Eigene Berechnungen.

Sportvereine und Sportverbände beschäftigten ca. 320 Tsd. Personen. Die Zahl der sozialversicherungspflichtig Beschäftigten liegt jedoch lediglich bei 80 Tsd. und damit deutlich unter den insgesamt in diesem Bereich beschäftigten Personen. Mehr als 240 Tsd. Personen waren in nicht sozialversicherungspflichtigen Beschäftigungsverhältnissen beschäftigt. Dazu zählen insbesondere bezahlte Übungsleiter und nebenamtliche Trainer. Da aber gerade diese Beschäftigtengruppe erst das qualitativ hochwertige Sportangebot der Sportvereine garantiert, sollte diese Gruppe in die Gesamtzahl der im Sport beschäftigten Personen einbezogen werden. Bisher nicht erwähnt sind natürlich die ehrenamtlich im Sport tätigen, die das breite Sportangebot der Sportvereine ermöglichen. Zu erwähnen sind hier (bei vorsichtiger Schätzung) ca. 450 Tsd. ehrenamtliche Übungsleiter. Diese Zahl ist das Ergebnis einer Fortschreibung entsprechender Daten aus der Finanz- und Strukturanalyse (FISAS) für das Jahr 1991 von Heinemann/Schubert (1994).

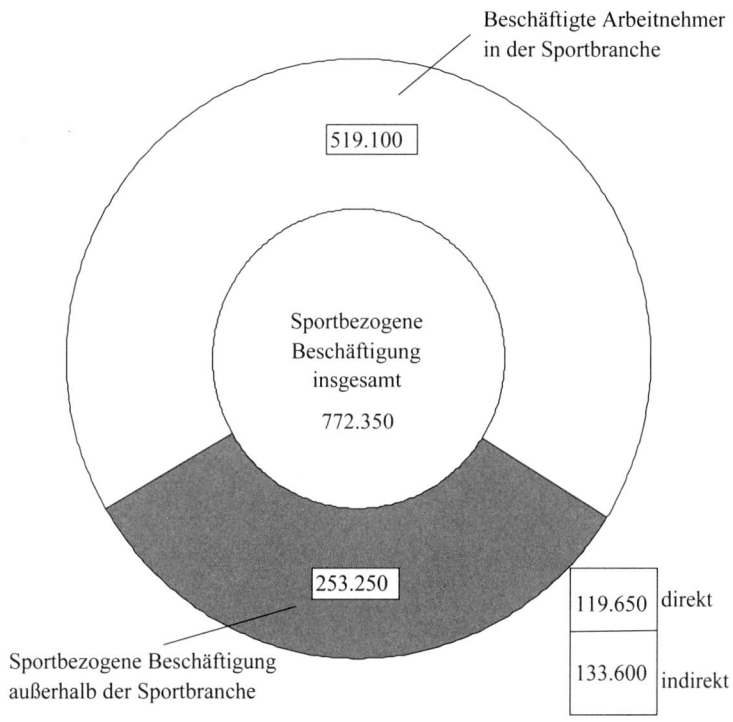

Abbildung 4.6-1: Beschäftigungswirkungen des Sports im Jahre 1993

Gut 253 Tsd. Personen waren außerhalb der sportspezifischen Produktionsbereiche (siehe Abbildung 4.6-1 bzw. Tabelle 4.6-2) für die Produktion der
sportbezogenen Endnachfrage notwendig. In dieser Zahl sind nicht nur die direkt
durch die sportspezifische Nachfrage ausgelösten Beschäftigungswirkungen
enthalten. Vielmehr werden auch jene Beschäftigte berücksichtigt, die indirekt -
etwa durch die Herstellung von Zwischenprodukten - für die sportspezifische
Endnachfrage tätig gewesen sind. Dieses waren im Jahre 1993 mehr als 133 Tsd.
Personen. Die Abbildung 4.6-2 veranschaulicht die Beschäftigungswirkungen
des Sports innerhalb der Sportbranche.

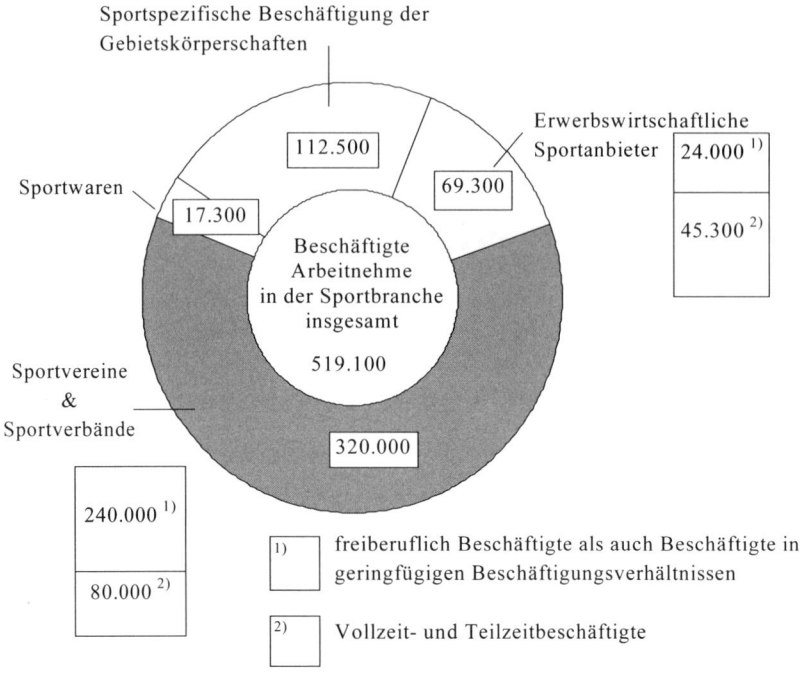

Abbildung 4.6-2:   Beschäftigungswirkungen innerhalb der Sportbranche im Jahre 1993

Tabelle 4.6-2 dokumentiert, welche Branchen neben den Sportsektoren der Sportbranche durch die im Rahmen dieser Untersuchung erfaßten Sportaktivitäten profitieren. Es zeigt sich, daß insbesondere in den Bereichen des Handels als auch des Baugewerbes Beschäftigung induziert wird. So waren im Jahre 1993 mehr als 56 Tsd. Personen im Einzelhandel und knapp 37 Tsd. Personen im Großhandel beschäftigt. Im Baugewerbe waren mehr als 44 Tsd. Arbeitnehmer aufgrund von sportspezifisch determinierter Nachfrage tätig. Daneben wurde aber auch in zahlreichen weiteren Wirtschaftszweigen Beschäftigung gesichert. Unter anderem waren dieses die Bereiche Sonstiger Verkehr (14,92 Tsd.), Dienstleistungen des Gastgewerbes (24,69 Tsd.) als auch Sonstige marktbestimmte Dienstleistungen (40,85 Tsd.).

Tabelle 4.6-2:   *Beschäftigungswirkungen des Sports außerhalb der Sportsektoren im Jahr 1993*

	Beschäftigte
Sportbezogene Beschäftigung außerhalb der Sportsektoren	253.250
darunter:	
Herstellung von Mineralölerzeugnissen	1.060
Herstellung von Stahl- und Leichtmetallerzeugnissen	1.500
Herstellung von Straßenfahrzeugen	6.150
Herstellung von Wasserfahrzeugen	3.820
Herstellung von Textilien	1.720
Herstellung von Nahrungsmitteln	1.250
Hoch- und Tiefbauleistungen	28.600
Ausbauleistungen	15.660
Dienstleistungen des Großhandels	36.840
Dienstleistungen des Einzelhandels	56.050
Dienstleistungen des sonstigen Verkehrs	14.920
Marktbestimmte Dienstleistungen des Gastgewerbes	24.690
Dienstleistungen der Wissenschaft, Kultur und Verlage	9.530
Sonstige marktbestimmte Dienstleistungen	40.850
Dienstleistungen der privaten Organisationen ohne Erwerbszweck	1.160

Quelle: Eigene Berechnungen.

Ein noch schärferer Blick auf die durch sportökonomische Aktivtäten induzierten Beschäftigungseffekte läßt sich gewinnen, wenn eine Zerlegung der in Tabelle 4.6-2 ausgewiesenen Beschäftigungswirkungen in direkte und indirekte Beschäftigungseffekte vorgenommen wird. Die Tabellen 4.6-3 und 4.6-4 zeigen das Ergebnis einer solchen Zerlegung. Die Analyse indirekt induzierter Beschäftigung ist gerade in einer sehr arbeitsteiligen Volkswirtschaft von großem Interesse. Die indirekten Effekte resultieren aus Veränderungen der Produktion in den Sektoren, die Vorleistungsgüter zur Produktion der durch Sportaktivitäten nachgefragten Erzeugnisse liefern. Die Ermittlung dieser indirekten Beschäftigungseffekte wird aber erst durch eine analytische Auswertung der im Rahmen dieser Studie erstellten Input-Output-Tabelle des Sports möglich.

Tabelle 4.6-3:   *Indirekte Beschäftigungswirkungen des Sports außerhalb der Sportsektoren im Jahr 1993*

	Beschäftigte
Indirekt durch Sportaktivitäten induzierte Beschäftigung	133.600
darunter:	
Herstellung von Straßenfahrzeugen	3.080
Hoch- und Tiefbauleistungen	11.680
Ausbauleistungen	7.730
Großhandel	27.980
Einzelhandel	12.270
Dienstleistungen des Sonstigen Verkehrs	10.040
Dienstleistungen des Gastgewerbes	11.760
Dienstleistungen der Verlage etc.	4.680
Sonstige marktbestimmte Dienstleistungen	37.730

Quelle: Eigene Berechnungen.

Tabelle 4.6-4:   *Direkte Beschäftigungswirkungen des Sports außerhalb der Sportsektoren im Jahr 1993*

	Beschäftigte
Direkt durch Sportaktivitäten induzierte Beschäftigung	119.650
darunter:	
Herstellung von Stahl- und Leichtmetallbauerzeugnissen	1.010
Herstellung von Straßenfahrzeugen	3.070
Herstellung von Wasserfahrzeugen	3.650
Hoch- und Tiefbauleistungen	16.920
Ausbauleistungen	7.930
Großhandel	8.860
Einzelhandel	43.780
Dienstleistungen der Eisenbahnen	1.500
Dienstleistungen des Sonstigen Verkehrs	4.880
Dienstleistungen des Gastgewerbes	12.930
Dienstleistungen der Verlage etc.	4.850
Sonstige marktbestimmte Dienstleistungen	3.120

Quelle: Eigene Berechnungen.

Ein Vergleich von Tabelle 4.6-3 mit Tabelle 4.6-4 zeigt, daß die indirekten Beschäftigungswirkungen außerhalb der Sportsektoren mit ca. 133 Tsd. Beschäftigten größer sind, als die direkten Beschäftigungseffekte außerhalb der sieben Sportsektoren (119,65 Tsd.). Durch die sportbezogene Endnachfrage wird somit außerhalb der sieben Sportsektoren direkt weniger Beschäftigung stimuliert als indirekt über die durch sie generierte Vorleistungsnachfrage.

Die bereits erwähnten Bereiche Bau und Handel partizipieren nicht nur direkt über die Endnachfrage, sondern auch indirekt über die Vorleistungsverflechtung am Wirtschaftsfaktor "Sport" (Tabelle 4.6-3). Dieses gilt in besonderem Maße für die Bereiche Sonstige marktbestimmte Dienstleistungen (37,73 Tsd.) und Großhandel (27,98 Tsd.), die viel stärker indirekt über die Vorleistungsverflechtung, denn direkt über die sportbezogene Endnachfrage beeinflußt werden.

5 Fortschreibung der Ergebnisse 1994 bis 1998

Um eine Fortschreibung des Satellitensystems "Sport" vornehmen zu können, wurde das im Rahmen dieser Studie entwickelte Datensystem um zusätzliche Informationen für die Jahre 1994 bis 1998 ergänzt. Der methodische Rahmen für diese Arbeiten waren die input-output-analytischen Bestandteile des SPORT-Modells (vgl. Kapitel 6). Dabei wurden insbesondere die tief disaggregierten Informationen (Entstehung und Verwendung des Sozialprodukts in den verschiedenen Sektoren der Volkswirtschaft) der Fachserie 18 Reihe 1.3 "Konten und Standardtabellen - Hauptbericht" des Statistischen Bundesamtes für den Zeitraum 1994 bis 1997 als auch vom Statistischen Bundesamt veröffentlichte vorläufige Ergebnisse für das Jahr 1998 genutzt (Statistisches Bundesamt 1998). Daneben wurden aber auch weitere Informationen aus dem für die Erstellung des Datensatzes gesammelten Daten berücksichtigt. Hier ist insbesondere auf Untersuchungsergebnisse der BBE-Unternehmensberatung über die wirtschaftliche Entwicklung kommerzieller Freizeitanlagen als auch auf Erhebungen des Statistischen Bundesamtes zur Entwicklung der Konsumgewohnheiten hinzuweisen (BBE-Unternehmensberatung 1992, 1994, 1997; Statistisches Bundesamt 1997 c).

5.1 Das sportbezogene Bruttoinlandsprodukt und seine Komponenten

Tabelle 5.1-1 zeigt das Ergebnis einer Fortschreibung der Komponenten des sportbezogenen Bruttoinlandsproduktes für den Zeitraum 1994 bis 1998. Das Bruttoinlandsprodukt des Sports steigt von 45,28 Mrd. DM auf gut 52,9 Mrd. DM an. Bei Betrachtung der Entwicklung einiger Komponenten der Verwendungsrechnung fällt auf, daß insbesondere der sportbezogene private Verbrauch kräftig wächst und im Jahr 1998 mehr als 40,5 Mrd. DM beträgt. Seine Wachstumsraten liegen bis auf das Jahr 1994 immer deutlich über dem sonstigen nichtsportbezogenen privaten Verbrauch. Die schwächere Entwicklung im Jahr 1993 ist auf die schwierige gesamtwirtschaftliche Lage in diesem Jahr zurückzuführen, die Haushalte sparen einen größeren Teil ihres Einkommens, statt es für Sportzwecke auszugeben. Der Staatsverbrauch für Sportzwecke wächst im gesamten Zeitraum schwächer als das sportbezogene Bruttoinlandsprodukt. Für solche Zwecke werden 1998 mehr als 10 Mrd. DM ausgegeben. Über den gesamten Zeitraum bedeutet dies ein unterdurchschnittliches Wachstum von 1.7 v. H.. Es liegt damit auch unterhalb der Wachstumsrate für den übergeordneten allgemeinen Staatsverbrauch (2.3 v. H.). In dieser Entwicklung spiegelt sich auch das Bemühen der Bundesrepublik zur Einhaltung der Maastricht-Kriterien wider, das eine konsequente Konsolidierungspolitik der öffentlichen Haushalte zur Folge hatte.

Tabelle 5.1-1:   *Das sportbezogene Bruttoinlandsprodukt und seine Komponenten in den Jahren 1994 bis 1998*
- in Mrd. DM in jeweiligen Preisen -

	1994	1995	1996	1997	1998
Sportbezogenes Bruttoinlandsprodukt	45,28	47,422	49,628	51,184	52,922
darunter:					
Sportbezogener Privater Verbrauch	34,034	35,457	37,225	38,869	40,585
Sportbezogener Konsum der priv. Haushalte	30,111	31,214	33,064	34,604	36,237
Eigenverbrauch der Sportvereine/-verbände	3,923	4,243	4,161	4,265	4,348
Staatsverbrauch für Sportzwecke	9,426	9,737	10,151	10,019	10,069
Sportspezifische Anlageinvestitionen	6,486	6,760	6,649	6,908	7,243
Ausrüstungen	0,735	0,750	0,769	0,799	0,835
Bauten	5,751	6,010	5,880	6,109	6,408
Sportspezifische Vorratsveränderung	-1,175	-1,006	-0,863	-0,860	-0,875
Sportspezifische Ausfuhr	1,415	1,422	1,531	1,704	1,824
Sportspezifische Einfuhr	4,906	4,948	5,065	5,456	5,924

Quelle: Eigene Berechnungen.

Tabelle 5.1-1 weist für die sportspezifischen Anlageinvestitionen ein jährliches Wachstum von ca. 2.9 v. H. aus. Es liegt damit stets oberhalb der allgemeinen Wachstumsrate für nichtsportbezogene Anlagen. Im Jahre 1998 werden mehr als 7,2 Mrd. DM in sportspezifische Anlagen investiert. Die Ausfuhr der Produzenten von Sportwaren nimmt im Durchschnitt der Jahre um ca. 7.2 v. H. auf mehr als 1,8 Mrd. DM im Jahre 1998 zu. Die Ausfuhr von Sportwaren entwickelt sich somit stärker als das sportbezogene Bruttoinlandsprodukt, bleibt aber leicht hinter der allgemeinen Entwicklung der Exporte zurück. Letzteres ist ein Indiz für den harten internationalen Wettbewerb auf den Absatzmärkten dieser Branchen. Die Einfuhr von Waren der Sportbranche entwickelt sich dagegen schwächer (ca. 3.8 v. H.). Sie steigt auf 5,8 Mrd. DM im Jahre 1998 an.

Tabelle 5.1-2 zeigt die reale Entwicklung (Preisbasis 1991) des sportbezogenen Bruttoinlandsproduktes und seiner Komponenten für den Zeitraum der Fortschreibung. Diese Tabelle ermöglicht einen besseren Vergleich mit den Ergebnissen der Basisprognose in Kapitel 7, die ebenfalls in Preisen von 1991 dargestellt werden.

Tabelle 5.1-2:   *Das sportbezogene Bruttoinlandsprodukt und seine Komponenten in den Jahren 1994 bis 1998*
- in Mrd. DM in Preisen von 1991 -

	1994	1995	1996	1997	1998
Sportbezogenes Bruttoinlandsprodukt	40,130	41,257	42,326	43,010	44,172
darunter:					
Sportbezogener Privater Verbrauch	30,230	31,001	31,981	32,566	33,853
Sportbezogener Konsum der priv. Haushalte	26,935	27,582	28,696	29,285	30,558
Eigenverbrauch der Sportvereine/-verbände	3,295	3,419	3,285	3,281	3,295
Staatsverbrauch für Sportzwecke	8,527	8,736	8,955	8,879	8,900
Sportspezifische Anlageinvestitionen	5,792	5,934	5,878	6,089	6,299
Ausrüstungen	0,717	0,745	0,763	0,806	0,838
Bauten	5,075	5,189	5,115	5,283	5,461
Sportspezifische Vorratsveränderung	-0,970	-0,859	-0,813	-0,816	-0823
Sportspezifische Ausfuhr	1,393	1,362	1,448	1,613	1,727
Sportspezifische Einfuhr	4,842	4,918	5,123	5,321	5,784

Quelle: Eigene Berechnungen.

Die Entwicklung der Ausgaben der privaten Haushalte für aktive Sportbetätigung dokumentiert Tabelle 5.1-3. Es zeigt sich ihr kontinuierlicher Anstieg. Die privaten Haushalte geben im Jahre 1998 mehr als 6,9 Mrd. DM für die Nutzung erwerbswirtschaftlicher Sporteinrichtungen aus. Außerdem nehmen sie Angebote der Sportvereine und -verbände im Wert von rund 6,7 Mrd. DM in Anspruch. Seit 1997 fallen die Ausgaben für Vereinssport hinter den Aufwendungen für erwerbswirtschaftliche Sportanbieter leicht zurück. Dieses ist insbesondere auf das schwächere Wachstum der Zuschüsse des Staates an die Sportvereine und Sportverbände infolge der allgemeinen Konsolidierungspolitik zur Sanierung der öffentlichen Haushalte zurückzuführen. So steigen die Zuschüsse des Staates an die Sportvereine und Sportverbände lediglich um 0,04 Mrd. DM auf knapp 1,35 Mrd. DM im Jahre 1998 an.

Tabelle 5.1-3:   *Ausgaben für aktive Sportbetätigung in den Jahren 1994 bis 1998*
- in Mrd. DM in jeweiligen Preisen -

	1994	1995	1996	1997	1998
Ausgaben für erwerbswirtschaftliche Sportanbieter	5,471	5,930	6,403	6,771	6,949
Ausgaben für Sport in den Vereinen	6,000	6,436	6,428	6,617	6,773
Nutzungsgebühren für Nichtvereinsmitglieder	2,077	2,193	2,267	2,353	2,425
Eigenverbrauch der Sportvereine und -verbände	3,923	4,243	4,161	4,264	4,348
Zuschüsse des Staates an die Sportververeine	1,306	1,396	1,284	1,323	1,348
Mitgliedsbeiträge der Vereinsmitglieder	2,617	2,847	2,877	2,941	3,000

Quelle: Eigene Berechnungen.

Tabelle 5.1-4:   *Sportbezogene Konsumausgaben der privaten Haushalte*
in den Jahren 1994 bis 1998
- in Mrd. DM in jeweiligen Preisen -

	1994	1995	1996	1997	1998
Mineralölerzeugnisse	1,925	1,767	1,831	1,917	2,007
Straßenfahrzeuge	1,157	1,205	1,243	1,319	1,316
Wasserfahrzeuge	0,576	0,572	0,586	0,602	0,615
Textilien	0,630	0,593	0,598	0,627	0,643
Nahrungsmittel	0,203	0,184	0,193	0,199	0,206
Dienstleistungen des Großhandels	1,181	1,213	1,279	1,320	1,350
Dienstleistungen des Einzelhandels	3,725	3,880	4,147	4,382	4,572
Dienstleistungen des sonst. Verkehrs	0,924	0,935	0,987	1,022	1,056
Dienstleistungen des Gastgewerbes	1,733	1,737	1,854	1,984	2,043
Dienstl. der Wissenschaft, Kultur & Verlage	1,369	1,503	1,623	1,716	1,761
Sonstige marktbestimmte Dienstleistungen	0,467	0,490	0,520	0,544	0,568
Fahrräder	0,849	0,884	0,912	0,968	0,966
Sport- und Turngeräte	0,959	0,971	0,998	1,021	1,065
Sportschuhe	0,500	0,444	0,474	0,504	0,522
Sportbekleidung	2,218	2,139	2,220	2,281	2,342
Sportspez. Dienstl. der Gebietskörperschaft.	0,629	0,729	0,772	0,782	0,800

Quelle: Eigene Berechnungen.

Tabelle 5.1-4 zeigt die Entwicklung einiger weiterer sportbezogener Konsumausgaben für die Jahre 1994 bis 1998. So profitieren im Jahre 1998 neben den bereits genannten Produktionsbereichen der aktiven Sportbetätigung insbesondere die Produktionsbereiche Sportbekleidung (2,34 Mrd. DM), Dienstleistungen des Gastgewerbes (2,04 Mrd. DM), Mineralölerzeugnisse (2,00 Mrd. DM) und der Groß- und Einzelhandel mit mehr als 5,9 Mrd. DM von der durch Sportaktivitäten ausgelösten Nachfrage der privaten Haushalte.

5.2 Die Entwicklung der Sportbranche

Im folgenden soll kurz die ökonomische Entwicklung der sieben sportspezifischen Produktionsbereiche, der sog. Sportbranche, für die Jahre 1994 bis 1998 skizziert werden. Es wird an dieser Stelle lediglich auf die aggregierte Entwicklung der Bruttowertschöpfung und des Vorleistungseinsatzes der entsprechenden Produktionsbereiche eingegangen. Tabelle 5.2-1 zeigt die Entstehungsrechnung für die sieben Produktionsbereiche. Die Gesamtproduktion der sieben Produktionsbereiche steigt von knapp 27 Mrd. DM im Jahre 1994 auf mehr als 30,49 Mrd. DM im Jahre 1998.

Tabelle 5.2-1: *Bruttoproduktion, Vorleistungseinsatz und Bruttowertschöpfung der sportspezifischen Produktionsbereiche für die Jahre 1994 bis 1998*
- in Mrd. DM in jeweiligen Preisen -

	1994	1995	1996	1997	1998
Sportspezifischer Vorleistungseinsatz	11,227	11,697	12,113	12,545	13,024
Sportspezifische Bruttowertschöpfung	15,755	16,461	17,362	17,412	17,467
Sportspezifische Bruttoproduktion	**26,982**	**28,158**	**29,475**	**29,957**	**30,491**
Sportfahrräder	0,646	0,622	0,624	0,625	0,610
Sportgeräte	0,706	0,713	0,897	0,887	0,929
Sportschuhe	0,196	0,194	0,214	0,222	0,233
Sportbekleidung	1,990	1,846	1,975	1,944	1,943
Erwerbswirtschaftl. Sportanbieter	5,483	5,863	6,336	6,705	6,884
Gebietskörperschaften	10,317	10,626	11,086	10,976	11,063
Sportvereine/-verbände	7,643	8,293	8,344	8,598	8,829

Quelle: Eigene Berechnungen.

Die Bruttowertschöpfung der sieben sportspezifischen Produktionsbereiche wächst von 15,75 Mrd. DM im Jahre 1994 auf 17,46 Mrd. DM im Jahre 1998. Sie entwickelt sich damit ein wenig schwächer gegenüber dem Vorleistungseinsatz, welcher in diesem Zeitraum um nahezu 1,8 Mrd. DM auf 13,02 Mrd. DM ansteigt.

Tabelle 5.2-1 dokumentiert auch die Entwicklung der einzelnen sportspezifischen Produktionsbereiche. Es zeigt sich, daß die Produktion bzw. der Umsatz der Hersteller von Sportgeräten über den gesamten Zeitraum auf mehr als 0,9 Mrd. DM ansteigt. Damit entwickelt sich dieser Produktionsbereich dynamischer als alle anderen sportspezifischen Produktionsbereiche. Dieses ist aber nicht nur auf die positive Entwicklung der Inlandsnachfrage, sondern auch auf eine positive Exportentwicklung auf den Auslandsmärkten zurückzuführen. Ein Blick auf die Entwicklung der Anbieter sportbezogener Dienstleistungen zeigt, daß die Konsolidierungspolitik des Staates dazu führt, daß sich die Bruttoproduktion der Gebietskörperschaften über den betrachteten Zeitraum etwas schwächer entwickelt als die der anderen Dienstleister. Im Jahre 1998 produzierten die Gebietskörperschaften sportbezogene Dienstleistungen im Wert von 11,06 Mrd. DM, während die erwerbswirtschaftlichen Sportanbieter ihre Produktion auf mehr als 6,8 Mrd. DM ausweiten konnten - ein Anstieg um ca. 1,4 Mrd. DM seit 1994. Die Sportvereine und Sportverbände konnten ihre Produktion in dieser Zeit um mehr als 1,1 Mrd. DM auf nahezu 8,83 Mrd. DM im Jahre 1998 erhöhen.

Vergleicht man die Produktionswerte dieser Bereiche mit den sportbezogenen Konsumausgaben in diesen Produktionsbereichen (Tabelle 5.1-3), so fällt auf, daß die erwerbswirtschaftlichen Sportanbieter nahezu ausschließlich für die Endnachfrage (Privater Verbrauch) produzieren, während die Sportvereine und Sportverbände nicht nur für die Endnachfrage (1998: 6,773 Mrd. DM), sondern einen Teil ihrer Produktion über die Vorleistungsverflechtung auch an andere Produktionsbereiche liefern (auch Tabelle 4.4-3 in Kapitel 4.4.2).

Tabelle 5.2-2: Güterstruktur der Anlageinvestitionen der sieben sportspezifischen Produktionsbereiche in den Jahren 1994 bis 1998 - in Mrd. DM in jeweiligen Preisen -

	1994	1995	1996	1997	1998
Sportspezifische Anlageinvestitionen isg.	6,485	6,760	6,649	6,908	7,243
darunter:					
Erzeugnisse der Ziehereien etc.	0,112	0,142	0,139	0,144	0,149
Stahl- und Leichtmetallerzeugnisse	0,212	0,267	0,261	0,271	0,281
Straßenfahrzeuge	0,090	0,101	0,103	0,107	0,111
Hoch- und Tiefbauleistungen	2,849	2,845	2,775	2,883	2,985
Ausbauleistungen	1,586	1,625	1,585	1,646	1,705
Sonstige marktbest. Dienstleistungen	0,301	0,381	0,371	0,386	0,399
Sport- und Turngeräte	0,499	0,495	0,507	0,527	0,546

Quelle: Eigene Berechnungen.

Das Investitionsvolumen der sieben sportspezifischen Produktionsbereiche steigt von knapp 6,5 Mrd. DM im Jahre 1994 auf mehr als 7,2 Mrd. DM im Jahre 1998 (Tabelle 5.2-2). Von diesem Gesamtinvestitionsvolumen werden mehr als 4,6 Mrd. DM durch die Produktionsbereiche 41 (Hoch- und Tiefbauleistungen) und 42 (Ausbauleistungen) erstellt. Daneben profitiert insbesondere der Sektor Sonstige marktbestimmte Dienstleistungen (hier insbesondere Dienstleistungen der Ingenieurbüros etc.) mit nahezu 0,4 Mrd. DM sowie die Produzenten von Stahl- und Leichtmetallerzeugnissen mit mehr als 0,28 Mrd. DM im Jahre 1998.

5.3 Die sportbezogene Beschäftigung

Abschließend soll nun die Entwicklung der sportbezogenen Beschäftigungswirkungen betrachtet werden. Der Tabelle 5.3-1 kann entnommen werden, daß die sportbezogene Beschäftigung von 764 Tsd. Personen im Jahre 1994 auf mehr als 783 Tsd. Personen im Jahre 1998 ansteigt. In dieser Zahl enthalten sind sowohl die direkten Beschäftigungseffekte als auch die indirekten durch die Vorleistungsverflechtung bedingten Beschäftigungseffekte des Sports (vgl. Kapitel 4.6)

Tabelle 5.3-1: Beschäftigungswirkungen des Sports in den Jahren 1994 bis 1998

	1994	1995	1996	1997	1998
Sportbezogene Beschäftigung	764.172	774.102	780.738	782.586	783.171
darunter:					
Sportspezifisch beschäftigte Arbeitnehmer	529.474	538.245	543.304	540.465	540.647
Sportfahrräder	2.400	2.300	2.343	2.351	2.313
Sportgeräte	3.300	3.200	3.266	2.976	2.815
Sportschuhe	800	800	777	722	692
Sportbekleidung	9.300	9.100	9.292	7.868	7.276
Erwerbswirtschaftliche Sportanbieter	70.074	71.145	71.323	72.804	73.456
Gebietskörperschaften	112.000	110.900	113.131	108.127	106.882
Sportvereine/-verbände	331.600	340.800	343.172	345.617	347.213

Quelle: Eigene Berechnungen.

In den sieben sportspezifischen Produktionsbereichen waren 1998 mehr als 540 Tsd. Personen beschäftigt. Dieses stellt gegenüber dem Jahr 1994 einen Anstieg um mehr als 10 Tsd. Personen dar. Während die Beschäftigung in den Sportwaren produzierenden Produktionsbereichen und bei den

155

Gebietskörperschaften leicht rückläufig ist, entwickeln sich die Beschäftigtenzahlen der beiden Anbieter von Aktivsport positiv. Die erwerbswirtschaftlichen Sportanbieter beschäftigten im Jahre 1998 mehr als 73 Tsd. Personen, während bei den Sportvereinen und Sportverbänden mehr als 347 Tsd. Personen gearbeitet haben. Der deutliche Beschäftigungszuwachs außerhalb der Sportsektoren ist insbesondere auf den Anstieg des sportbezogenen privaten Verbrauchs infolge einer leichten Zunahme des Anteils der sportbezogenen Konsumausgaben an den gesamten Konsumausgaben und den daraus resultierenden positiven Beschäftigungseffekten zurückzuführen.

6 Das Prognosemodell SPORT

INFORGE (INterindustry FORecasting GErmany) ist ein zur Analyse ökonomischer Fragestellungen entwickeltes disaggregiertes ökonometrisches Simulations- und Prognosemodell. Es ist Basis für das im Rahmen dieser Studie entwickelte Prognosemodell SPORT. Ausgehend von der Beschreibung der Modellstrukturen des Modells INFORGE erfolgt im Anschluß die detaillierte Darstellung der Weiterentwicklung zum SPORT-Modell.

6.1 Überblick über das Modell INFORGE

Die besondere Leistungsfähigkeit des INFORGE-Modells beruht auf der INFORUM-Philosophie. Sie ist durch die Konstruktionsprinzipien bottom up und vollständige Integration gekennzeichnet. Das Konstruktionsprinzip bottom up besagt, daß jeder Sektor der Volkswirtschaft sehr detailliert modelliert ist - INFORGE enthält etwa 250 Variablen für jeden der 58 Produktionsbereiche (siehe Tabelle 2.3-2 in Kapitel 2.3.1) - und die gesamtwirtschaftlichen Variablen durch explizite Aggregation im Modellzusammenhang gebildet werden. Das Konstruktionsprinzip vollständige Integration beinhaltet eine komplexe und simultane Modellierung, die die interindustrielle Verflechtung ebenso beschreibt wie die Entstehung und die Verteilung der Einkommen, die Umverteilungstätigkeit des Staates sowie die Einkommensverwendung der privaten Haushalte für die verschiedenen Güter und Dienstleistungen.

INFORGE ist Bestandteil des internationalen Modellverbundes INFORUM, in dem die einzelnen Ländermodelle auf der Ebene der Gütergruppen über die Export- und Importströme sowie die zugehörigen Außenhandelspreise miteinander verflochten sind. Das INFORUM-System prognostiziert in jeweils tiefer Disaggregation die wirtschaftliche Entwicklung der Länder Belgien, Großbritannien, Spanien, Frankreich, Italien, USA, Kanada, Mexiko, Japan, Südkorea, Niederlande und Deutschland. Der Modellverbund erfährt eine stetige

Weiterentwicklung, aktuell werden Modelle für China, Rußland, Taiwan und Polen in das System eingebaut (Ma 1997, Nyhus/Wang 1997).

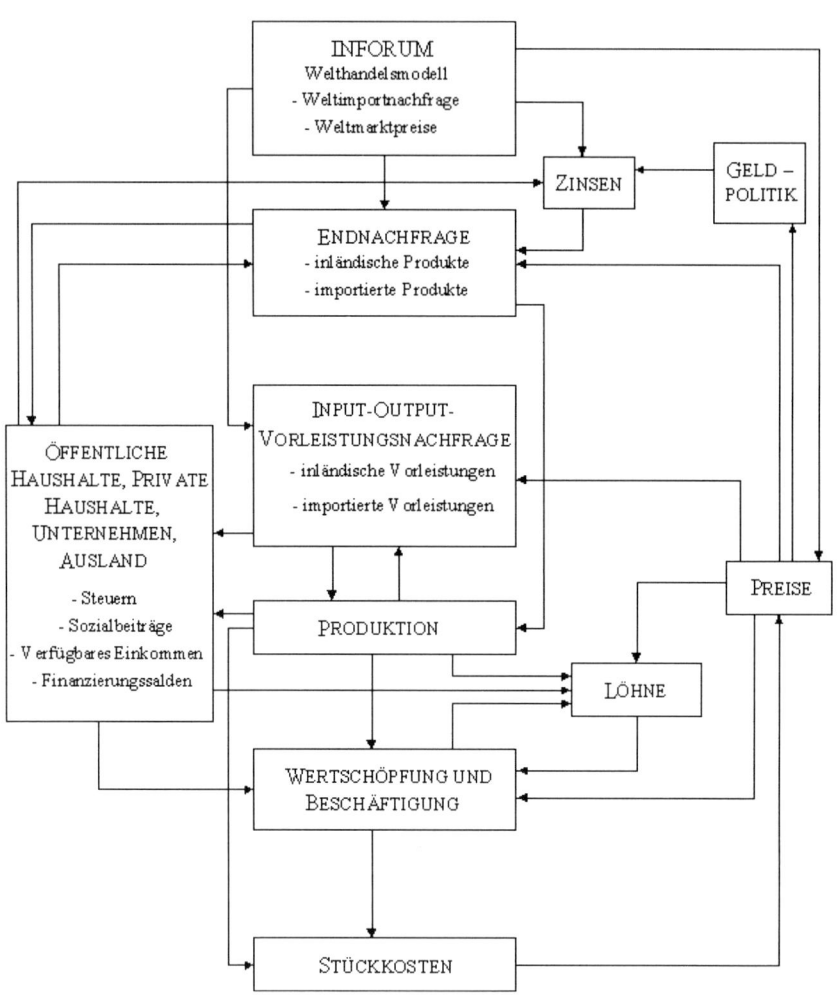

Abbildung 6.1-1:   Die Struktur des Modells INFORGE im Überblick

Einen Einblick in die Struktur des Modells gibt das in Abbildung 6.1-1 dargestellte Flußdiagramm. Das INFORUM-Welthandelsmodell liefert den Vektor der Weltimportnachfrage nach Gütergruppen, den Vektor der Weltmarktpreise nach Gütergruppen sowie den US-Zinssatz.

Die Endnachfrage umfaßt in der Disaggregation der 58 Gütergruppen den privaten Verbrauch, den Staatsverbrauch, die Ausrüstungsinvestitionen, die Bauinvestitionen, die Exporte und die Fertigproduktimporte.

Die wichtigsten Determinanten der Endnachfrage sind die Auslandsvariablen (zur Erklärung der Exporte), das verfügbare Einkommen der privaten und der öffentlichen Haushalte (zur Erklärung des privaten Verbrauchs bzw. des Staatsverbrauchs), die Zinsen und Gewinne (zur Erklärung der Investitionen) sowie die relativen Preise für alle Komponenten der Endnachfrage. Die Endnachfrage insgesamt bestimmt mit der Vorleistungsnachfrage die Produktion.

Die Vorleistungsnachfrage ist im Modell detailliert abgebildet. Für alle Gütergruppen werden die Lieferungen aus inländischer Produktion und die Einfuhren unterschieden. Die Inputkoeffizienten sind dabei grundsätzlich variabel und hängen von relativen Preisen und Zeittrends ab.

Die wichtigsten Determinanten der Beschäftigung sind die Produktion und der Reallohn des jeweiligen Sektors. Die Löhne werden wiederum durch die Produktivitäts- und die Preisentwicklung bestimmt. Die Gewinne und die Stückkosten ergeben sich definitorisch. Die Stückkosten sind dann die entscheidende Determinante der Preise.

Neben der tief gegliederten Ebene der Input-Output-Rechnung enthält das Modell zur Berechnung der gesamtwirtschaftlichen Variablen das Kontensystem der Volkswirtschaftlichen Gesamtrechnungen der Bundesrepublik Deutschland mit seinen institutionellen Transaktoren Öffentliche Haushalte, Private Haushalte, Unternehmen, Ausland und den funktionellen Transaktoren Produktion, Einkommensentstehung, Einkommensverwendung, Einkommensverteilung, Einkommensumverteilung, Vermögensänderung und Finanzierung. Dieses System enthält die gesamte Einkommensumverteilung einschließlich Sozialversicherung und Besteuerung zwischen Staat, Privaten Haushalten und Unternehmen und ermöglicht so die Berechnung der Verfügbaren Einkommen, die wiederum wichtige Determinanten der Endnachfrage sind. Außerdem werden die Finanzierungssalden der institutionellen Transaktoren bestimmt, die u. a. die Zinsen erklären.

Endogen eingebunden in dieses System ist somit die gesamte Fiskalpolitik als auch die Geldpolitik, soweit sie Einfluß auf das Zinsniveau nimmt. Bei den exogenen Variablen handelt es sich zum ersten um Variablen des Auslandes wie Zinsen, Preise und Importnachfrage der verschiedenen Handelspartner Deutschlands (jeweils nach Gütergruppen) sowie die jeweiligen Wechselkurse zur DM. Diese exogenen Variablen werden aber durch das INFORUM-System prognostiziert. Zum zweiten sind Variablen des Arbeitsmarktes exogen. Hier wird lediglich das Arbeitsangebot aus einer Prognose des Instituts für Arbeitsmarkt- und Berufsforschung für das Erwerbspersonenpotential vorgegeben. Zum dritten handelt es sich um Instrumente der Geld- und Fiskalpolitik (Mindestreservesatz, Steuer- und Abgabensätze usw.).

Hervorzuheben ist, daß das so modellierte disaggregierte ökonometrische Prognosemodell INFORGE simultan gelöst wird. Dabei sind allein die Variablen des INFORUM-Welthandelsmodells aus dem Simultanblock herausgenommen.

Die historische Datenbasis des Modells INFORGE besteht aus gut 32.000 Zeitreihen (Variablen), die zum überwiegenden Teil aus den Volkswirtschaftlichen Gesamtrechnungen des Statistischen Bundesamtes stammen. Weitere wichtige Datenquellen sind die Arbeitszeit- und Arbeitsvolumenrechnung des Instituts für Arbeitsmarkt- und Berufsforschung der Bundesanstalt für Arbeit (IAB) sowie die Welthandelsdatenbank des internationalen INFORUM-Modellsystems.

Der Aufbau der Modelldatenbasis in Form von Zeitreihen erlaubt erst die Bestimmung der Parameter des Modells mit Hilfe ökonometrischer Schätzverfahren (Meyer et al. 1999). Jede einzelne Zeitreihe der Datenbasis enthält Jahreswerte ab 1978 durchgehend bis 1995. Das Endjahr 1995 erklärt sich daraus, daß zum Zeitpunkt der Projektbearbeitung die tief disaggregierte Sozialproduktsberechnung nur bis zum Jahr 1995 vorgelegen hat (Statistisches Bundesamt 1997 k). Dieser vollständige und in sich konsistente Datensatz konnte erst durch umfangreiche eigene Berechnungen und Abstimmungsarbeiten generiert werden. Für den Zeitraum 1978 bis 1990 gilt der Gebietsstand Westdeutschland, während ab dem Jahr 1991 für den gesamten Datensatz der Gebietsstand Deutschland gilt. Dieses führt dazu, daß viele Zeitreihen von 1990 auf 1991 einen Sprung aufweisen.

Das Modell wurde mit dem **O**rdinary **L**east **S**quare-Verfahren über den Zeitraum 1978 bis 1995 ökonometrisch geschätzt. Der mit dem Übergang vom Gebietsstand Westdeutschland zu Deutschland im Schätzzeitraum liegende Strukturbruch wurde durch additive und multiplikative Dummyvariablen erfaßt.

Die Erfahrungen mit dieser Vorgehensweise sind sehr positiv. Die gelegentlich geäußerte Befürchtung, daß durch den Strukturbruch ökonometrische Schätzungen für Deutschland für viele Jahre unmöglich sein werden, können wir keineswegs teilen.

Bei der Auswahl alternativer Schätzansätze wurden zunächst a-priori-Informationen über Vorzeichen und Größenordnungen der zu schätzenden Koeffizienten genutzt. Mit anderen Worten: Ökonomisch unsinnige Schätzergebnisse wurden verworfen. Die verbleibenden Schätzungen wurden auf Autokorrelation der Residuen anhand der Durbin-Watson-Statistik und auf Signifikanz der geschätzten Parameter mit dem t-Test geprüft. War auf dieser Basis eine Diskriminierung konkurrierender Ansätze nicht möglich, wurde das Bestimmtheitsmaß der Schätzung hinzugezogen.

6.2 Die Einbindung des Sports in das Modell

Im Vergleich zum ökonomischen Kernmodell INFORGE unterteilt das um sportökonomische Aktivitäten erweiterte SPORT-Modell den Unternehmenssektor der Volkswirtschaft in 65 Produktionsbereiche, die jeweils eine sportspezifische Gütergruppe aus dem Spektrum der Waren und Dienstleistungen anbieten.

Tabelle 6.2-1:   Die sportspezifischen Produktionsbereiche des Modells SPORT

59	Herstellung von Sportfahrrädern [23]
60	Herstellung von Sportgeräten [29]
61	Herstellung von Sportschuhen [35]
62	Herstellung von Sportbekleidung [37]
63	Leistungen der erwerbswirtschaftlichen Sportanbieter (Fitness-Studios, Berufssportler, Sportveranstalter usw.)[53]
64	Sportspezifische Leistungen der Gebietskörperschaften (Schulsport, öffentliche Sportanlagen usw.) [55]
65	Leistungen der Sportvereine und Sportverbände [58]

Tabelle 6.2-1 zeigt die sieben zusätzlichen sportspezifischen Produktionsbereiche, so wie sie auch in der Input-Output-Tabelle des Sports für das Jahr 1993 explizit ausgewiesen werden. Die erste Spalte zeigt für die zusätzlich aufgenommenen Bereiche die entsprechenden internen Bereichsnummern der Input-Output-Tabelle des Sports. Außerdem werden in

eckigen Klammern hinter den Sektorbezeichnungen der sportspezifischen Produktionsbereiche die zugehörigen Sektornummern der in Tabelle 6.2-3 aufgeführten übergeordneten nichtsportspezifischen Produktionsbereiche angegeben.

Tabelle 6.2-2: *Sportspezifische Verwendungszwecke der letzten Verwendung innerhalb des Modells SPORT*

68	Sportbezogener Privater Verbrauch
70	Staatsverbrauch für Sportzwecke
72	Ausrüstungsinvestitionen der sportspezifischen Produktionsbereiche
74	Bauinvestitionen der sportspezifischen Produktionsbereiche
76	Vorratsveränderung der sportspezifischen Produktionsbereiche
78	Ausfuhr der sportspezifischen Produktionsbereiche

Daneben werden für die letzte Verwendung von Gütern, dem 2. Quadranten der Input-Output-Tabelle, für alle Verwendungszwecke entsprechend der Input-Output-Tabelle des Sports sportspezifische Bereiche im SPORT-Modell ausgewiesen.

Tabelle 6.2-3: *Übergeordnete Produktionsbereiche der sportspezifischen Sektoren des Modells SPORT*

23	Herstellung von Straßenfahrzeugen (nSp)
29	Herstellung von Musikinstrumenten, Spielwaren und Schmuck (nSp)
35	Herstellung von Leder, Lederwaren und Schuhen (nSp)
37	Herstellung von Bekleidung (nSp)
53	Dienstleistungen der Wissenschaft und Kultur und Verlage (nSp)
56	Leistungen der Gebietskörperschaften (nSp)
58	Leistungen der Organisationen ohne Erwerbszweck (Kirchen/Parteien/Vereine), häusliche Dienste (nSp)

Die Implementation der in der Input-Output-Tabelle des Sports ausgewiesenen sportspezifischen Aktivitäten erfolgte im SPORT-Modell definitorisch auf sektoraler Ebene über die für das Jahr 1993 ermittelten Relationen zu den übergeordneten nichtsportspezifischen Bereichen. Alle sportspezifisch zusätzlich ausgewiesenen Bereiche innerhalb des Modells SPORT sind konsistent in das bestehende INFORGE-Modell integriert, d. h. alle makroökonomischen Größen dieser zusätzlichen Bereiche werden entsprechend dem Konstruktionsprinzip bottom up auf der Entstehungs- und Verwendungsseite vollständig bestimmt.

Das Gleichungssystem der zusätzlich aufgenommenen Bereiche enthält somit dieselben Definitionen wie die nichtsportspezifischen Bereiche. Leider konnten die Verhaltensgleichungen der sportspezifischen Bereiche nicht eigenständig geschätzt werden, da für diese Bereiche lediglich eine Beobachtung für das Jahr 1993 aus der Input-Output-Tabelle des Sports verfügbar war. Eine ökonometrische Schätzung dieser Aktivitäten war aufgrund fehlender Zeitreihen nicht möglich. Deswegen werden die Verhaltensgleichungen der sportspezifischen Bereiche definitorisch über Relationen zu den übergeordneten nichtsportspezifischen Bereichen auf Basis der Input-Output-Tabelle des Sports des Jahres 1993 verknüpft.

Ebenso wurde das im INFORGE-Modell vollständig integrierte Kontensystem der Volkswirtschaftlichen Gesamtrechnungen um sportökonomische Verflechtungsbeziehungen erweitert. Somit ist neben der interindustriellen Verflechtung und der Einkommensentstehung und -verteilung in den Sektoren auch die Umverteilungstätigkeit des Staates und die Einkommensverwendung der privaten Haushalte für die verschiedenen Güter und Dienstleistungen um sportspezifische Beziehungen erweitert.

Daneben weisen einige Module Besonderheiten auf (Ahlert 1998). Für den Privaten Verbrauch werden die sportbezogenen Käufe der privaten Haushalte als feste Relation zu den nichtsportbezogenen Käufen berechnet. Die Struktur des Konsums der privaten Haushalte, d. h. die gütermäßige Zusammensetzung der Konsumnachfrage der privaten Haushalte, ergibt sich definitorisch über die im Jahre 1993 beobachteten Anteile der einzelnen Gütergruppen an den insgesamt getätigten sportbezogenen Käufen der privaten Haushalte. Der Eigenverbrauch der Sportvereine und Sportverbände - das sind die unentgeltlich an Vereinsmitglieder abgegebenen Leistungen - setzt sich aus Mitgliedsbeiträgen als auch aus Zuschüssen des Staates an die Sportvereine und Sportverbände zusammen. Die Mitgliedsbeiträge können exogen über eine Mitgliedsbeitragsquote beeinflußt werden. Sie gibt Auskunft über den Anteil der Mitgliedsbeiträge am verfügbaren Einkommen der privaten Haushalte. Die Mitgliedsbeiträge hängen somit direkt vom verfügbaren Einkommen ab. Ebenso können die Zuschüsse des Staates an die Sportvereine und Sportverbände von außen gesteuert werden. Die zu beeinflussende Steuervariable gibt Auskunft über den Anteil der Zuschüsse des Staates an die Sportvereine und -verbände an den Ausgaben des Staates insgesamt. Die Zuschüsse des Staates hängen somit direkt von den Ausgaben des Staates ab. Die Nutzungsgebühren für Einrichtungen der Sportvereine und Sportverbände werden durch die Summe der sportbezogenen Käufe der privaten Haushalte bestimmt und können direkt durch die zugehörige Relation gesteuert werden. Die sportbezogenen Ausgaben der privaten Haushalte im Produktionsbereich 65 (Sportvereine und Sportverbände) ergeben sich somit als Summe aus Nutzungsgebühren, Mitgliedsbeiträgen und Zuschüssen des Staates an die Sportvereine und Sportverbände. Die sportbezogenen Ausgaben der privaten Haushalte für Güter der übrigen 64 Produktionsbereiche werden über den Anteil der sportbezogenen Käufe der entsprechenden Gütergruppe an der Summe der sportbezogenen Käufe der privaten Haushalte determiniert.

Die Komponenten der sportbezogenen Anlageinvestitionen - Ausrüstungen, Bauten - werden mittels einer festen Relation zum sportspezifischen Bruttoinlandsprodukt bestimmt. Die Struktur der sportspezifischen Anlageinvestitionen nach Gütergruppen wird als fest unterstellt.

Die Modellierung des Arbeitsmarktes erfolgt für die sieben sportspezifischen Sektoren über ihre proportionale Anbindung an die Beschäftigungsfunktionen der zugehörigen übergeordneten Produktionsbereiche. Eine besondere Anbindung erfährt der Produktionsbereich 63 (Dienstleistungen der erwerbswirtschaftlichen Sporteinrichtungen), der vollständig an den Produktionsbereich 55 (Sonstige Dienstleistungen) angebunden wird. Die Beschäftigungsstruktur dieses Sektors entspricht viel stärker der des sportspezifischen Sektors 63, als der des Sektors 53 (Dienstleistungen der Wissenschaft, Kultur und Verlage).

Der disaggregierte Aufbau des Modells SPORT schlägt sich in einer gewaltigen und dennoch konsistenten Informationsverarbeitung nieder: Die über 36.000 Modellgleichungen prognostizieren die Input-Output-Verflechtung zwischen den 65 Sektoren, die nach sport- und nichtsportspezifischen Aktivitäten unterteilte Konsum-, Investitions-, Staats- und Exportnachfrage sowie Preise, Produktion, Importe, Löhne, Gewinne, Steuern und Beschäftigung für die 65 Sektoren. Durch die vollständige Endogenisierung des Kontensystems der Volkswirtschaftlichen Gesamtrechnungen ist außerdem die gesamte Umverteilung der Einkommen durch den Staat endogen abgebildet.

Durch die gewählte Art der Modellierung ist es möglich, die vielfältigen Verflechtungsbeziehungen des Sports mit der sonstigen Wirtschaft abzubilden - der Sport ist vollständig in das Modell integriert. Die Struktur des um Sportaktivitäten erweiterten INFORGE-Modells ist hochgradig interdependent. Neben den üblichen Kreislaufinterdependenzen sind die Mengen-Preisinterdependenzen und die Lohn-Preisinterdependenz abgebildet. Dabei ist zu beachten, daß Preise und Mengen konsistent miteinander verknüpft sind.

Das Modell SPORT weist einen sehr hohen Endogenisierungsgrad auf. Exogen vorgegeben sind im wesentlichen einige Steuersätze, das Arbeitsangebot, die für das Jahr 1993 aus der Input-Output-Tabelle des Sport ermittelten Relationen und die Weltmarktvariablen des internationalen INFORUM-Systems. Die weitgehende Endogenisierung hat den Vorteil, daß bei Simulationsrechnungen die Effekte vollständig abgebildet sind. Wenn bei einer Modellanwendung die Exogenität bestimmter Variablen gewünscht ist, kann dies natürlich einfach realisiert werden. Im übrigen können alle Variablen des Modells, die nicht definitorisch bestimmt sind, durch additive oder multiplikative Faktoren beeinflußt werden, so daß ihre Endogenität erhalten bleibt, sie aber dennoch Gegenstand der Formulierung von Simulationsszenarien sein können.

7 Die Basisprognose bis 2010

In diesem Abschnitt soll nach einigen Vorbemerkungen zur Methode der Modellprognose die Basisprognose mit dem Prognosemodell SPORT für den Zeitraum 1999 bis 2010 vorgestellt werden. Dazu wird im Abschnitt 7.2 zunächst kurz auf die getroffenen Annahmen des Basisszenarios eingegangen. Daran anschließend erfolgt eine kurze Beschreibung der gesamtwirtschaftlichen Entwicklung bis zum Jahre 2010. Abschließend wird im Abschnitt 7.4 detailliert die von uns prognostizierte Entwicklung der ökonomischen Bedeutung des Sports bis zum Jahre 2010 präsentiert.

7.1 Zur Methode der Modellprognose und -simulation

Mit dem Modell SPORT wird zunächst eine Basisprognose berechnet, die in der Literatur zuweilen auch als Referenz- oder "business as usual" Prognose bezeichnet wird. Die Basisprognose beruht auf dem Basisszenario. Ein Szenario besteht dabei aus einem vollständigen und in sich konsistenten Bündel an Annahmen für die Werte der exogenen Modellvariablen im Prognosezeitraum. Entsprechend diesem Sprachgebrauch enthält ein Szenario lediglich die Annahmen einer Modellrechnung, nicht aber ihre Ergebnisse (Pindyck/Rubinfeld 1988, S. 379f.).

Das Basisszenario beschreibt den aus unserer Sicht wahrscheinlichen Satz an Werten für die exogenen Modellvariablen im Prognosezeitraum ohne den zu simulierenden politischen Instrumentensatz. Die Lösung des Modells mit diesen Annahmen liefert dann die Basisprognose, die die Entwicklung der Volkswirtschaft - insbesondere für eine Vielzahl sportökonomischer Variablen - bei Fortführung der bisherigen Politik beschreibt.

Die Ergebnisse der Basisprognose dienen anschließend als Basis für einen Vergleich mit den Ergebnissen einer oder mehrerer Alternativprognosen bzw.

-simulationen. Die Ergebnisse solcher Modellrechnungen mit dem Prognosemodell SPORT zu den ökonomischen Perspektiven des Sports werden in dem sich anschließenden Kapitel 8 vorgestellt.

7.2 Die Annahmen der Basisprognose

Das in dieser Studie verwendete SPORT-Basisszenario (Stand: Oktober 1998) enthält die Annahmen für die exogenen Modellvariablen bis zum Jahr 2010, insbesondere über das Verhalten der öffentlichen Haushalte. Daneben beschreibt es aber auch die Entwicklung der internationalen Rahmenbedingungen im Prognosezeitraum.

Zunächst zu den Vorgaben für die Entwicklung auf den Weltmärkten, die dem linked run des internationalen INFORUM-Modellsystems vom Frühjahr 1998 entnommen sind. Dabei wird für die internationalen Finanzmärkte eine langfristig stabile Entwicklung vorgegeben. Der langfristige US-Zinssatz steigt von 5.8 v. H. im Jahre 1999 zunächst auf 6.7 v. H. in 2003, um dann bis zum Jahr 2010 wieder auf 6.3 v. H. zurückzugehen. Bezüglich der Wechselkurse zwischen den 13 Ländern findet bis zum Jahre 2010 die no-change-Annahme gegenüber dem Stand im Frühjahr 1998 Anwendung. Für die europäischen Währungen wird damit die Einführung des Euro quasi vorweggenommen. Von den übrigen Währungen werden z. B. der Kurs des US-Dollar auf 1,75 DM und der für 100 japanische Yen auf 1,20 DM fixiert.

Unter diesen Vorgaben berechnet das INFORUM-Welthandelsmodell eine moderate Erhöhung der deutschen Importpreise für die Jahre 1999 bis 2010 über alle Warengruppen um durchschnittlich 1.7 v. H. jährlich. Die Weltimportnachfrage wird sich im Durchschnitt über alle Produktgruppen in diesem Zeitraum gemäß INFORUM-Welthandelsprognose um durchschnittlich 4.0 v. H. über die Jahre weiterhin kräftig erhöhen. Für die Gütergruppe Straßenfahrzeuge entspricht diese Steigerungsrate mit 4.1 v. H. in etwa dem Durchschnitt, während sich für den Bereich der Chemischen Industrie überdurchschnittliche 7.3 v. H. ergeben.

Eine weitere Exogene des Modells SPORT ist das Arbeitsangebot, welches durch das Erwerbspersonenpotential repräsentiert wird. Die in der Basisprognose vorgegebene Entwicklung bis zum Jahre 2010 entspricht einer Projektion des Instituts für Arbeitsmarkt- und Berufsforschung der Bundesanstalt für Arbeit

(IAB 1998). Demzufolge steigt das Erwerbspersonenpotential von 41,1 Mio. in 1999 auf 41,6 Mio. Personen in 2010.

In bezug auf das Verhalten der Tarifpartner auf dem Arbeitsmarkt geht das Basisszenario von einer anfänglich zurückhaltenden Lohnpolitik in den Jahren 1999 und 2000 aus, bei der spürbare Abschläge von der produktivitätsorientierten Lohnleitlinie (Arbeitsproduktivitätswachstum = Reallohnzuwachs) realisiert werden.

Das unterstellte Verhalten der öffentlichen Haushalte ist von dem Vorsatz gekennzeichnet, das jährliche Wachstum der Neuverschuldung des Staates im Zaume zu halten, der Staat betreibt aber keine restriktive Konsolidierungspolitik. Als zentrale Variable zur Begrenzung der Neuverschuldung fungiert dabei auf der Ausgabenseite die Beschäftigung der Gebietskörperschaften. Das exogen vorgegebene Arbeitsvolumen der Gebietskörperschaften bleibt nahezu unverändert. Für die Einnahmenseite der öffentlichen Haushalte geht das Basisszenario von "business as usual", von einer unveränderten Steuerpolitik aus. In der Basisprognose wird also nicht die sich ab Beginn des Jahres 1999 abzeichnende restriktive Konsolidierungspolitik des Bundes unterstellt.

Mit Blick auf die exogenen sportökonomischen Einflußparameter wird ebenfalls davon ausgegangen, daß die Relationen aus der Input-Output-Tabelle des Sports des Jahres 1993 weiterhin Gültigkeit haben. Lediglich für die sportbezogenen Konsumausgaben der privaten Haushalte wird unterstellt, daß sich ihr Anteil an den gesamten Konsumausgaben im Prognosezeitraum um jährlich 2 v. H. erhöht.

In einer Untersuchung des Instituts der deutschen Wirtschaft zur Entwicklung der Freizeitausgaben konnte nachgewiesen werden, daß im Zeitraum 1965 bis 1993 der Anteil des Freizeitkonsums am verfügbaren Einkommen bzw. den Konsumausgaben der privaten Haushalte teilweise kräftig gestiegen ist (Hemmer 1994). Außerdem konnte gezeigt werden, daß innerhalb des Freizeitkonsums unter anderem Sportaktivitäten überproportional stark zugenommen haben (Hemmer 1994, Deutsche Gesellschaft für Freizeit 1998). Das leichte Wachstum des Anteils der sportbezogenen Konsumausgaben wurde unterstellt, um die sich abzeichnenden gesellschaftspolitischen Veränderungsprozesse einzufangen. Hier ist insbesondere auf die deutliche Veränderung der Altersstruktur der Bevölkerung, eine erhöhte Vitalität und ein verändertes Freizeitverhalten der älteren Bevölkerung hinzuweisen. Unterstützt werden diese Verhaltensänderungen auch durch die veränderten Rahmenbedingungen im Gesundheitswesen als auch durch ein generell verändertes Freizeitverhalten im Sinne einer aktiven Freizeitgestaltung durch sportliche Betätigung (Institut für

Freizeitwirtschaft 1995, Deutsche Gesellschaft für Freizeit 1998, BBE-Unternehmensberatung 1997).

Abschließend läßt sich das Basisszenario zusammenfassend als ein Szenario charakterisieren, welches sportökonomische Aktivitäten entsprechend ihrer gesellschaftlichen Bedeutung in den neunziger Jahren abbildet.

7.3 Einige gesamtwirtschaftliche Ergebnisse im Überblick

Unter den Annahmen des Basisszenarios errechnet das Modell SPORT für den Zeitraum 1999 bis 2010 eine durchschnittliche Wachstumsrate des Bruttoinlandsproduktes in konstanten Preisen von 2.3 v. H. jährlich. Zum Vergleich sind in Tabelle 7.3-1 zusätzlich zu den Werten für den Prognosezeitraum 1999 bis 2010 auch die historisch beobachteten durchschnittlichen Jahreswachstumsraten für die Zeiträume 1978 bis 1990 (Westdeutschland) und für die Jahre nach der deutschen Wiedervereinigung (1991 bis 1998) dargestellt.

Tabelle 7.3-1: *Die Entwicklung des Bruttoinlandsproduktes und seiner Komponenten als auch der Bruttoproduktion in der Basisprognose - in Mrd. DM in Preisen von 1991 -*

	∅ jährliche Wachstumsraten			Niveauwerte		
	1978 bis 1990	1991 bis 1998	1999 bis 2010	1999	2005	2010
Bruttoinlandsprodukt	2.6	1.6	2.3	3219,871	3626,492	4028,406
Privater Verbrauch	2.4	1.2	1.9	1790,513	1983,959	2167,198
Staatsverbrauch	1.7	1.4	3.3	621,493	734,197	847,952
Ausrüstungen	4.7	-1.1	3.1	292,484	336,543	392,983
Bauten	0.9	1.4	1.9	392,186	429,057	472,942
Ausfuhr	6.8	5.1	4.6	1018,331	1271,684	1534,887
Einfuhr	5.2	3.7	4.8	944,103	1177,027	1440,793
Bruttoproduktion	3.0	1.7	3.0	6288,671	7283,053	8352,201

Quelle: Eigene Berechnungen.

Mit 2.3 v. H. jährlich wird der Wachstumspfad im Prognosezeitraum flacher verlaufen als für die Jahre 1978 bis 1990 in Westdeutschland, für die durchschnittlich 2.6 v. H. jährlich gemessen wurden. Andererseits verläuft die

Entwicklung in der Basisprognose aber deutlich dynamischer als im Durchschnitt der Jahre 1991 bis 1998, für die 1.6 v. H. jährlich zu Buche stehen.

Wie Tabelle 7.3-1 weiter zeigt, nehmen die einzelnen Komponenten des Bruttoinlandsprodukts in der Basisprognose eine zum Teil sehr unterschiedliche Entwicklung. Die Ausfuhr leistet mit 4.6 v. H. jährlich wie schon in der Vergangenheit den stärksten Wachstumsbeitrag, obwohl die Zuwachsraten der 80er Jahre nicht erreicht werden. Das Wachstum der Importe wird mit 4.8 v. H. pro Jahr nur ein wenig höher ausfallen. Der Außenhandelsüberschuß Deutschlands wird demzufolge im Prognosezeitraum nahezu unverändert bleiben.

Die übrigen Komponenten des Bruttoinlandsprodukts, die primär binnenwirtschaftlich bestimmt sind, entwickeln sich dagegen eher gemächlich. Der schwächste Zuwachs zeigt sich bei den Bauinvestitionen, die mit durchschnittlich knapp 1.9 v. H. Wachstum per annum zunehmen. Bei den Ausrüstungsinvestitionen zeigt sich in der Basisprognose mit 3.1 v. H. jährlich eine vergleichsweise kräftige Expansion. Auch hier werden die Wachstumsraten der 80er Jahre (4.7 v. H. Wachstum pro Jahr zwischen 1978 und 1990) deutlich unterschritten. Andererseits setzt sich aber der Rückgang der Ausrüstungsinvestitionen zwischen den Jahren 1991 bis 1998 (durchschnittlich -1.1 v. H. pro Jahr) nicht weiter fort.

Der Private Verbrauch in der SPORT-Basisprognose wächst mit durchschnittlich 1.9 v. H. jährlich langsamer als das Bruttoinlandsprodukt und wird insbesondere durch die Entwicklung des verfügbaren Einkommens der privaten Haushalte determiniert. Damit liegt die Wachstumsrate der privaten Konsumausgaben einerseits deutlich unterhalb der mit 2.4 v. H. jährlich gemessenen Rate der Jahre 1978 bis 1990 für Westdeutschland. Andererseits liegt sie aber spürbar oberhalb des Wertes von 1.2 v. H. für die Jahre nach der Wiedervereinigung.

Der Staatsverbrauch entwickelt sich im Prognosezeitraum mit preisbereinigten 3.3 v. H. Wachstum jährlich dynamischer als der Private Verbrauch. Dieses liegt daran, daß die öffentlichen Haushalte keine Konsolidierungspolitik betreiben, was natürlich auch Wirkung auf die jährliche Neuverschuldung hat. Der Finanzierungssaldo des Staates (Nettoneuverschuldung) entwickelt sich von 97 Mrd. DM im Jahr 1999 auf 119 Mrd. DM im Jahr 2010. Sein jährliches Wachstum entspricht damit dem durchschnittlichen Wachstum in den 80er Jahren. Diese Basisprognose unterscheidet sich damit erheblich von der mit dem Modell PANTA RHEI erstellten Basisprognose (Meyer et al. 1999). Mit dem umwelt- und energieökonomischen Simulationsmodell PANTA RHEI wurden die ökonomischen Wirkungen einer marktkonformen Umweltpolitik untersucht. Dazu wurde ein extremes Konsolidierungsszenario unterstellt.

Die unterstellte Lohnpolitik, welche im Vergleich zu den 90er Jahren nicht mehr so stark durch Lohnzurückhaltung gekennzeichnet ist, führt zu einem leichten Anstieg der Bruttostundenlöhne in jeweiligen Preisen. Wie Tabelle 7.3-2 ausweist, liegt der jährliche Anstieg im Prognosezeitraum gesamtwirtschaftlich mit 4.9 v. H. leicht über den Zuwachsraten der Jahre 1978 bis 1990 in Westdeutschland (4.8 v. H.) als auch über denen für die Jahre 1991 bis 1998 (4.7 v. H.). Damit liegt der Anstieg aber deutlich oberhalb der Inflationsrate (Wachstumsrate des Preisindex der Lebenshaltung), die im Prognosezeitraum durchschnittlich 3.2 v. H. beträgt. Der Bruttostundenlohnsatz in Preisen von 1991 wächst über den gesamten Prognosezeitraum um 1.3 v. H. jährlich. Der Anstieg der realen Arbeitskosten der 80er Jahre in Westdeutschland (1.8 v. H.) und die der Jahre 1991 bis 1998 (1.9 v. H.) wird somit nicht erreicht.

Die Arbeitsproduktivität je Stunde (reale Wertschöpfung pro Arbeitsstunde) steigt im Prognosezeitraum mit 2.4 v. H. jährlich etwas langsamer als in der Periode 1978 bis 1990 (Westdeutschland), in der durchschnittlich 2.8 v. H. zu beobachten waren. Die kräftige Rationalisierungswelle der Jahre nach der Wiedervereinigung, für die jährlich 3.8 v. H. Wachstum der Arbeitsproduktivität zu Buche stehen, findet in der SPORT-Basisprognose für die Jahre 1999 bis 2010 keine Fortsetzung.

Wie in den beiden Vergleichsperioden wird in der Basisprognose nicht der gesamte Produktivitätszuwachs an die beschäftigten Arbeitnehmer ausgeschüttet. Der Anstieg Reallöhne beträgt mit 1.3 v. H. jährlich gut 54 v. H. des Wachstums der Arbeitsproduktivität von 2.4 v. H.. Gegenüber dem Zeitraum 1991 bis 1998, für den ein Anteil von 50 v. H. ermittelt werden konnte, reflektiert dieser leichte Anstieg die im Basisszenario unterstellte leicht veränderte Lohnpolitik der Arbeitnehmer, die nicht mehr so stark auf Lohnzurückhaltung setzt. Der Vergleichswert für die Jahre 1978 bis 1990 in Westdeutschland wird aber nicht mehr erreicht (64 v. H.). Die Reallöhne stiegen in diesem Zeitraum um durchschnittlich 1.8 v. H., während sich die Arbeitsproduktivität jährlich um durchschnittlich 2.8 v. H. erhöhte.

Die Beschäftigung steigt in der Basisprognose leicht an. Zwar verzeichnet das gesamtwirtschaftliche Arbeitsvolumen der Beschäftigten in Deutschland - gemessen in Stunden - mit 44,1 Mrd. Stunden im Jahr 2010 gegenüber 45,2 Mrd. Stunden im Jahr 1999 einen leichten Rückgang. Aufgrund der sich modellendogen ergebenden Senkung der durchschnittlichen Jahresarbeitzeit von

1495 Stunden in 1999 auf 1384 Stunden im Jahr 2010 - das sind 0.7 v. H. jährlich - erhöht sich die Zahl der beschäftigten Arbeitnehmer im gleichen Zeitraum von 30,2 auf 31,9 Mio.. Im Durchschnitt der Jahre nimmt die Zahl der Beschäftigten in der Basisprognose um 0.5 v. H. leicht zu.

Tabelle 7.3-2:   Entwicklung des Arbeitsmarktes in der Basisprognose

	∅ jährliche Wachstumsraten			Niveauwerte		
	1978 bis 1990	1991 bis 1998	1999 bis 2010	1999	2005	2010
Bruttostundenlohn (DM in jeweiligen Preisen)	4.8	4.7	4.9	44,5	57,2	71,7
Preisindex der Lebenshaltung (1991 = 100)	3.0	2.8	3.2	123,6	143,2	166,4
Bruttostundenlohn (DM in Preisen von 1991)	1.8	1.9	1.3	38,2	42,9	46,7
Arbeitsproduktivität (DM Bruttowertschöpfung in Preisen von 1991 je Stunde)	2.8	3.8	2.4	67.2	76.2	85.15
Arbeitsvolumen (Mrd. Stunden)	0.1	-1.6	-0.2	45,222	44,646	44,146
Jahresarbeitszeit (Stunden)	-0.8	-0.3	-0.7	1495	1438	1385
Beschäftigte Arbeitnehmer (Mio. Personen)	0.9	-1.3	0.5	30,247	31,064	31,896
Arbeitslose (Mio. Personen)				4,212	3,691	3,335
Arbeitslosenquote (v. H.)				12.2	10.6	9.5

Quelle: Eigene Berechnungen.

Die mehr als 1,6 Mio. zusätzlichen Arbeitsplätze führen aber nicht zu einer entsprechend starken Reduktion der Anzahl der Arbeitslosen. Diese sinkt in der Basisprognose nur um 0,9 Mio. Personen von 4,2 Mio. im Jahr 1999 auf 3,3 Mio. im Jahr 2010. Das liegt zum einen daran, daß das exogene Erwerbspersonenpotential in diesem Zeitraum um knapp 470 Tsd. Personen zunimmt. Zum anderen schrumpft die Stille Reserve aufgrund der sich bessernden Arbeitsmarktlage um knapp 320 Tsd. Personen beinahe um denselben Umfang, so daß die Anzahl der Erwerbspersonen (Erwerbspersonenpotential minus Stille Reserve), die als Basis für die Berechnung der Anzahl der Arbeitslosen dient, um knapp 790 Tsd. Personen zunimmt. Die Arbeitslosenquote verringert sich in der Basisprognose von 12.2 v. H. in 1999 auf 9.5 v. H. im Jahr 2010.

Im Durchschnitt über alle Produktionsbereiche steigt die Produktion in der Basisprognose mit 3.0 v. H. mit derselben Geschwindigkeit wie in den 80er Jahren in Westdeutschland (vgl. Tabelle 7.3-1). Das Wachstumstempo der Basisprognose liegt aber dennoch oberhalb der 1.7 v. H. pro Jahr, die im wiedervereinigten Deutschland von 1991 bis 1998 zu Buche stehen.

An dieser Stelle soll darauf verzichtet werden, die sich in der SPORT-Basisprognose ergebende Entwicklung der sektoralen Produktion und Beschäftigung im Detail zu analysieren. Es lassen sich aber deutliche Strukturverschiebungen beobachten: Während sich im Dienstleistungssektor auch weiterhin spürbare, allerdings nicht mehr so spektakuläre Beschäftigungszuwächse wie in den 80er Jahren ergeben, sind im produzierenden Gewerbe deutliche Beschäftigungsverluste zu beobachten.

7.4 Die ökonomische Bedeutung des Sports bis zum Jahre 2010

Abbildung 7.4-1 zeigt die reale Entwicklung (Preisbasis 1991) des sportbezogenen Bruttoinlandsproduktes für den Prognosezeitraum 1999 bis 2010. Das sportbezogene Bruttoinlandsprodukt steigt von 45,06 Mrd. DM auf mehr als 65,57 Mrd. DM an. Dieses bedeutet im Jahresdurchschnitt ein Wachstum von mehr als 4.1 v. H. (siehe Tabelle 7.4-1). Damit wächst der Sport im Prognosezeitraum deutlich dynamischer als die Volkswirtschaft insgesamt (2.3 v. H.). Dieses bestätigt auch der in Abbildung 7.4-2 vorgenommene Vergleich der gesamtwirtschaftlichen Wachstumsrate des Bruttoinlandsproduktes mit der Wachstumsrate des sportbezogenen Bruttoinlandsproduktes.

Damit steigt auch der in Abbildung 7.4-3 ausgewiesene Anteil des sportbezogenen Bruttoinlandsprodukt am Bruttoinlandsprodukt insgesamt von 1.4 v. H. im Jahre 1999 auf 1.7 v. H. im Jahre 2010. Der wesentliche Grund für das stärkere Wachstum des sportbezogenen Bruttoinlandsproduktes liegt in der bereits diskutierten Annahme der Zunahme des Anteils der sportbezogenen Konsumausgaben an den Konsumausgaben der privaten Haushalte über den gesamten Prognosezeitraum von 1.9 v. H. auf ca. 2.3 v. H. in 2010 (siehe Abbildung 7.4-3).

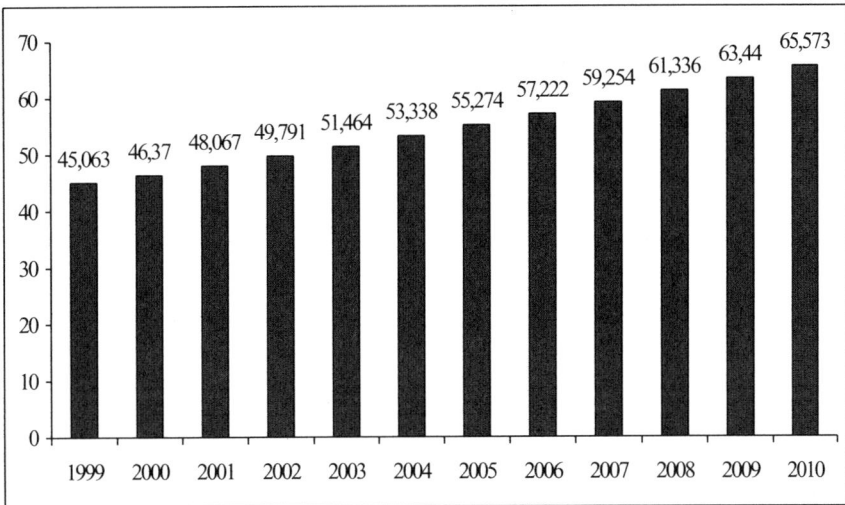

Abbildung 7.4-1: Entwicklung des sportbezogenen Bruttoinlandsproduktes in der
Basisprognose
- in Mrd. DM in Preisen von 1991 -

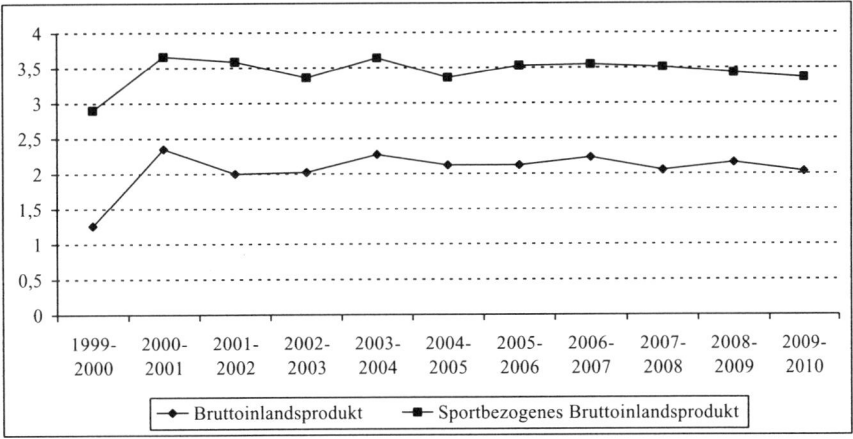

Abbildung 7.4-2: Vergleich der Wachstumsraten des Bruttoinlandsproduktes in der
Basisprognose
- in v. H. -

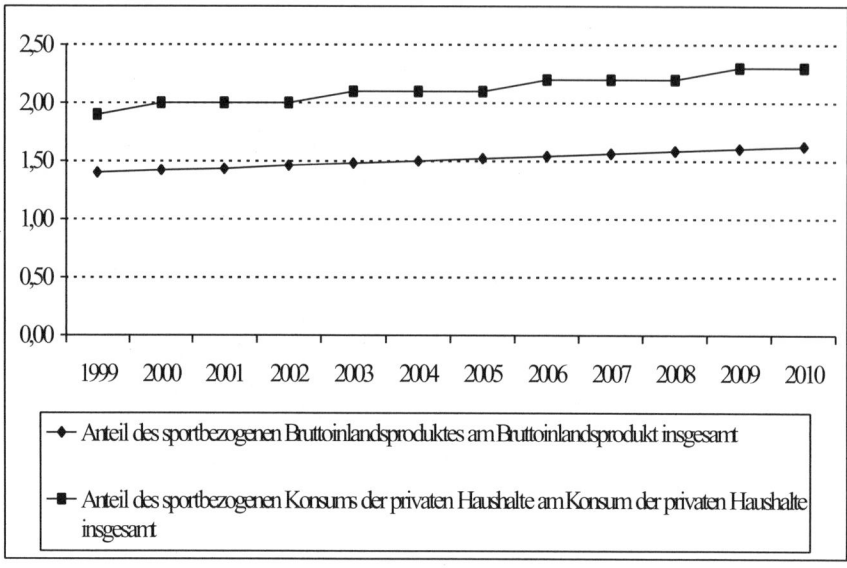

Abbildung 7.4-3: *Entwicklung des Anteils der sportbezogenen Konsumausgaben und des Anteils des sportbezogenen Bruttoinlandsproduktes in der Basisprognose*
- in v. H. -

Für diese exogene Einflußgröße wurde eine solche Entwicklung vorgegeben, weil auch in anderen Untersuchungen eine leichte Zunahme für die Vergangenheit ausgewiesen bzw. unterstellt wird. In diesem Zusammenhang wird für die Zukunft stets ein verändertes Freizeitverhalten im Sinne einer noch aktiveren Freizeitgestaltung durch sportliche Betätigung erwartet (Hemmer 1994, BBE-Unternehmensberatung 1997, Institut für Freizeitwirtschaft 1995, Roland Berger & Partner 1998, vgl. Kapitel 7.2).

Eine Endogenisierung der sportbezogenen Konsumausgaben durch eine ökonometrisch geschätzte Verhaltensgleichung im Modell SPORT war nicht möglich, da eine vollständige Zeitreihe, welche die Entwicklung der sportbezogenen Konsumausgaben in der Vergangenheit beschreibt, nicht ermittelt werden konnte.

Generell kann ein wachsender Anteil der sportbezogenen Konsumausgaben an den gesamten Konsumausgaben als zunehmendes Interesse für den Sport infolge von gesellschaftlichen Veränderungsprozessen (Demographischer Wandel, Änderung des Lebenswandels, zunehmendes Gesundheitsbewußtsein, verändertes Freizeitverhalten usw.) interpretiert werden. Andererseits hätte eine vollständige Mißachtung dieser gesellschaftlichen Prozesse den Aussagewert als sportökonomische Basisprognose deutlich eingeschränkt.

Bei Betrachtung der Entwicklung der einzelnen Komponenten des Bruttoinlandsproduktes für den gesamten Prognosezeitraum in Tabelle 7.4-1 wird die stärkere Dynamik des sportbezogenen privaten Verbrauchs bestätigt. Tabelle 7.4-1 weist für den sportbezogenen privaten Verbrauch einen Anstieg von 34,33 Mrd. DM auf mehr als 50,5 Mrd. DM im Jahre 2010 aus. Dieses bedeutet ein durchschnittliches jährliches Wachstum von 4.3 v. H.. Damit wächst der sportbezogene private Verbrauch mehr als doppelt so stark wie der gesamtwirtschaftliche private Verbrauch (vergleiche Tabelle 7.3-1).

Tabelle 7.4-1:   *Entwicklung des sportbezogenen Bruttoinlandsproduktes und seiner Komponenten in der Basisprognose*
- in Mrd. DM in Preisen von 1991 -

	Ø jährliche Wachstums-raten 1999 bis 2010	Niveauwerte		
		1999	2005	2010
Sportbezogenes Bruttoinlandsprodukt	4.1	45,063	55,274	65,573
Sportbezogener Privater Verbrauch	4.3	34,334	42,299	50,505
Sportbezogener Konsum der privaten Haushalte	4.5	30,994	38,671	46,616
Eigenverbrauch der Sportvereine und Sportverbände	1.5	3,340	3,629	3,889
Staatsverbrauch für Sportzwecke	2.9	9,015	10,464	11,923
Sportspezifische Anlageinvestitionen	5.1	6,463	8,255	10,120
Ausrüstungen	5.9	0,868	1,147	1,432
Bauten	5.0	5,595	7,108	8,688
Sportspezifische Vorratsveränderung	-3.4	-0,806	-0,656	-0,505
Sportspezifische Ausfuhr	3.1	1,768	2,136	2,366
Sportspezifische Einfuhr	4.9	5,712	7,226	8,836

Quelle: Eigene Berechnungen.

Die beiden Komponenten des sportbezogenen privaten Verbrauchs entwickeln sich sehr unterschiedlich. Die sportbezogenen Konsumausgaben der privaten Haushalte wachsen von 30,99 Mrd. DM im Jahre 1999 um nahezu 4.6 v. H. pro Jahr auf 46,61 Mrd. DM im Jahre 2010. Dieser Anstieg kann neben dem Anstieg des verfügbaren Einkommens insbesondere durch die bereits ausführlich diskutierte Zunahme des Anteils der sportbezogenen Konsumausgaben an den

Konsumausgaben insgesamt (Abbildung 7.4-3) erklärt werden. Auf der anderen Seite entwickelt sich der Eigenverbrauch der Sportvereine und Sportverbände als weitere Komponente des sportbezogenen privaten Verbrauchs unterdurchschnittlich (ca. 1.5 v. H. per annum) und steigt lediglich von 3,34 Mrd. DM im Jahre 1999 auf 3,88 Mrd. DM im Jahre 2010 an.

Der Staatsverbrauch für Sportzwecke, d. h. alle unentgeltlich den Bürgern zur Verfügung gestellten sportbezogenen Leistungen (Schulunterricht, Dienstsport usw.) und Einrichtungen (öffentliche Sportanlagen usw.) wachsen gegenüber den allgemeinen Staatsausgaben leicht unterproportional. Insgesamt steigt der Staatsverbrauch für Sportzwecke nicht ganz so kräftig an wie der sportbezogene private Verbrauch und beträgt im Jahre 2010 mehr als 11,9 Mrd. DM.

Die Investitionstätigkeit der sieben sportspezifischen Produktionsbereiche steigt kontinuierlich von 6,46 Mrd. DM im Jahre 1999 auf 10,12 Mrd. DM, wobei die Investitionen in Bauten dominieren. Das überproportionale Wachstum der sportspezifischen Anlageinvestitionen ist insbesondere darauf zurückzuführen, daß die Investitionstätigkeit der sportspezifischen Produktionsbereiche durch die inländische Nachfrage nach sportspezifischen Waren und Dienstleistungen determiniert wird, die sich im gesamten Prognosezeitraum sehr dynamisch entwickelt.

Der Außenhandel der sieben sportspezifischen Produktionsbereiche wird sich leicht zu Lasten der Exporte entwickeln, die etwas schwächer im Vergleich zu den Importen wachsen. Der Importüberschuß für Sportwaren wird sich deswegen im Prognosezeitraum weiter erhöhen.

Die Ausgaben der privaten Haushalte für Sport in erwerbswirtschaftlichen Sporteinrichtungen werden um durchschnittlich ungefähr 4.5 v. H. per annum wachsen (Tabelle 7.4-2). So wird für die erwerbswirtschaftlichen Sporteinrichtungen erwartet, daß sie im Jahre 2010 mehr als 8,65 Mrd. DM von den privaten Haushalten für die Nutzung ihrer Sporteinrichtungen erhalten, während die Sportvereine und Sportverbände 6,78 Mrd. DM von den privaten Haushalten für diesen Zweck erhalten. Damit entwickeln sich die Sportvereine und -verbände deutlich schwächer, sie können lediglich ein durchschnittliches Wachstum von 2.6 v. H. realisieren.

Tabelle 7.4-2:   *Entwicklung der Ausgaben für aktive Sportbetätigung in der*
                    Basisprognose
                    - in Mrd. DM in Preisen von 1991 -

	∅ jährliche Wachstums- raten 1999 bis 2010	Niveauwerte		
		1999	2005	2010
Ausgaben für erwerbswirtschaftliche Sportanbieter	4.5	5,769	7,187	8,652
Ausgaben für Sport in den Vereinen	2.6	5,272	6,036	6,787
Nutzungsgebühren	4.5	1,933	2,407	2,898
Eigenverbrauch der Sportvereine und -verbände	1.5	3,340	3,629	3,889
Zuschüsse des Staates an die Sportvereine	1.4	1,026	1,110	1,191
Mitgliedsbeiträge der Vereinsmitglieder	1.5	2,313	2,519	2,698

Quelle: Eigene Berechnungen.

Die Komponenten der Ausgaben der privaten Haushalte für Sport in den Sportvereinen wachsen mit unterschiedlichen Wachstumsraten, was auf ihre unterschiedliche Modellierung zurückzuführen ist (Kapitel 6.2) So steigen die Nutzungsgebühren mit 4.5 v. H. am stärksten an. Ihr starkes Wachstum ist zum einen auf einen überproportionalen Anstieg nach Leistungen der Organisationen ohne Erwerbszweck als übergeordnete Nachfragekategorie als auch aufgrund der Zunahme des Anteils der sportbezogenen Konsumausgaben zurückzuführen (siehe Abbildung 7.4-3).

Der Eigenverbrauch der Sportvereine und Sportverbände entwickelt sich dagegen deutlich schwächer und steigt um ca. 1.5 v. H. per annum. Die Ursache für dieses schwächere Wachstum gründet sich auf zwei unterschiedliche Aspekte. Zum einen entwickeln sich die Mitgliedsbeiträge aufgrund des nicht so starken Anstiegs der verfügbaren Einkommen der privaten Haushalte bei unverändertem Beitragssatz relativ schwach. Zum anderen steigen die Zuschüsse des Staates an die Sportvereine und Sportverbände aufgrund des moderaten Anstiegs der Staatsausgaben im Prognosezeitraum nur um etwa 1.4 v. H. pro Jahr.

Tabelle 7.4-3 stellt die Entwicklung einiger sportbezogener Konsumausgaben in den Sektoren der Volkswirtschaft für den Zeitraum der Basisprognose dar. Es fällt auf, daß sich die reale sportbezogene Nachfrage nach Gütern der verschiedenen Gütergruppen gleich stark entwickelt. Der Grund dafür liegt in der gewählten Modellierung. So wächst die reale sportbezogene Nachfrage nach den unterschiedlichen Gütern mit der Wachstumsrate der realen sportbezogenen Käufe bzw. der Konsumausgaben der privaten Haushalte, die 4.5 v. H. beträgt. Das deutlich erhöhte Wachstum gegenüber den nichtsportbezogenen Konsumausgaben (1.8 v. H.) ist Ergebnis der Zunahme des Anteils der sportbezogenen Konsumausgaben an den Konsumausgaben der privaten Haushalte über den gesamten Prognosezeitraum mit jährlich 2.0 v. H..

Tabelle 7.4-3: Entwicklung der sportbezogenen Konsumnachfrage der privaten Haushalte für einige Sektoren in der Basisprognose
- in Mrd. DM in Preisen von 1991 -

	Niveauwerte		
Sektoren	1999	2005	2010
Chemische Erzeugnisse	0,085	0,106	0,128
Mineralölerzeugnisse	1,885	2,348	2,826
Straßenfahrzeuge	1,204	1,499	1,805
Wasserfahrzeuge	0,610	0,760	0,915
Textilien	0,638	0,795	0,956
Nahrungsmittel	0,200	0,249	0,300
Dienstleistungen des Großhandels	1,182	1,472	1,772
Dienstleistungen des Einzelhandels	3,803	4,737	5,703
Dienstleistg. des sonstigen Verkehrs	0,930	1,159	1,395
Dienstleistungen des Gastgewerbes	1,702	2,121	2,553
Dienstleistg. der Wissenschaft, Kultur und Verlage	1,462	1,822	2,193
Sonstige marktbestimmte Dienstleistungen	0,469	0,585	0,704
Fahrräder	0,883	1,100	1,325
Sport- und Turngeräte	1,026	1,278	1,339
Sportschuhe	0,499	0,622	0,749
Sportbekleidung	2,248	2,800	3,370
Sportspez. Leistungen der Gebietskörperschaften	0,642	0,800	0,963

Quelle: Eigene Berechnungen.

Bereits der Tabelle 7.4-1 konnte entnommen werden, daß die Investitionstätigkeit der sportspezifischen Produktionsbereiche im Jahresdurchschnitt kräftig um ca. 4.9 v. H. wächst. Tabelle 7.4-4 zeigt nun, welche Sektoren besonders stark von dem Anstieg der sportspezifischen Investitionstätigkeit profitieren. Neben den Anbietern von Hoch- und Tiefbauleistungen und Ausbauleistungen, deren Leistungen von 2,64 Mrd. DM im Jahre 1999 auf 4,03 Mrd. DM im Jahre 2010 bzw. von 1,46 Mrd. DM auf 2,31 Mrd. DM im Jahre 2010 anwachsen, können die Hersteller von Turn- und Sportgeräten Investitionsgüter im Wert von 0,93 Mrd. DM im Jahre 2010 liefern.

Tabelle 7.4-4: *Entwicklung der sportbezogenen Anlageinvestitionen in der Basisprognose*
- in Mrd. DM in Preisen von 1991 -

Variable	∅ jährliche Wachstums-raten 1999 bis 2010	Niveauwerte		
		1999	2005	2010
Erzeugnisse der Ziehereien usw.	5.3	0,130	0,167	0,205
Stahl- und Leichtmetallerzeugnisse	4.3	0,283	0,349	0,417
Straßenfahrzeuge	5.8	0,104	0,138	0,170
Hoch- und Tiefbauleistungen	4.8	2,647	3,301	4,036
Ausbauleistungen	5.4	1,460	1,906	2,319
Sonstige marktbest. Dienstleistg.	4.4	0,338	0,418	0,503
Sport- und Turngeräte	5.6	0,578	0,756	0,937

Quelle: Eigene Berechnungen.

Die Entwicklung der Bruttoproduktion der sieben sportspezifischen Produktionsbereiche wird in der Tabelle 7.4-5 veranschaulicht. Generell wird die ökonomische Entwicklung der sportspezifischen Produktionsbereiche durch die Verknüpfung mit den entsprechenden übergeordneten Produktionsbereichen (siehe Kapitel 6.2) modellendogen bestimmt, was auch die zum Teil sehr unterschiedlichen Verläufe der verschiedenen Variablen des Systems erklärt. Insgesamt steigt die Bruttoproduktion dieser sieben Bereiche bis zum Ende des Prognosezeitraums bei einer durchschnittlichen jährlichen Wachstumsrate von 3.3 v. H. auf 35,59 Mrd. DM an. Schaut man sich nun die Verläufe der einzelnen sportspezifischen Produktionsbereiche an, so ergibt sich ein differenziertes Bild. Von den Sportdienstleistungen entwickelt sich der Bereich der Sportvereine und Sportverbände etwas langsamer und erreicht im Jahr 2010 ein Umsatzvolumen von knapp 9,65 Mrd. DM. Für die beiden anderen sportspezifischen Dienstleistungen der erwerbswirtschaftlichen Sporteinrichtungen bzw. der Gebietskörperschaften wird für das Jahr 2010 ein Bruttoproduktionswert von 8,68 bzw. 13,06 Mrd. DM erwartet. Damit entwickeln sich die erwerbswirtschaftlichen Sporteinrichtungen mit einem durchschnittlichen Wachstum von 4.5 v. H. deutlich dynamischer als die Sportvereine und Sportverbände. Im Bereich der Sportwaren erwarten wir für den Produktionsbereich der Sportfahrräder im Jahr 2010 eine Produktion von 0,72 Mrd. DM, für den Produktionsbereich der Sportschuhe 0,29 Mrd. DM. Für die beiden anderen Sektoren Sportgeräte und Sportbekleidung prognostizieren wir für das Jahr 2010 ein Umsatzvolumen von knapp 1,42 Mrd. DM bzw. knapp 1,74 Mrd. DM.

Tabelle 7.4-5: *Die Entwicklung der Bruttoproduktion der sieben sportspezifischen Produktionsbereiche in der Basisprognose*
- in Mrd. DM in Preisen von 1991 -

Variable bzw. Sektor	Ø jährliche Wachstums- raten 1999 bis 2010	Niveauwerte		
		1999	2005	2010
Sportspezifische Bruttoproduktion	3.3	26,195	30,960	35,594
Sportfahrräder	1.6	0,617	0,704	0,725
Sportgeräte	4.5	0,956	1,199	1,423
Sportschuhe	3.6	0,212	0,257	0,295
Sportbekleidung	0.6	1,642	1,766	1,744
Erwerbswirtschaftliche Sportanbieter	4.5	5,797	7,218	8,686
Gebietskörperschaften	3.2	9,679	11,359	13,064
Sportvereine/-verbände	3.0	7,292	8,458	9,658

Quelle: Eigene Berechnungen.

Die Beschäftigungswirkungen des Sports in der Basisprognose werden in Tabelle 7.4-6 dokumentiert. Die Zahl der sportspezifisch beschäftigten Arbeitnehmer, also die in den sieben Sportsektoren beschäftigten Personen, wächst über den gesamten Prognosezeitraum um durchschnittlich 1.5 v. H. per annum und steigt somit von 546,9 Tsd. im Jahre 1999 auf mehr als 637,7 Tsd. Personen im Jahr 2010 an.

Die Beschäftigungsentwicklung in den Sportsektoren verläuft jedoch sehr unterschiedlich (Tabelle 7.4-6). So reduzieren die Hersteller von Sportwaren (Sportfahrräder, Sportgeräte, Sportschuhe und Sportbekleidung) zum Teil erheblich ihre Beschäftigung. Zu den positiven Wachstumsraten der Produktion gesellt sich ein überdurchschnittlich hohes Produktivitätswachstum, welches den Beschäftigungsabbau bewirkt. Diese negative Beschäftigungsentwicklung im

Bereich der Sportwaren wird jedoch überkompensiert durch eine positive Entwicklung bei den Anbietern von Sportdienstleistungen. So nimmt die Beschäftigung für den Bereich der erwerbswirtschaftlichen Sporteinrichtungen deutlich zu und steigt von 75,2 Tsd. Personen im Jahre 1999 auf nahezu 94,7 Tsd. Personen im Jahre 2010. Die sportbezogene Beschäftigung der Gebietskörperschaften erhöht sich um 2.0 v. H. auf mehr als 134 Tsd. Personen. Dieser leichte Anstieg erklärt sich insbesondere aus dem Verhalten der öffentlichen Haushalte, das Wachstum der jährlichen Neuverschuldung im Zaume zu halten (durchschnittliches Wachstum der 80er Jahre).

Tabelle 7.4-6:   *Beschäftigungswirkungen des Sports in der Basisprognose*

Variable	Ø jährliche Wachstums- raten 1999 bis 2010	Niveauwerte		
		1999	2005	2010
Sportbezogene Beschäftigung	2.2	796.382	898.278	992.683
direkte sportbezogene Beschäftigung	2.3	652.520	742.000	816.000
Sportspezifisch beschäftigte Arbeitnehmer	1.5	546.940	594.008	637.883
Sportfahrräder	-0.0	2.372	2.351	2.363
Sportgeräte	-3.2	2.695	2.174	1.751
Sportschuhe	-4.8	676	456	319
Sportbekleidung	-3.1	7.044	5.438	4682
Erwerbswirtschaftliche Sportanbieter	2.4	75.221	85.026	94.698
Gebietskörperschaften	2.1	109.343	124.084	134.438
Sportvereine/-verbände	1.3	349.589	374.480	399.632

Quelle: Eigene Berechnungen.

Die Sportvereine und Sportverbände können ihre Beschäftigung um durchschnittlich 1.3 v. H. per annum ausweiten, d. h. sie werden zum Ende des Prognosezeitraumes knapp 400 Tsd. Personen beschäftigen.

Neben den direkt in den Sportsektoren arbeitenden Personen werden aber auch außerhalb dieser Sektoren durch die im Rahmen der sportbezogenen Aktivitäten ausgelöste Nachfrage (Konsum, Investitionen usw.) Arbeitsplätze gesichert. Von dieser sportbezogenen Nachfrage profitieren insbesondere das Baugewerbe, der Handel, das Gastronomiegewerbe als auch die Hersteller von Straßenfahrzeugen.

Insgesamt wächst die Zahl der direkt durch die sportbezogene Endnachfrage bewirkte Beschäftigung um durchschnittlich mehr als 2.2 v. H. pro Jahr und erreicht im Jahr 2010 den Wert von 816 Tsd. Personen. Außerdem können auch die indirekten Beschäftigungseffekte, die sich über die Vorleistungsverflechtung ergeben, d. h. nachgefragte Vorprodukte, die in die Produktion der sportbezogenen Endprodukte eingehen, berücksichtigt werden. Unter ihrer Einbeziehung läßt sich die sportbezogene Beschäftigung insgesamt, d. h. inkl. der direkt und indirekt induzierten Beschäftigung ermitteln. Die sportbezogene Beschäftigung steigt über den gesamten Prognosezeitraum von ca. 796 Tsd. Personen im Jahre 1999 auf mehr als 990 Tsd. Personen im Jahre 2010. Ihre jährliche Wachstumsrate liegt damit deutlich über der allgemeinen Beschäftigungsentwicklung (siehe Abbildung 7.4-4). Für das Jahr 2010 ist davon auszugehen, daß etwa 3 v. H. aller Arbeitnehmer durch den Sport beschäftigt werden. Dieses ist auf die bereits diskutierte größere Dynamik der sportbezogenen Nachfrage und die daraus resultierenden expansiven Multiplikatoreffekte des Wirtschaftskreislaufs zurückzuführen.

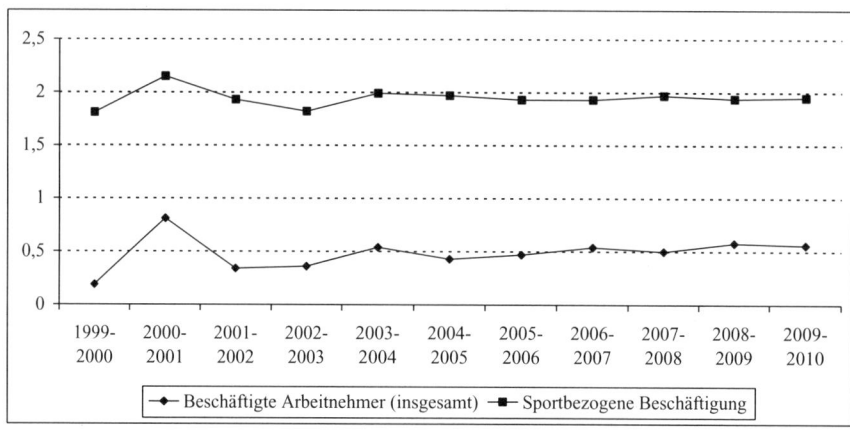

Abbildung 7.4-4: Vergleich der Wachstumsraten der Beschäftigung in der Basisprognose - in v. H. -

8 Ergebnisse von Simulationsrechnungen

In diesem Kapitel wird das Modell SPORT für verschiedene Fragestellungen eingesetzt. Im einleitenden Abschnitt 8.1 wird dazu die allgemeine Vorgehensweise erläutert. In den folgenden Abschnitten 8.2 bis 8.5 werden dann die einzelnen Szenarien und die aus dem SPORT-Modell resultierenden Ergebnisse diskutiert.

8.1 Sinn und Zweck von Simulationsrechnungen

In den durchgeführten Simulationsrechnungen bzw. Alternativprognosen werden sportökonomische oder sportpolitische Fragen auf ihre ökonomischen Auswirkungen überprüft, um so den sportpolitischen Entscheidungsträgern zusätzliche Entscheidungshilfen an die Hand zu geben.

Dazu werden die Ergebnisse der im vorherigen Kapitel 7 vorgestellten Basisprognose des SPORT-Modells mit jeweils einer zweiten Prognose verglichen. Während die mit dem Prognosemodell SPORT berechnete Basisprognose eine Fortführung der in der Vergangenheit beobachteten Verhaltensweisen unterstellt, wird in den Alternativprognosen eine bestimmte sportökonomische Veränderung im Verhalten des Staates, der Konsumenten oder Produzenten von Sportgütern modelliert. Die Alternativprognosen werden mit demselben Modell generiert, wobei allerdings das Basisszenario jeweils durch die Aufnahme einer spezifischen sportpolitischen Maßnahme, z. B. eine Kürzung der Zuschüsse des Staates an die Sportvereine und -verbände, in ein Alternativszenario abgewandelt wird. Alle übrigen Annahmen des Basisszenarios bleiben unverändert gültig.

Aus dem Vergleich der Basisprognose mit der Alternativprognose kann dann für jede Variable des SPORT-Modells abgelesen werden, wie sie auf die unterstellte Verhaltensänderung reagiert. Mit dem Prognosemodell SPORT läßt sich somit simulieren, wie das ökonomische System auf bestimmte Verhaltensänderungen oder auch auf sportpolitische Entscheidungen reagieren wird.

Die mit dem SPORT-Modell durchgeführten Simulationsrechnungen auf der Basis verschiedener Szenarien liefern somit eine objektive als auch logisch nachvollziehbare Beschreibung alternativer ökonomischer Entwicklungspfade.

Ein Szenario besteht dabei aus einem vollständigen und in sich konsistenten Bündel an Annahmen für die Werte der exogenen Modellvariablen im Prognosezeitraum. Die hier vorgestellten Simulationsrechnungen basieren auf Szenarien, die unter dem Eindruck sich vollziehender gesellschaftlicher und politischer Veränderungen vom wissenschaftlichen Beirat des Forschungsprojektes entwickelt wurden. Dabei wurden insbesondere auch solche Studien genutzt, die die Kosten zur Realisierung bestimmter sport- und gesellschaftspolitischer Ziele aufzeigen (Deutscher Sportbund 1993; Rahmann et al. 1998). Allen durchgeführten Simulationen mit dem sportökonomischen Modell SPORT ist es gemein, daß die Szenarien stets neben dem expansiven Ausgabeneffekt auch den kontraktiven Finanzierungseffekt berücksichtigen. In den folgenden Unterabschnitten dieses Kapitels sollen nun die Ergebnisse der durchgeführten Simulationsrechnungen vorgestellt werden.

8.2 Ausbau der Sportinfrastruktur in den neuen Bundesländern - "Goldener Plan Ost"

Im Rahmen dieser Simulationsrechnung soll gezeigt werden, welche ökonomischen Effekte von einer Realisierung des vom Deutschen Sportbund im Jahre 1992 vorgestellten Programms zur Sanierung bzw. zum Ausbau der Sportstätten in Ostdeutschland für den Simulationszeitraum 1999 bis 2010 zu erwarten sind (Deutscher Sportbund 1993).

8.2.1 Der Goldene Plan Ost

Der "Goldene Plan Ost" wurde im November 1992 vom Deutschen Sportbund vorgelegt. Er beschreibt in einer Bestandserhebung das ganze Ausmaß der baulichen, sportfunktionalen und sicherheitstechnischen Mängel im Sportanlagenbestand der neuen Bundesländer einschließlich des Ostteils der Stadt Berlin. Der Deutsche Sportbund kommt in dieser Bestandserhebung zu dem Ergebnis, daß der Großteil der Sportstätten in den neuen Bundesländern in seinem Bestand gefährdet ist.

Aufgrund des miserablen Zustandes der Sportinfrastruktur hat der Deutsche Sportbund deswegen ein Programm zum Bau von Sportstätten in den ostdeutschen Bundesländern entworfen. Dieses Infrastrukturprogramm für Sportstätten orientiert sich dabei an dem "Goldenen Plan für Gesundheit, Spiel und Erholung", mit dem die Deutsche Olympische Gesellschaft im Jahre 1960 den Impuls für ein von Bund, Länder und Gemeinden gemeinsam gefördertes 15-Jahresprogramm zum Bau von Sportstätten gegeben hat.

Ziel des Goldenen Planes Ost ist es, eine ausreichende Grundversorgung mit Erholungs-, Spiel- und Sportanlagen in den neuen Ländern binnen der nächsten 15 Jahre zu realisieren. Nach Auffassung des Deutschen Sportbundes kommt dabei dem Bund aus seiner Verpflichtung, die Lebensverhältnisse in den neuen und alten Bundesländern in einem absehbaren Zeitraum anzugleichen, eine besondere Bedeutung zu.

Zur Ermittlung des notwendigen Investitionsbedarfs hat der Deutsche Sportbund als Vergleichsbasis die tatsächliche Sportstätteninfrastrukturausstattung zu Beginn der 90er Jahre in Westdeutschland herangezogen. Im Rahmen einer eigenen Untersuchung konnte der Deutsche Sportbund die tatsächliche Ausstattung als auch den baulichen Zustand der Sportanlagen auf kommunaler Ebene in den neuen Ländern ermitteln. In einem nächsten Schritt wurde dann der notwendige Investitionsbedarf für die neuen Bundesländer unter der Zielvorstellung bestimmt, daß die Sportstätteninfrastruktur in den östlichen Bundesländern an den zu Beginn der 90er Jahre in den alten Bundesländern anzutreffenden Stand anzugleichen ist. Die Kosten für die Sanierung des Sportstättenbestandes und für den erforderlichen Neubau zur Deckung des Bedarfs ergaben sich aus Kostenansätzen, die auf die nutzbare Sportfläche je Quadratmeter bezogen waren (Deutscher Sportbund 1993). Die vom Deutschen Sportbund durchgeführte Analyse zur Bedarfsermittlung hat in der Vergangenheit breite Zustimmung gefunden: "Die Bundesregierung stimmt mit dem Deutschen Sportbund darin überein, daß es sich bei diesem Programm um eine konkrete und präzise Sportstättenanalyse der neuen Länder handelt, ... " (Deutscher Bundestag 1994).

Der "Goldene Plan Ost" attestiert, daß insgesamt eine Summe von 24,77 Mrd. DM benötigt wird, um das Sportstättenangebot in den neuen Bundesländern an den westdeutschen Ausstattungsstandard zu Beginn der 90er Jahre anzugleichen. Dabei läßt sich dieser Gesamtbetrag in Kosten für die

Sanierung in Höhe von 11,1 Mrd. DM und Kosten für Neubauten in Höhe von 13,77 Mrd. DM untergliedern.

Nach Auffassung des Deutschen Sportbundes sind die in den neuen Ländern auszugleichenden Defizite in der Sportinfrastruktur letztendlich Kriegsfolgeschäden, für die Bund, Länder und Gemeinden gemeinsam einzustehen haben. Deswegen sollen sich an der Finanzierung Bund, Länder und Gemeinden entsprechend ihrer Leistungsfähigkeit beteiligen, d. h. sowohl für die Sanierung als auch für den Neubau empfiehlt der Deutsche Sportbund einen Bundesanteil von 50 v. H. sowie einen Anteil der Länder und Kommunen von weiteren 50 v. H.. Dabei sollen die in den alten Bundesländern bewährten Förderstrukturen übernommen werden.

8.2.2 Das Szenario

Wie bereits beschrieben, wurde zur Umsetzung des Goldenen Planes ein Zeitraum von 15 Jahren vom Deutschen Sportbund vorgeschlagen. Dieses bedeutet eine jährliche Investitionstätigkeit von real knapp 1,5 Mrd. DM (Preisbasis 1991). In dieser Studie wurde das Prognosemodell SPORT lediglich bis zum Jahr 2010 eingesetzt. Es werden somit nur 11 der 15 Jahre des Goldenen Planes Ost im Rahmen der Simulationsrechnung berücksichtigt. Diese Vorgehensweise erscheint uns angemessen, da schon bei einem 15-jährigen Umsetzungszeitraum das jährliche Investitionsvolumen außerordentlich hoch ist (Abbildung 8.2-1 zeigt diese Angaben in jeweiligen Preisen). Zum anderen sind schon in den vergangenen Jahren zur Sanierung bzw. zum Neubau von Sportstätten Investitionen getätigt worden, die insbesondere im Rahmen der Kommunalen Investitionspauschale als auch aus dem ab dem Jahre 1995 wirksamen Investitionsfördergesetz "Aufbau Ost" in den neuen Ländern realisiert werden konnten.

Die Finanzierung der Sportinfrastrukturinvestitionen erfolgt durch eine Rückführung des allgemeinen Staatsverbrauchs. Bei dieser gewählten Vorgehensweise wird unterstellt, daß alle staatlichen Bereiche ihre Ausgaben leicht reduzieren müssen. Eine detailliertere Modellierung alternativer Optionen zur Umsetzung der Reduktion des allgemeinen Staatsverbrauchs wurde im Rahmen dieser Untersuchung nicht vorgenommen, da dieses ihren Rahmen gesprengt hätte. Da das Prognosemodell SPORT auf der Ebene der Gebietskörperschaften nicht zwischen Bund, Ländern und Gemeinden unterscheidet, konnten die Finanzierungskosten nicht den unterschiedlichen

Ebenen der Gebietskörperschaften zugeordnet werden. Dieses schränkt aber die Aussagefähigkeit der Ergebnisse nicht ein, da der Staat insgesamt mit seinem Budget vollständig im Modell integriert ist. Außerdem wird im Rahmen dieser Modellrechnung angenommen, daß es infolge der Umsetzung des Goldenen Planes Ost zu keiner Verdrängung der nichtsportspezifischen privaten Investitionstätigkeit kommt. Diese Hypothese erscheint gerade im Hinblick auf die wirtschaftliche Situation der neuen Bundesländer realistisch. Die Plausibilität dieser Annahme wird auch dadurch unterstrichen, daß sich die Investitionen nicht auf wenige Städte bzw. Großprojekte konzentrieren. Vielmehr soll die öffentliche Sportstätteninfrastruktur in allen Kommunen der fünf neuen Länder modernisiert und ausgebaut werden. Abbildung 8.2-1 zeigt die jährlichen Infrastrukturinvestitionen infolge der schrittweisen Realisierung des Goldenen Planes Ost.

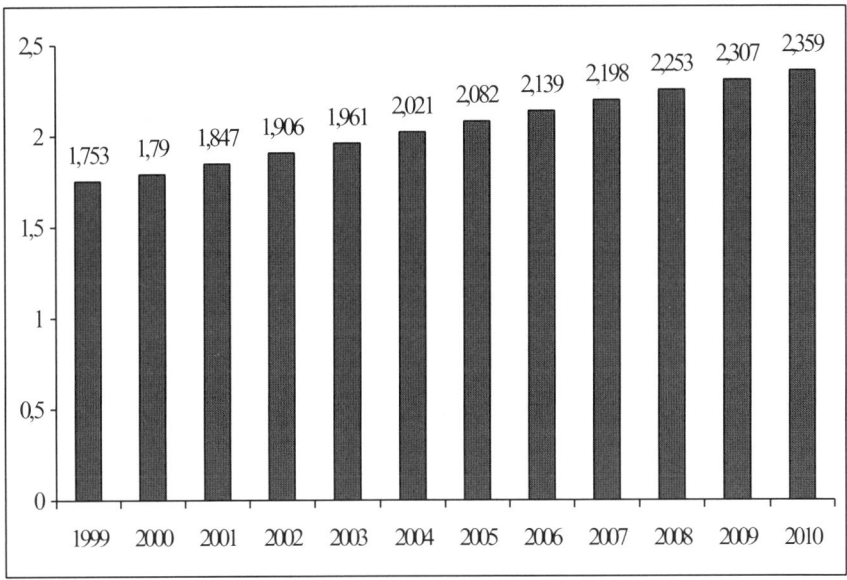

Abbildung 8.2-1: Infrastrukturinvestitionen im Zeitraum 1999 bis 2010 infolge der Realisierung des Goldenen Planes Ost
- Abweichungen zur Basisprognose in Mrd. DM in jeweiligen Preisen -

Ein Blick auf die sektorale Struktur der Investitionen, zeigt, daß mehr als 80 v. H. des gesamten Investitionsvolumens direkt der Baubranche zugute kommt. Innerhalb der Baubranche werden im hohen Maße Leistungen des Hoch- und Tiefbaugewerbes nachgefragt, das Ausbaugewerbe profitiert lediglich mit knapp 35 v. H. an den gesamten Bauinvestitionen. Daneben erhalten aber auch noch einige weitere Sektoren positive Impulse, insbesondere der Bereich der Sonstigen marktbestimmten Dienstleistungen (Ingenieur- und Planungsbüros, Kanzleien, etc.), die Sektoren der Stahlproduktion und -verarbeitung, die Produktionsbereiche Straßenfahrzeuge und Elektrotechnik.

8.2.3   Ergebnisse der Simulationsrechnung zum Goldenen Plan Ost

Der Gesamteffekt auf das Bruttoinlandsprodukt ist über den gesamten Prognosezeitraum von 1999 bis 2010 positiv. Die Zunahme des Bruttoinlandsprodukts steigt von 123 Mio. DM im Jahre 1999 auf knapp 4 Mrd. DM im Jahre 2010. Während dieses Zeitraumes nimmt das sportbezogene Bruttoinlandsprodukt von 1,9 Mrd. DM im Jahre 1999 auf 2,6 Mrd. DM im Jahre 2010 zu.

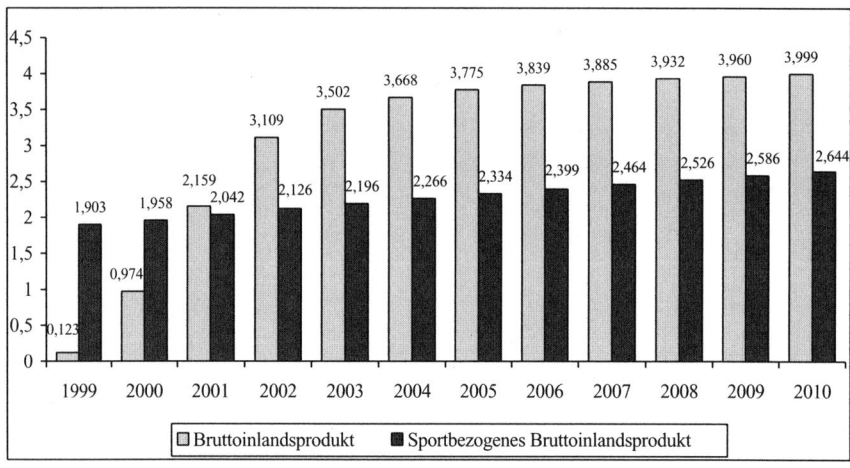

Abbildung 8.2-2: *Entwicklung des Bruttoinlandsproduktes infolge der Realisierung des Goldenen Planes Ost*
- Abweichungen zur Basisprognose in Mrd. DM in jeweiligen Preisen -

Man erkennt in Abbildung 8.2-2 deutlich, daß in den Jahren 1999 und 2000 der Anstieg des sportbezogenen Bruttoinlandsproduktes größer ist als der Anstieg des Bruttoinlandsproduktes insgesamt. Dieses bedeutet, daß es in den Anfangsjahren zu einer Zurückdrängung des nichtsportbezogenen Inlandsproduktes aufgrund der Reduktion des allgemeinen Staatsverbrauchs kommt, der zunächst nur teilweise durch die zusätzlichen Investitionen des Goldenen Planes Ost in diesen beiden Jahren kompensiert wird. Dieser anfängliche kontraktive Finanzierungseffekt wird aber bereits ab dem Jahre 2001 überkompensiert, weil der expansive Effekt der steigenden Investitionen größer ist als der kontraktive Finanzierungseffekt der reduzierten Staatsausgaben.

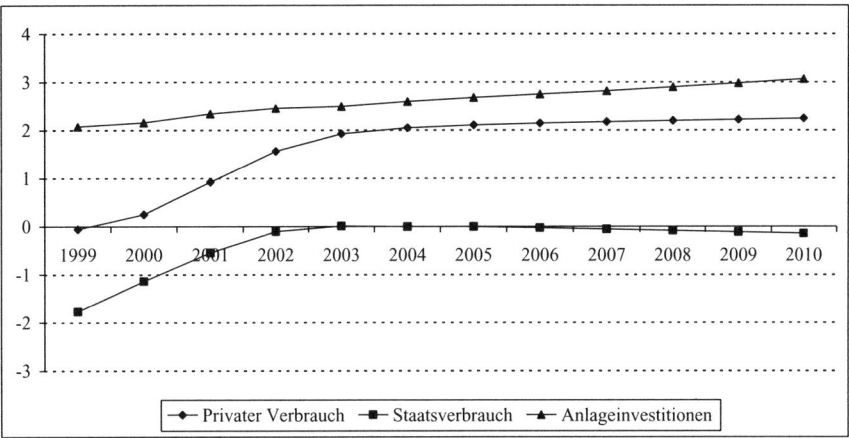

Abbildung 8.2-3: Entwicklung einiger Komponenten des Bruttoinlandsproduktes infolge der Realisierung des Goldenen Planes Ost
- Abweichungen zur Basisprognose in Mrd. DM in jeweiligen Preisen -

Abbildung 8.2-3 zeigt die Entwicklung einiger Komponenten des Bruttoinlandsproduktes. Ein Vergleich der Entwicklung der Anlageinvestitionen in Abbildung 8.2-3 mit den vorgegebenen Infrastrukturinvestitionen in Abbildung 8.2-1 zeigt, daß offensichtlich durch die positive gesamtwirtschaftliche Entwicklung auch zusätzliche nichtsportspezifische Investitionen induziert werden. So erhöhen sich diese zusätzlichen Investitionen von knapp 300 Mio. DM im Jahre 1999 auf mehr als 600 Mio. DM im Jahre 2010.

Für den privaten Verbrauch fällt auf, daß dieser insgesamt deutlich gegenüber dem Basislauf ansteigt. Der Anstieg des privaten Verbrauchs ist auf positive Multiplikatoreffekte infolge des Investitionsimpulses aufgrund der Umsetzung des Goldenen Planes Ost zurückzuführen. Steigende Investitionen führen über eine Ausweitung der Produktion zu steigenden Einkommen innerhalb der Volkswirtschaft (Abbildung 8.2-4), die wiederum den Konsum der privaten Haushalte, also auch den Privaten Verbrauch, stimulieren.

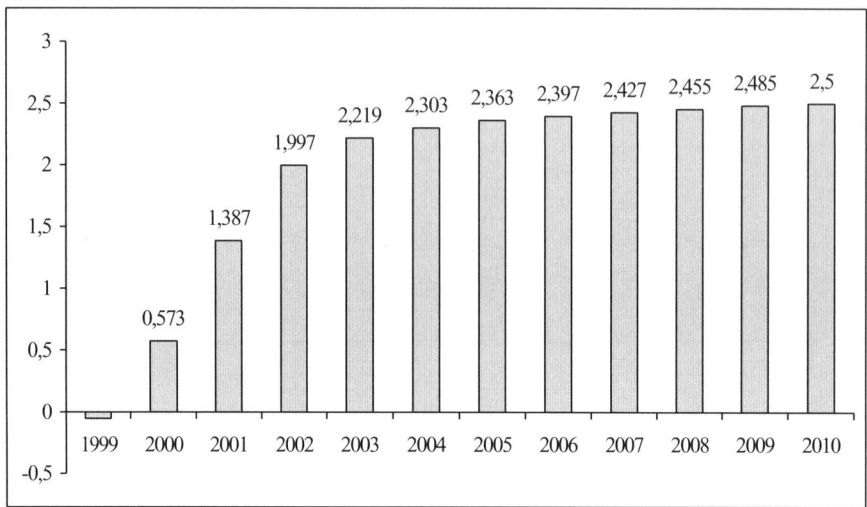

Abbildung 8.2-4: *Entwicklung des verfügbaren Einkommens der privaten Haushalte*
infolge der Realisierung des Goldenen Planes Ost
- Abweichungen zur Basisprognose in Mrd. DM in jeweiligen Preisen -

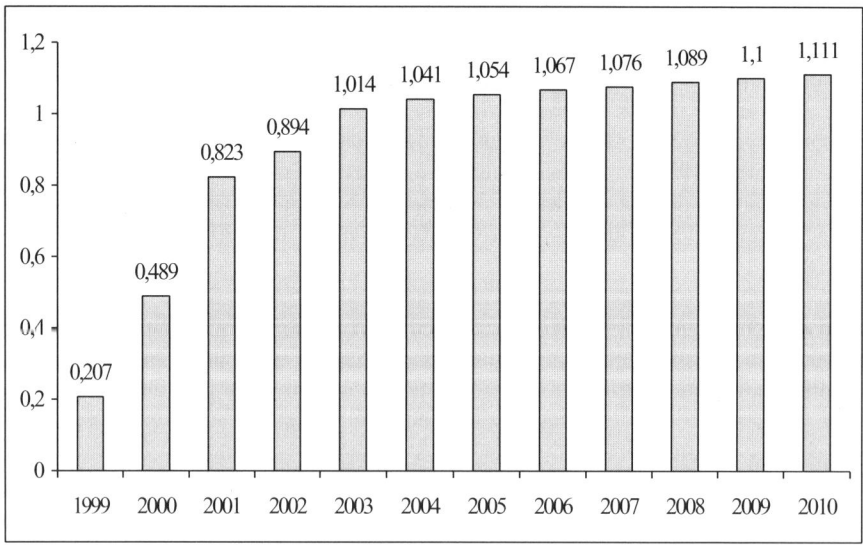

Abbildung 8.2-5: *Entwicklung der Steuereinnahmen infolge der Realisierung des*
Goldenen Planes Ost
- Abweichungen zur Basisprognose in Mrd. DM in jeweiligen Preisen -

Die Finanzierung des Goldenen Planes Ost durch eine Reduktion des allgemeinen Staatsverbrauchs bewirkt lediglich in den ersten beiden Jahren einen deutlichen Rückgang des Staatsverbrauchs. Dieses erscheint um so überraschender, weil der allgemeine Staatsverbrauch dauerhaft über den gesamten Prognosezeitraum um den Betrag der jährlichen Investitionen in die Sportinfrastruktur vermindert wird. Die Ursache für den nur anfänglichen Rückgang des Staatsverbrauchs liegt in dem positiven Multiplikatoreffekt. Er bewirkt, daß die Reduktion des Staatsverbrauchs gegenüber dem Basislauf im Zeitablauf deutlich abnimmt und somit im Jahre 2010 nahezu unverändert gegenüber dem Basislauf ist. Der Investitionsimpuls führt über steigende Bruttoproduktion, Gewinne und Arbeitnehmereinkommen auch zu steigenden Steuereinnahmen (siehe Abbildung 8.2-5), die der Staat dann wieder verausgabt.

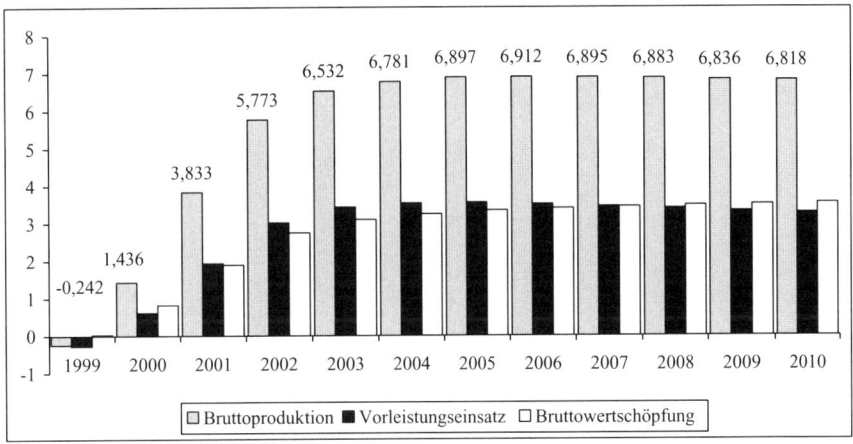

Abbildung 8.2-6:   *Entwicklung der Bruttoproduktion und ihrer Komponenten infolge der Realisierung des Goldenen Planes Ost*
- Abweichungen zur Basisprognose in Mrd. DM in jeweiligen Preisen -

Es kommt somit durch steigende Lohn- und Gewinneinkommen nicht nur zu einem Anstieg des verfügbaren Einkommens der privaten Haushalte (Abbildung 8.2-4), sondern auch zu einer allgemeinen Expansion der Staatseinnahmen infolge steigender Steuereinnahmen (Abbildung 8.2-5). Die in den ersten beiden Jahren stärkere Entwicklung der Steuereinnahmen im Vergleich mit dem verfügbaren Einkommen ist dadurch bedingt, daß während dieser Zeit bereits die Produktionssteuern infolge der Ausdehnung der Produktion (siehe Abbildung 8.2-6) kräftiger "sprudeln". Insgesamt kommt es zu einem dauerhaften Anstieg der Steuereinnahmen bis zum Ende des Prognosezeitraums. Die

Steuereinnahmen des Staates sind gegenüber dem Basislauf im Jahre 2010 um mehr als 1,1 Mrd. DM erhöht.

Auf der Entstehungsseite kann ein Anstieg der Bruttoproduktion infolge der Investitionen zur Realisierung des Goldenen Planes Ost auf mehr als 6,8 Mrd. DM im Jahre 2010 beobachtet werden. Abbildung 8.2-6 zeigt, daß der Vorleistungseinsatz insgesamt bis zum Jahre 2010 auf ca. 3,3 Mrd. DM und die Bruttowertschöpfung auf ca. 3,5 Mrd. DM ansteigt. Dabei nehmen sowohl die Bruttoeinkommen aus unselbständiger Arbeit als auch die Einkommen aus Unternehmertätigkeit und Vermögen deutlich zu. Außerdem bewirkt der deutliche Anstieg der Bruttoproduktion einen kontinuierlichen Anstieg der Einfuhr.

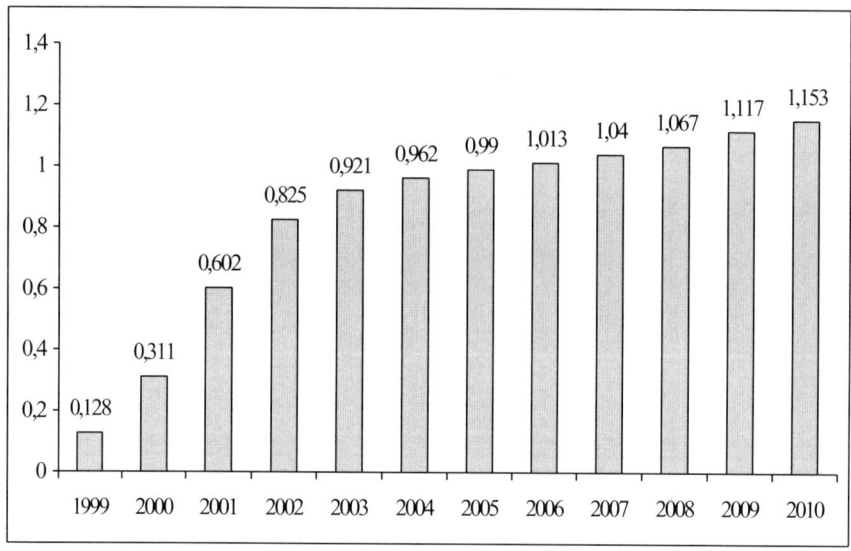

Abbildung 8.2-7:   Entwicklung der Einfuhr infolge der Realisierung des
Goldenen Planes Ost
- Abweichungen zur Basisprognose in Mrd. DM in jeweiligen Preisen -

Welche Branchen profitieren nun insbesondere von den jährlichen Investitionsimpulsen? Tabelle 8.2-1 zeigt für einige ausgewählte Branchen die Entwicklung der Bruttoproduktion als Abweichungen zur Basisprognose für die Jahre 1999, 2005 und 2010. Sehr viele Branchen profitieren schon im ersten Jahr der Umsetzung des Investitionsprogramms. Zu den Gewinnern zählt insbesondere die direkt von den Investitionen angesprochene Baubranche als auch der Bereich der Sonstigen marktbestimmten Dienstleistungen, die insbesondere Dienstleistungen im Rahmen der Erstellung von Bauten anbieten (Ingenieur- und Planungsbüros, Kanzleien etc.). Daneben zählen aber auch die Baustoffindustrie, die Hersteller von Stahlerzeugnissen, die Elektrotechnik zu den direkten Nutznießern dieses Infrastrukturprogramms. Die Bereiche Straßenfahrzeugbau, Speditionen und Wohnungsvermietung zählen eher zu den indirekten Nutznießern, ihre Produktionszuwächse nehmen im Prognosezeitraum kontinuierlich zu.

Tabelle 8.2-1:   *Entwicklung der Bruttoproduktion in ausgewählten Produktionsbereichen infolge Realisierung des Goldenen Planes Ost - Abweichungen zur Basisprognose in Mrd. DM in jeweiligen Preisen -*

Sektor	Abweichungen zur Basisprognose		
	1999	2005	2010
Baustoffindustrie	0,158	0,194	0,208
Stahl- und Leichtmetallerzeugnisse	0,083	0,121	0,130
Straßenfahrzeugbau	0,005	0,173	0,184
Elektrotechnik	0,115	0,124	0,128
Nahrungsmittelindustrie	-0,023	0,143	0,129
Bauhauptgewerbe	0,932	1,200	1,343
Ausbaugewerbe	0,499	0,617	0,695
Großhandel	0,059	0,191	0,200
Einzelhandel	-0,043	0,266	0,279
Postdienste/Fernmeldedienste	0,002	0,111	0,126
Speditionen/Fluggesellschaften	0,009	0,166	0,169
Wohnungsvermietung	0,007	0,537	0,627
Verlagserzeugnisse	-0,023	0,130	0,144
Sonstige marktbestimmte Dienstleistungen	0,156	1,062	0,733
Gebietskörperschaften	-1,079	0,099	0,015

Quelle: Eigene Berechnungen.

Die beobachtbaren Produktionsrückgänge ergeben sich insbesondere aus der Finanzierung des Goldenen Planes durch eine allgemeine Senkung des Staatsverbrauchs. Der negative Finanzierungseffekt führt zu Beginn des Prognosezeitraumes im Jahr 1999 zu einem leichten Rückgang des verfügbaren Einkommens (siehe Abbildung 8.2-4). Damit einher gehen offensichtlich negative Wirkungen auf die Produktion bzw. den Umsatz einiger konsumnaher Branchen (Nahrungsmittelindustrie, Einzelhandel und Verlagserzeugnisse), die nahezu ausschließlich für den Privaten Verbrauch produzieren. Diese anfänglichen Einbußen werden aber in den Folgejahren durch positive Multiplikatoreffekte mehr als ausgeglichen. Bei den Gebietskörperschaften kommt es in den ersten Jahren der Umsetzung des Goldenen Planes zu einer deutlichen Verminderung ihrer Bruttoproduktion, jedoch kann aufgrund der bereits beschriebenen positiven Multiplikatorwirkungen allmählich dieser Produktionsrückgang abgebaut werden, ab dem Jahr 2005 realisiert diese Branche sogar wieder leichte Umsatzzuwächse.

Die Ausweitung der Bruttoproduktion infolge der schrittweisen Verwirklichung des Goldenen Planes Ost induziert aber auch einen deutlichen Beschäftigungseffekt (Abbildung 8.2-8). So steigt die Zahl der zusätzlich beschäftigen Arbeitnehmer insgesamt gegenüber der Basisprognose von 1,6 Tsd. im Jahre 1999 auf 10,9 Tsd. Beschäftigte im Jahre 2010. Der Beschäftigungszuwachs fällt in den ersten Jahren der Umsetzung des Plans deutlich stärker aus und hat seinen Höhepunkt mit mehr als 14,3 Tsd. Beschäftigten im Jahre 2002.

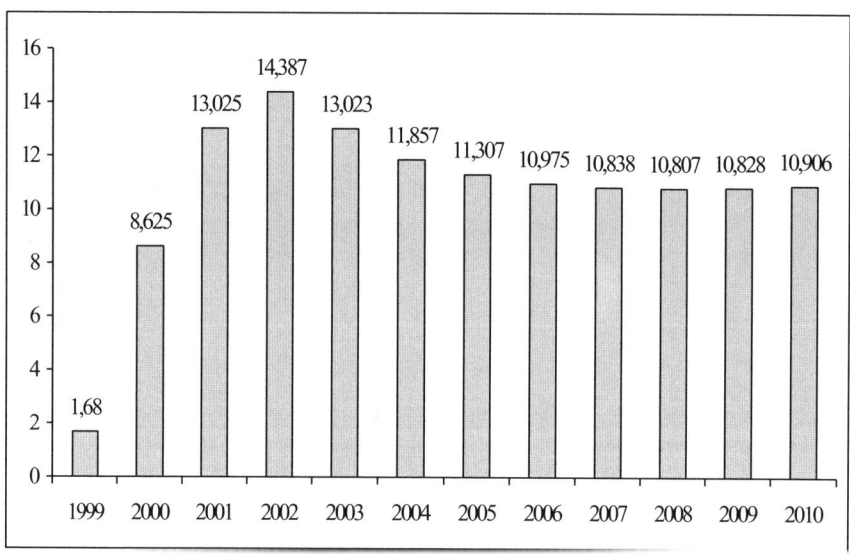

Abbildung 8.2-8:   *Entwicklung der Beschäftigung infolge der Realisierung des Goldenen Planes Ost*
                - Abweichungen zur Basisprognose in Tsd. Personen -

Tabelle 8.2-2 zeigt, daß der positive gesamtwirtschaftliche Beschäftigungseffekt über alle Branchen der Volkswirtschaft streut. Aufgrund der tief disaggregierten Modellstruktur, d. h. die Modellierung der einzelnen Branchen der Gesamtwirtschaft, ist es möglich, die unterschiedlichen sektoralen Preis- und Produktivitätseffekte abzubilden. Dadurch bedingt streuen auch die Beschäftigungswirkungen noch breiter im Vergleich zur Bruttoproduktion.

Dennoch zählen auch hier das Baugewerbe und die sonstigen marktbestimmten Dienstleistungen zu den direkt und somit auch am stärksten positiv betroffenen Sektoren. So kann das Bauhauptgewerbe über den gesamten Prognosezeitraum jährlich im Durchschnitt mehr als 6 Tsd. zusätzliche Arbeitsplätze schaffen, die Anbieter sonstiger marktbestimmter Dienstleistungen mehr als 1,3 Tsd. Arbeitsplätze und das Ausbaugewerbe immerhin noch mehr als 1,2 Tsd. zusätzlicher neuer Arbeitsplätze.

Tabelle 8.2-2:   *Entwicklung der Beschäftigung in ausgewählten Produktionsbereichen infolge der Realisierung des Goldenen Planes Ost - Abweichungen zur Basisprognose -*

	Abweichungen zur Basisprognose	
Sektor	1999	2010
Kunststofferzeugnisse	286	206
Baustoffindustrie	288	189
Erzeugnisse der Ziehereien und Kaltwalzwerke	92	76
Maschinenbau	178	228
Straßenfahrzeugbau	55	216
Elektrotechnik	63	164
Eisen-/Blech-/Metallwaren	147	18
Nahrungsmittelindustrie	-65	193
Bauhauptgewerbe	6.055	5.649
Ausbaugewerbe	2.068	979
Einzelhandel	-35	151
Speditionen/Fluggesellschaften	129	379
Gastgewerbe	36	322
Verlagserzeugnisse	-15	227
Sonstige marktbestimmte Dienstleistungen	1.209	24
Gebietskörperschaften	-6.582	0

Quelle: Eigene Berechnungen.

Tabelle 8.2-2 zeigt, daß viele weitere Branchen das Beschäftigungswachstum dieser drei Branchen flankieren. Insbesondere zu nennen sind hier die Baustoffindustrie, das Speditionsgewerbe und das Gastgewerbe. Lediglich für den Bereich der Gebietskörperschaften ist aufgrund der Reduktion des allgemeinen Staatsverbrauchs zur Finanzierung der Sportinfrastruktur-investitionen über den gesamten Prognosezeitraum ein dauerhafter Rückgang der Beschäftigung zu erwarten. Aufgrund der positiven Multiplikatoreffekte vermindert sich aber der Beschäftigungsabbau bis zum Ende des

Prognosezeitraumes deutlich, der Beschäftigungssaldo ist im Vergleich mit der Basisprognose im Jahre 2010 wieder ausgeglichen.

Abschließend läßt sich feststellen, daß von der Realisierung des Goldenen Planes auch unter Berücksichtigung der Finanzierungskosten starke expansive Effekte auf Produktion und Beschäftigung ausgehen werden. Selbst auf der staatlichen Einnahmenseite wird sich eine positive Entwicklung abzeichnen. Da die positiven Primäreffekte in der Bauindustrie anfallen, ist damit zu rechnen, daß sich die expansiven Effekte auf die fünf neuen Bundesländer konzentrieren werden. Die Investitionen in die Sportstätteninfrastruktur werden die Lebensverhältnisse zwischen Ost- und Westdeutschland weiter angleichen. Dieses ist gerade im Hinblick auf die Ansiedlung neuer moderner Unternehmen von besonderer Wichtigkeit. Eine gut ausgebaute Sportstätteninfrastruktur als weicher Standortfaktor ist gerade aus kommunaler Sicht für die Ansiedlung neuer Unternehmen als auch für die Sicherung bestehender Unternehmensstandorte nicht zu unterschätzen. Auch kann der Goldene Plan Ost einen Beitrag zur Abschwächung der in den neuen Bundesländern zu beobachtenden Abwanderung jüngerer Menschen - aus den aus ihrer Sicht "verschlafenen" Regionen - leisten.

8.3 Wirkungen einer veränderten öffentlichen Sportförderung

In diesem Abschnitt soll im Rahmen von zwei Simulationsrechnungen analysiert werden, wie sich eine Änderung in der öffentlichen Sportförderung bei unterschiedlicher Finanzierung auf die gesamtwirtschaftliche Entwicklung auswirkt.

8.3.1 Die Wirkung einer Erhöhung der Zuschüsse des Staates an die Sportvereine bei Finanzierung durch Reduktion des Staatsverbrauchs

Welche ökonomischen Wirkungen sind von einer verstärkten staatlichen Förderung des Breiten- und Leistungssports in den Vereinen zu erwarten? Insbesondere die Förderung des Breitensports kann der Staat durch eine gezielte finanzielle Unterstützung der Sportvereine ausbauen. Bereits in der Vergangenheit hat der Staat für diesen Zweck den Sportvereinen und Sportverbänden Zuschüsse gewährt. So konnte im Rahmen dieser Studie für das Jahr 1993 ein Betrag von knapp 1,3 Mrd. DM ermittelt werden.

8.3.1.1 Das Szenario zur Analyse der Wirkung einer Erhöhung der Zuschüsse des Staates an die Sportvereine bei Finanzierung durch Reduktion des Staatsverbrauchs

Es wird unterstellt, daß der Staat seine Zuschüsse an die Sportvereine und Sportverbände kontinuierlich beginnend im Jahre 1999 erhöht. Dadurch werden diese bis zum Jahre 2010 real (d. h. in Preisen von 1991) gegenüber dem Bezugsjahr 1993 der Input-Output-Tabelle des Sports verdoppelt, womit der Staat über den gesamten Prognosezeitraum mehr als 10,6 Mrd. DM den Sportvereinen und Sportverbänden zusätzlich zur Verfügung stellt (siehe Abbildung 8.3-1).

Die Finanzierung dieser zusätzlichen Zuschüsse des Staates an die Sportvereine erfolgt durch eine entsprechende Reduktion des Staatsverbrauchs, d. h. der allgemeine Staatsverbrauch wird im Umfang der erhöhten Zuschüsse des Staates an die Sportvereine vermindert. Dabei wird auf die Art der Umsetzung durch den Staat nicht näher eingegangen. Es wird unterstellt, daß alle Bereiche des Staates ihren entsprechenden Beitrag zur Senkung des Staatsverbrauchs leisten. Auf eine ausgefeilte Modellierung alternativer Finanzierungsszenarien wurde im Rahmen dieser Studie verzichtet. Dieses ist aber prinzipiell mit dem Modell SPORT möglich.

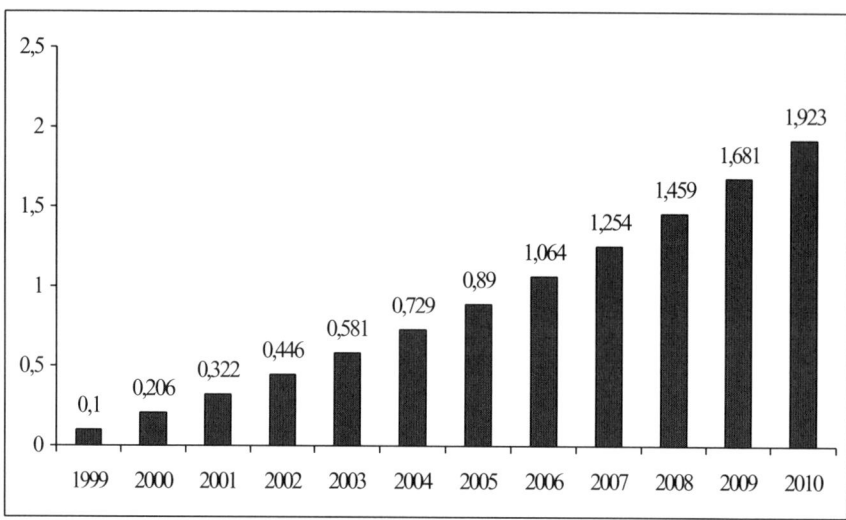

Abbildung 8.3-1: *Erhöhung der Zuschüsse des Staates an die Sportvereine im Zeitraum 1999 bis 2010*
- Abweichungen zur Basisprognose in Mrd. DM in jeweiligen Preisen -

8.3.1.2 Ergebnisse zur Analyse der Wirkung einer Erhöhung der Zuschüsse des Staates an die Sportvereine bei Finanzierung durch Reduktion des Staatsverbrauchs

Abbildung 8.3-2 zeigt die kontinuierliche Zunahme des Bruttoinlandsprodukts gegenüber der Basisprognose über den gesamten Simulationszeitraum 1999 bis 2010 um insgesamt mehr als 17,4 Mrd. DM. Die direkten und indirekten Effekte einer Zunahme der öffentlichen Sportförderung sind offensichtlich stärker als die kontraktiven Effekte, die von der Minderung des Staatsverbrauchs ausgehen. Auffällig ist, daß die Dynamik in der Entwicklung des Bruttoinlandsproduktes insgesamt stärker ist als die des sportspezifischen Bruttoinlandsproduktes. Dieses liegt daran, daß die vermehrten Zuschüsse des Staates aufgrund der hohen Vorleistungsquote der Sportvereine überwiegend in andere Wirtschaftszweige abfließen.

200

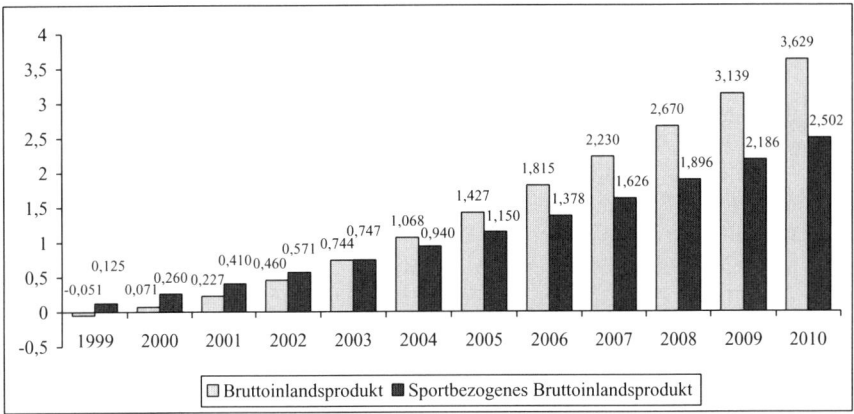

Abbildung 8.3-2:   *Die Entwicklung des Bruttoinlandsproduktes infolge einer Erhöhung der Zuschüsse des Staates an die Sportvereine*
- Abweichungen zur Basisprognose in Mrd. DM in jeweiligen Preisen -

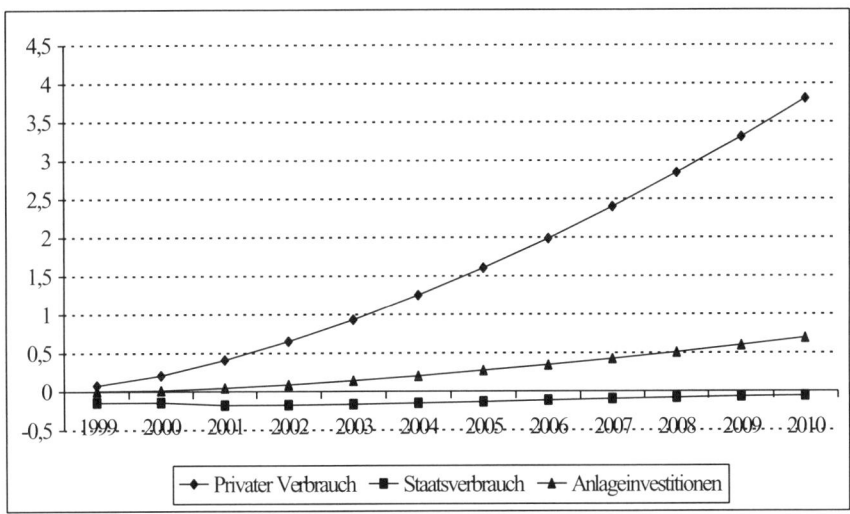

Abbildung 8.3-3:   *Entwicklung einiger Komponenten des Bruttoinlandsproduktes infolge einer Erhöhung der Zuschüsse des Staates an die Sportvereine*
- Abweichungen zur Basisprognose in Mrd. DM in jeweiligen Preisen -

Die in Abbildung 8.3-3 dargestellte Entwicklung einiger Komponenten des Bruttoinlandsproduktes veranschaulicht, daß sich der private Verbrauch im Vergleich zu den anderen Komponenten deutlich steiler entwickelt. Die Zunahme des privaten Verbrauchs steigt von 8 Mio. DM im Jahre 1999 auf

201

3,8 Mrd. DM im Jahre 2010 an. Der kräftige Anstieg ist zum einen natürlich auf die zusätzlichen Zuschüsse des Staates an die Sportvereine zurückzuführen, die ja als eine Komponente des Eigenverbrauchs der Sportvereine und Sportverbände im privaten Verbrauch mit erfaßt sind. Hinzu kommen aber auch zusätzliche nichtsportbezogene Konsumausgaben der privaten Haushalte. Diese stellen sich infolge steigender Einkommen aufgrund von Multiplikatoreffekten innerhalb des Wirtschaftskreislaufes durch die zusätzliche Nachfrage der Sportvereine und Sportverbände ein. Die nichtsportbezogenen Konsumausgaben der privaten Haushalte nehmen zum Ende des Simulationszeitraumes überproportional zu und haben im letzten Jahr der Prognose einen ähnlich hohen Wert wie die Zuschüsse des Staates an die Sportvereine.

Ein Vergleich der in Abbildung 8.3-3 dargestellten Entwicklung des Staatsverbrauchs mit der Entwicklung der Zuschüsse des Staates an die Sportvereine für den Prognosezeitraum in Abbildung 8.3-1 zeigt, daß der Rückgang des Staatsverbrauch geringer ausfällt als die Summe, die zur Finanzierung der zusätzlichen Sportförderung aufgewendet wird. Mehr noch, der Staatsverbrauch wird zwar im Vergleich zur Basisprognose dauerhaft reduziert, der Rückgang des Staatsverbrauchs schwächt sich aber bis zum Ende des Simulationszeitraumes dauerhaft ab. Offensichtlich läßt die positive wirtschaftliche Entwicklung die Steuereinnahmen steigen (Abbildung 8.3-6), die dann wiederum eine Anhebung der Staatsausgaben ermöglichen. Der Staat verwendet die zusätzlichen Einnahmen also nicht zum Abbau seiner Staatsschuld, sondern zur Finanzierung staatlicher Aufgaben.

Die Anlageinvestitionen nehmen nur relativ schwach zu. Sie steigen bis zum Ende des Simulationszeitraumes auf knapp 0,7 Mrd. DM an. Von diesem Anstieg profitieren die Hersteller von Ausrüstungen als auch Bauten in ungefähr gleichem Umfang. Von der Erhöhung der Zuschüsse des Staates an die Sportvereine und Sportverbände werden aber insbesondere die mit dem Bau von Sportanlagen befaßten Unternehmen begünstigt. Sie realisieren durch die zusätzlichen Zuschüsse bis zum Ende des Prognosezeitraums einen überproportionalen Anstieg ihrer Nachfrage von insgesamt mehr als 1,7 Mrd. DM.

Abbildung 8.3-4 zeigt die Entwicklung der Bruttoproduktion als auch ihrer beiden Komponenten Bruttowertschöpfung und Vorleistungseinsatz im Prognosezeitraum. Der kontraktive Finanzierungseffekt des reduzierten allgemeinen Staatsverbrauchs ist im ersten Prognosejahr größer als der expansive Effekt der erhöhten Zuschüsse des Staates an die Sportvereine und bewirkt einen Rückgang der Bruttoproduktion und ihrer Komponenten. Beginnend mit dem zweiten Prognosejahr entwickelt sich die Bruttoproduktion im Vergleich zum Basislauf deutlich stärker - die multiplikative Wirkung zusätzlicher Zuschüsse ist größer als die kontraktive Wirkung des entsprechend verminderten Staatsverbrauchs. Bis zum Ende des Simulationszeitraumes im Jahre 2010 steigt die Bruttoproduktion auf mehr als 7 Mrd. DM an. Auch die Bruttowertschöpfung gewinnt von dieser kontinuierlichen Zunahme der Bruttoproduktion infolge der zusätzlichen Zuschüsse des Staates an die Sportvereine und Sportverbände. Durch den Anstieg der Lohn- und Gewinneinkommen als Bestandteile der Bruttowertschöpfung erhöht sich aber auch das verfügbare Einkommen der privaten Haushalte. Abbildung 8.3-5 veranschaulicht die Expansion des verfügbaren Einkommens beginnend mit dem zweiten Prognosejahr bis zum Ende des Prognosezeitraumes von 0,04 Mrd. DM auf mehr als 2,25 Mrd. DM.

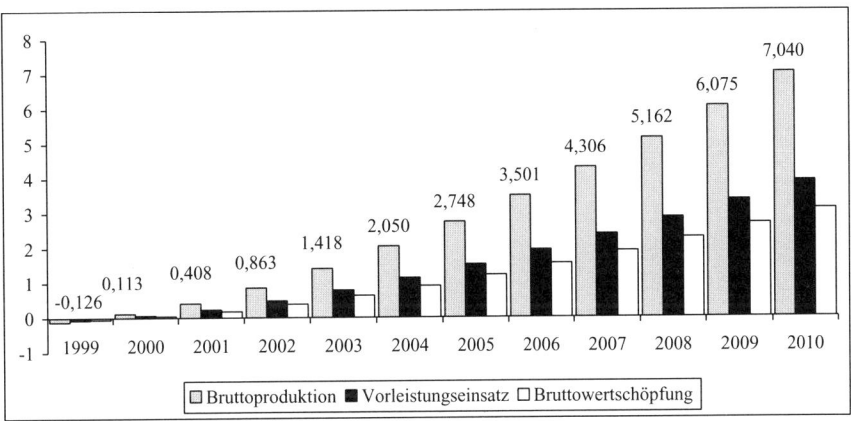

Abbildung 8.3-4:   *Entwicklung der Bruttoproduktion und ihrer Komponenten infolge der Erhöhung der Zuschüsse des Staates an die Sportvereine*
- Abweichungen zur Basisprognose in Mrd. DM in jeweiligen Preisen -

Von dem Anstieg der Bruttoproduktion werden neben Bau- und Handelsgewerbe insbesondere die Dienstleistungsbereiche begünstigt. Lediglich die Gebietskörperschaften erleiden infolge des reduzierten Staatsverbrauchs zur Finanzierung der zusätzlichen Zuschüsse des Staates an die Sportvereine und -verbände einen minimalen Rückgang ihrer Produktionstätigkeit. Dieser baut sich aber bis zum Ende des Prognosezeitraumes aufgrund der zusätzlichen Staatseinnahmen infolge positiver Multiplikatorwirkungen fast vollständig ab.

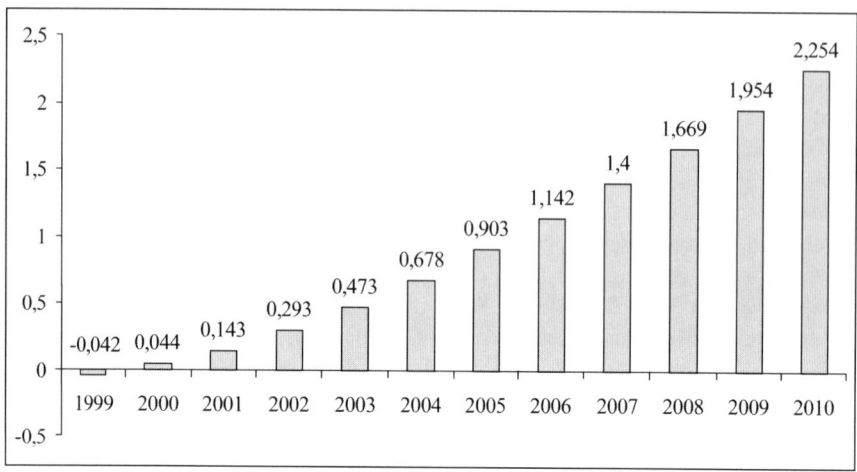

*Abbildung 8.3-5:   Entwicklung des verfügbaren Einkommens infolge der Erhöhung der
Zuschüsse des Staates an die Sportvereine
- Abweichungen zur Basisprognose in Mrd. DM in jeweiligen Preisen -*

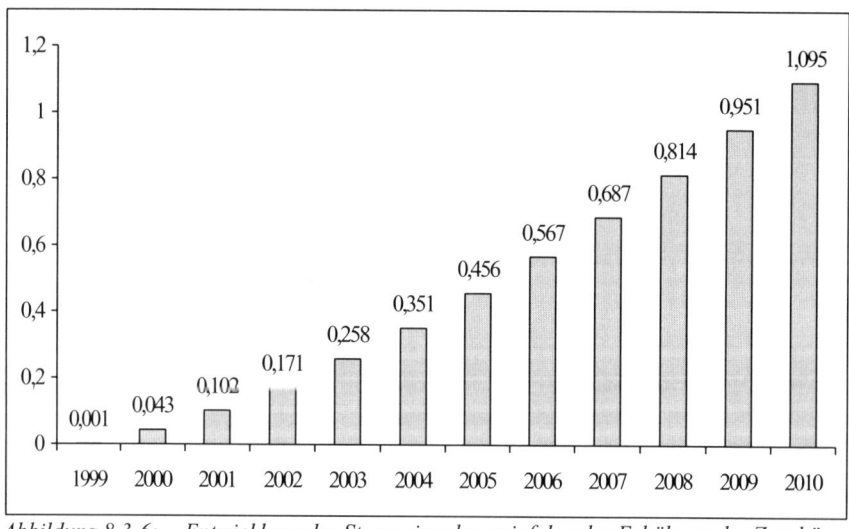

*Abbildung 8.3-6:   Entwicklung der Steuereinnahmen infolge der Erhöhung der Zuschüsse
des Staates an die Sportvereine
- Abweichungen zur Basisprognose in Mrd. DM in jeweiligen Preisen -*

Wie bereits erwähnt, wirkt sich die allgemeine Expansion positiv auf die
Steuereinnahmen des Staates aus. Im Jahre 2010 kann der Staat zusätzliche

Steuereinnahmen in Höhe von knapp 1,1 Mrd. DM verzeichnen. Dieser Zuwachs wird sowohl durch den Einnahmenanstieg der unternehmensnahen Produktionssteuern als auch der haushaltsnahen Einkommens- und Verbrauchssteuern ermöglicht. Da die Staatsausgaben gegenüber der Basisprognose per Saldo leicht negativ sind, gleichzeitig aber die Steuereinnahmen zunehmen, ergibt sich eine Verbesserung der Finanzlage des Staates. Die Verschuldung sinkt! Abbildung 8.3-7 zeigt, daß die jährliche Neuverschuldung des Staates dauerhaft vermindert werden kann, der Finanzierungssaldo entwickelt sich positiv.

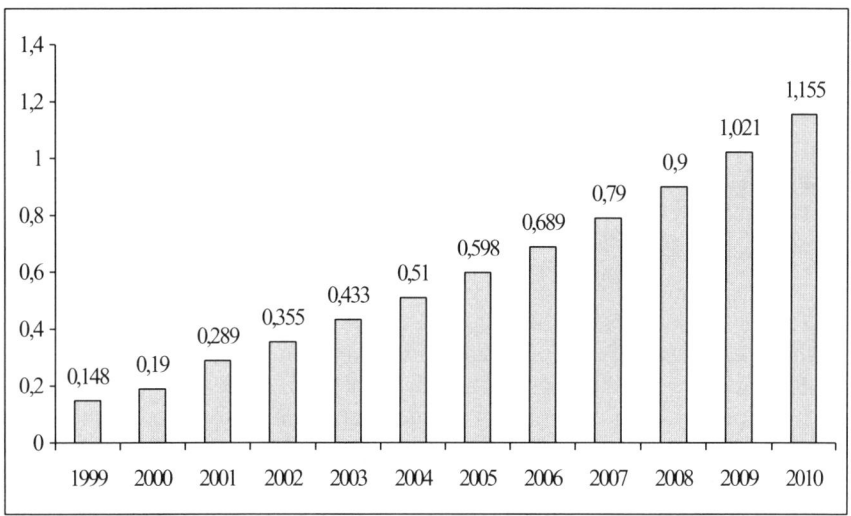

Abbildung 8.3-7:   *Entwicklung des Finanzierungssaldos des Staates infolge der Erhöhung der Zuschüsse des Staates an die Sportvereine*
- Abweichungen zur Basisprognose in Mrd. DM in jeweiligen Preisen -

Abbildung 8.3-8 zeigt, daß die Beschäftigung sich nur minimal verändert. Es kommt zu einem durchschnittlichen jährlichen Beschäftigungsrückgang von ca. 650 Beschäftigten pro Jahr. Dieses ist insbesondere auf die wesentlich höhere Beschäftigungsintensität der Gebietskörperschaften im Vergleich zu den Sportvereinen und Sportverbänden zurückzuführen. Der leichte Beschäftigungsrückgang kann als Preis einer verstärkten öffentlichen Förderung des Breiten- und Leistungssports in den Vereinen für alle sozialen Schichten der Bevölkerung interpretiert werden.

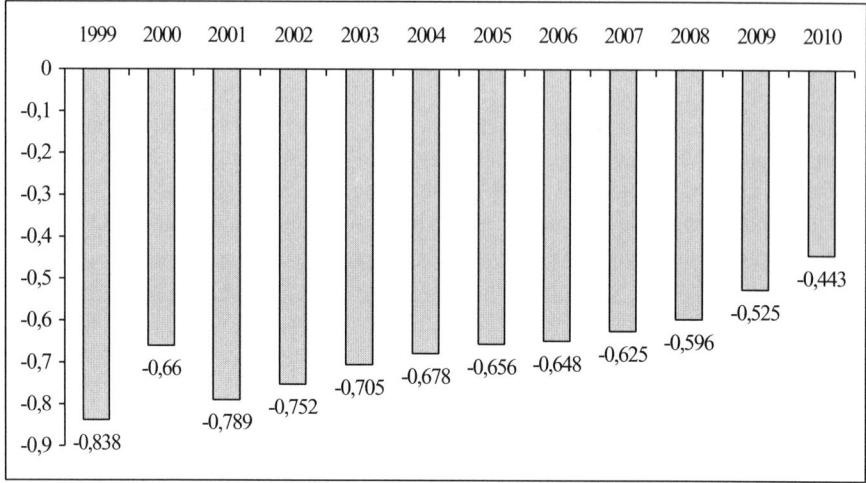

Abbildung 8.3-8: Entwicklung der Beschäftigung infolge der Erhöhung der Zuschüsse des Staates an die Sportvereine
- Abweichungen zur Basisprognose in Tsd. Personen -

Unberücksichtigt bleiben dabei natürlich die positiven externen Effekte auf das Gesundheitswesen aufgrund einer höheren Vitalität der Freizeitsportler. Gleiches gilt insbesondere für die nur sehr schwierig monetär zu bewertenden externen Effekte von staatlich geförderten Programmen zur Integration von sozial, kulturell oder auch körperlich benachteiligten Gesellschaftsgruppen. Solche durch den Staat geförderten Programme der Sportvereine und Sportverbände nutzen gerade die kommunikativen, integrativen und sehr stark auf ehrenamtliches Engagement beruhenden Vorzüge des Vereinssports zur Integration solcher Gesellschaftsgruppen (Bundesministerium des Innern 1995, Deutscher Bundestag 1996).

8.3.2 Die Wirkung einer Erhöhung des sportspezifischen Staatsverbrauchs bei Finanzierung durch eine Erhöhung der Steuern

Eine Erhöhung des sportspezifischen Staatsverbrauchs kann vielfältige Zielrichtungen haben. Die zusätzlichen Ausgaben könnten insbesondere für Maßnahmen zur Förderung des Breitensports im Sinne einer frühzeitigen Förderung des Gesundheitsbewußtseins und der Gesundheitsvorsorge in Schulen und sonstigen staatlichen Einrichtungen eingesetzt werden. Auch wäre die Realisierung einer stärker durch staatliche Ausbildungs- und

Trainingseinrichtungen betreute Förderung des Leistungs- und Spitzensports vorstellbar. Diese zusätzlichen Leistungen des Staates könnten durch eine Erhöhung der Steuern der privaten Haushalte finanziert werden.

Hinter dem Betrag von mehr als 9,4 Mrd. DM, der auch im Jahr 1993 als Staatsverbrauch für Sportzwecke ausgewiesen wurde, verbergen sich insbesondere die staatlichen Ausgaben für den Schul- und Dienstsport. Außerdem sind darin die laufenden Unterhaltungsaufwendungen für die Bereitstellung der öffentlichen Sportanlagen enthalten, die ebenso den Bürgern unentgeltlich zur Verfügung gestellt werden.

8.3.2.1 Das Szenario zur Analyse der ökonomischen Wirkungen einer Erhöhung des sportspezifischen Staatsverbrauchs

In dieser Simulationsrechnung wird angenommen, daß der Staatsverbrauch für Sportzwecke gegenüber dem Basislauf von knapp 90 Mio. DM im Jahre 1999 kontinuierlich auf mehr als 1,6 Mrd. DM im Jahre 2010 zunimmt.

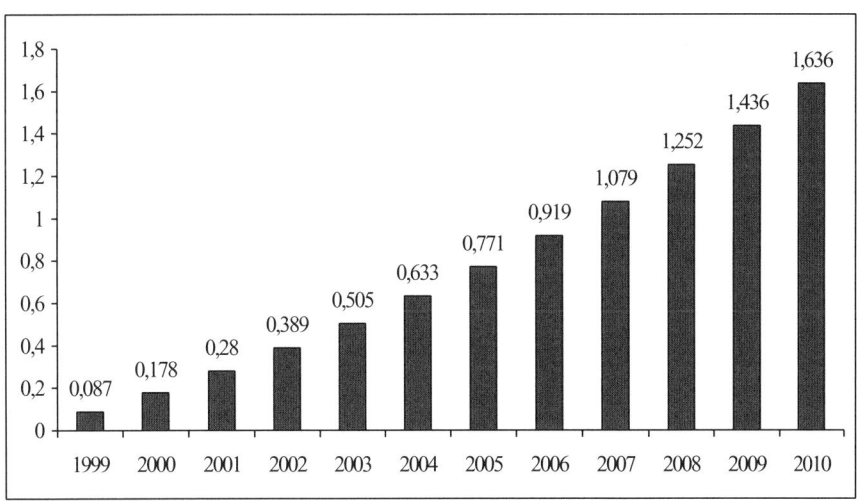

Abbildung 8.3-9:   Erhöhung des sportspezifischen Staatsverbrauchs im Zeitraum 1999 bis 2010
- Abweichungen zur Basisprognose in Mrd. DM in jeweiligen Preisen -

Gegenüber dem Bezugsjahr 1993 der Input-Output-Tabelle des Sports bedeutet dieser erhöhte sportspezifische Staatsverbrauch für das Jahr 2010 eine reale

Zunahme um mehr als 50 v. H.. Der Staat erhöht über den gesamten Simulationszeitraum seinen eigenen sportbezogenen Staatsverbrauch um mehr als 9,1 Mrd. DM. Somit fällt die hier modellierte Expansion des Staatsverbrauchs für Sportzwecke im Vergleich zu der in Abschnitt 4.3.1 vorgestellten Expansion der Zuschüsse des Staates an die Sportvereine und -verbände etwas schwächer aus.

Es wird unterstellt, daß der Staat die zusätzlichen jährlichen Ausgaben für Sportzwecke während des gesamten Simulationszeitraumes durch eine Anhebung der direkt geleisteten Steuern der privaten Haushalte an den Staat finanziert.

8.3.2.2 Ergebnisse zur Analyse der ökonomischen Wirkungen einer Erhöhung des sportspezifischen Staatsverbrauchs

Der Anstieg des Bruttoinlandsprodukts nimmt über den gesamten Simulationszeitraum von 69 Mio. DM im Jahre 1999 auf mehr als 8,1 Mrd. DM im Jahre 2010 zu. Abbildung 8.3-10 läßt erkennen, daß insbesondere das nichtsportbezogene Inlandsprodukt kräftig ansteigt.

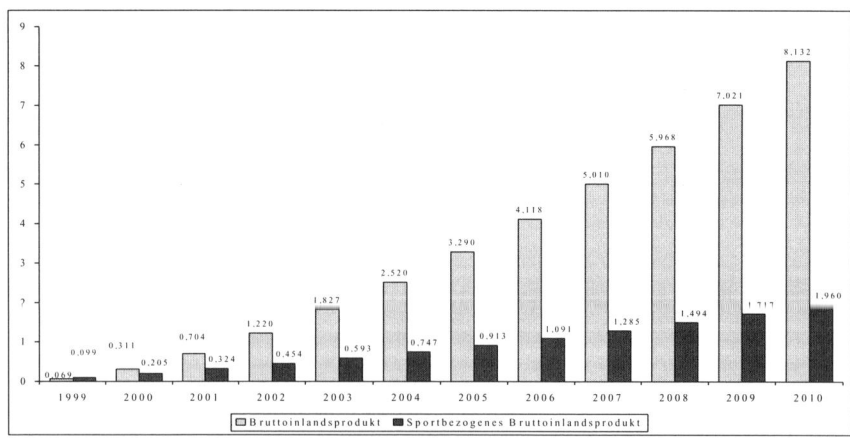

Abbildung 8.3-10: Die Entwicklung des Bruttoinlandsproduktes infolge einer Erhöhung des Staatsverbrauchs für Sportzwecke
- Abweichungen zur Basisprognose in Mrd. DM in jeweiligen Preisen -

Die im Vergleich zu der in Abschnitt 4.3.1 vorgestellten Simulationsrechnung stärkere Dynamik des nichtsportbezogenen Bruttoinlandsproduktes ist darauf zurückzuführen, daß dem erhöhten Staatsverbrauch für Sportzwecke aufgrund der veränderten Finanzierung nun keine Minderung des nichtsportspezifischen Staatsverbrauchs gegenübersteht. Die direkten und indirekten Effekte einer Zunahme der öffentlichen Sportförderung sind offensichtlich stärker als die kontraktiven Effekte, die von der Steuererhöhung ausgehen.

Einige Gründe für die positive Entwicklung des Bruttoinlandsproduktes können der Abbildung 8.3-11 entnommen werden. Sie zeigt die Entwicklung einiger Komponenten des Bruttoinlandsproduktes über den gesamten Simulationszeitraum.

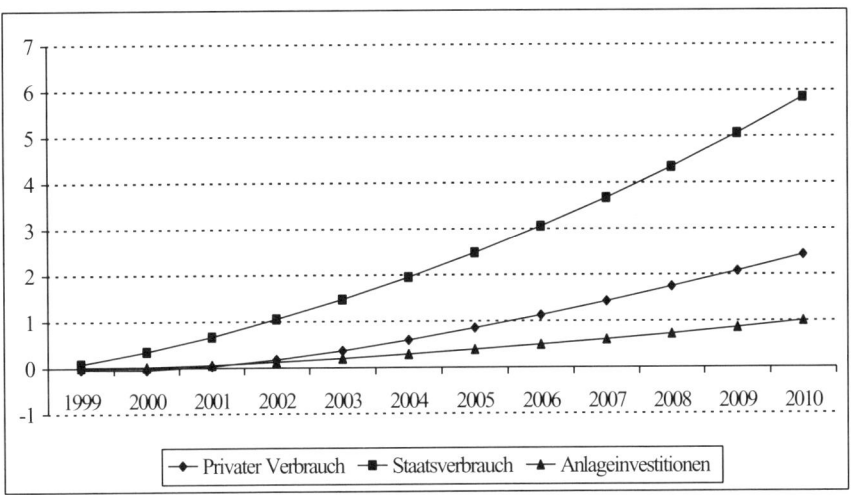

Abbildung 8.3-11: Die Entwicklung einiger Komponenten des Bruttoinlandsproduktes infolge der Erhöhung des Staatsverbrauchs für Sportzwecke - Abweichungen zur Basisprognose in Mrd. DM in jeweiligen Preisen -

Sowohl durch die Erhöhung des Staatsverbrauchs für Sportzwecke als auch durch die zu seiner Finanzierung erfolgte Erhöhung der direkten Steuern der privaten Haushalte an den Staat, nimmt der Staatsverbrauch kräftig zu. Seine stetige Zunahme von 87 Mio. DM im Jahre 1999 auf mehr als 5,8 Mrd. DM im Jahre 2010 dokumentiert aber, daß der Staatsverbrauch nicht nur um den sportbezogenen Staatsverbrauch und die zu seiner Finanzierung erzielten zusätzlichen Steuereinnahmen ansteigt. Offenbar kann der Staat aufgrund von Multiplikatorwirkungen innerhalb des Wirtschaftskreislaufes zusätzliche Ausgaben finanzieren. Die Erhöhung der direkt geleisteten Steuern der privaten Haushalte zur Finanzierung des zusätzlichen Staatsverbrauchs für Sportzwecke vermindern zwar das verfügbare Einkommen der privaten Haushalte, die

Konsumnachfrage wird aber um einen geringeren Betrag vermindert, weil die Konsumquote, d. h. der Anteil der Konsumausgaben am Verfügbaren Einkommen, kleiner als 1 ist. Die privaten Haushalte reduzieren somit ihre Konsumausgaben nicht um den vollständigen Betrag der zusätzlich erhobenen Steuern. Demgegenüber gibt der Staat seine zusätzlichen Steuereinnahmen vollständig aus. Trotz der vollständigen Finanzierung der zusätzlichen Staatsausgaben durch höhere Steuern kommt es infolge expansiver Multiplikatoreffekte zu einer allgemeinen Expansion des Wirtschaftskreislaufes (Haavelmo-Theorem). So steigt der Private Verbrauch nach einem anfänglichen Rückgang aufgrund des reduzierten verfügbaren Einkommens infolge der Steuererhöhung (Finanzierungseffekt) bis zum Jahre 2010 auf zusätzliche 2,4 Mrd. DM an. Infolge des kontinuierlichen Wachstums des verfügbaren Einkommens partizipiert insbesondere der nichtsportbezogene private Verbrauch von dieser positiven Entwicklung.

Abbildung 8.3-11 zeigt auch eine stetige Zunahme der Anlageinvestitionen durch die expansiven Impulse. Im Jahr 2010 werden mehr als 1 Mrd. DM zusätzlich in Anlagen investiert. Davon entfallen mehr als zwei Drittel auf Investitionen in Bauten, von denen wiederum knapp 50 v. H. auf Bauinvestitionen der sieben sportspezifischen Produktionsbereiche entfallen.

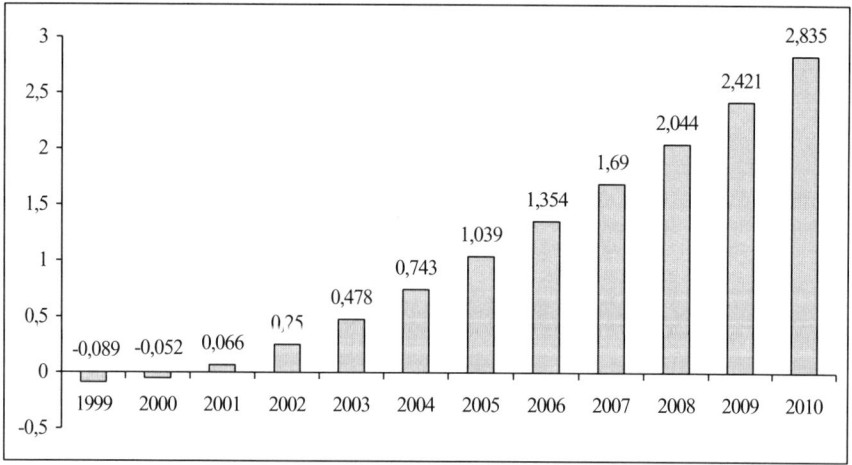

Abbildung 8.3-12: Entwicklung des verfügbaren Einkommens infolge der Erhöhung des Staatsverbrauchs für Sportzwecke
- Abweichungen zur Basisprognose in Mrd. DM in jeweiligen Preisen -

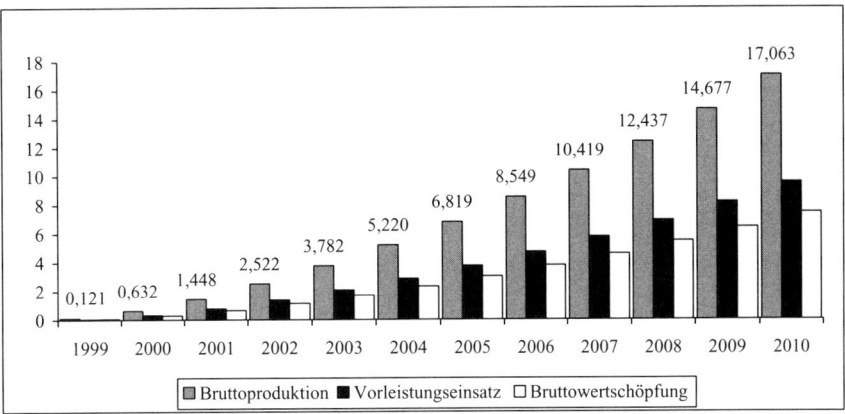

Abbildung 8.3-13: Entwicklung der Bruttoproduktion infolge einer Erhöhung des Staatsverbrauchs für Sportzwecke
- Abweichungen zur Basisprognose in Mrd. DM in jeweiligen Preisen -

Tabelle 8.3-1: Entwicklung der Bruttoproduktion in ausgewählten Branchen infolge einer Erhöhung des Staatsverbrauchs für Sportzwecke
- Abweichungen zur Basisprognose in Mrd. DM in jeweiligen Preisen -

	Abweichungen zur Basisprognose		
Variable	1999	2005	2010
Bauhauptgewerbe	0,004	0,197	0,472
Ausbaugewerbe	0,003	0,141	0,366
Großhandel	0,001	0,155	0,393
Speditionen/Fluggesellschaften	0,001	0,129	0,332
Kreditgewerbe	0,002	0,315	0,837
Versicherungsgewerbe	0,000	0,081	0,253
Verlagserzeugnisse	0,001	0,140	0,431
Gesundheitsdienstleistungen	0,001	0,378	0,912
Sonstige marktbestimmte Dienstleistungen	0,015	0,960	2,367
Dienstleistungen der Gebietskörperschaften	0,001	1,142	2,829
Dienstleistungen der Vereine und Verbände	0,004	0,305	0,774
Sportbezogene Dienstl. der Gebietskörpersch.	0,087	0,773	1,641

Quelle: Eigene Berechnungen.

Durch die steuerfinanzierte Erhöhung des Staatsverbrauchs für Sportzwecke kommt es zu einer kräftigen Expansion der Bruttoproduktion. So steigt die

211

Bruttoproduktion über den gesamten Prognosezeitraum auf zusätzliche 17 Mrd. DM im Jahr 2010 an (vgl. Abbildung 8.3-13). Aufgrund der positiven Einkommens- und Finanzierungseffekte erfolgen die Produktionszuwächse insbesondere in den nichtsportspezifischen Sektoren. Aber auch die sportspezifischen Produktionsbereiche können aufgrund des erhöhten sportspezifischen Staatsverbrauchs ihre Produktion jährlich um mehr als 2 v. H. erhöhen. Außerhalb der sportspezifischen Bereiche profitieren neben dem Baugewerbe und dem Handel insbesondere die Dienstleistungsbereiche von der positiven gesamtwirtschaftlichen Entwicklung (vgl. Tabelle 8.3-1).

Der kräftige Anstieg der Bruttoproduktion spiegelt sich aber auch in ihren Komponenten wider. Abbildung 8.3-13 zeigt. daß die Bruttowertschöpfung gegenüber der Basisprognose um mehr als 7 Mrd. DM im Jahre 2010 zunimmt und sich damit ein wenig schwächer entwickelt als der Vorleistungseinsatz, der zum Ende des Simulationszeitraumes im Jahre 2010 um mehr als 9 Mrd. DM ansteigt.

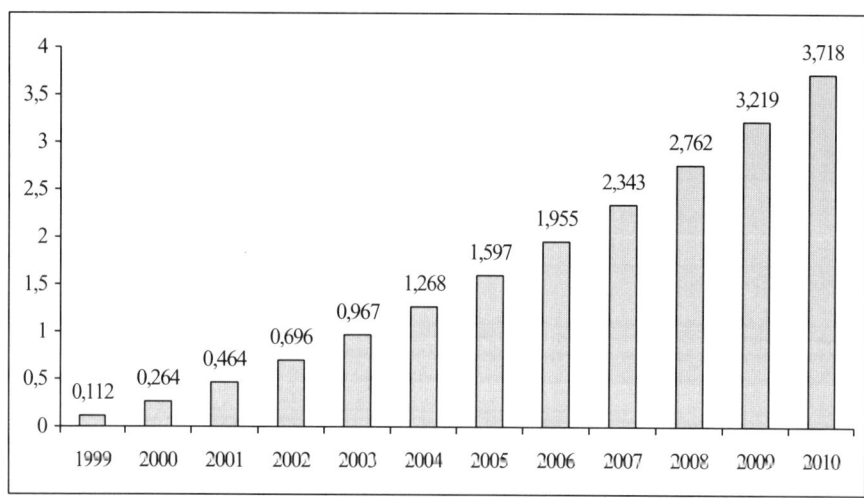

Abbildung 8.3-14: Entwicklung der Steuereinnahmen infolge der Erhöhung des
Staatsverbrauchs für Sportzwecke
- Abweichungen zur Basisprognose in Mrd. DM in jeweiligen Preisen -

Da sowohl Lohn- als auch Gewinneinkommen als Bestandteile der Bruttowertschöpfung infolge des zusätzlichen sportbezogenen Staatsverbrauchs zunehmen, entwickelt sich auch das verfügbare Einkommen der privaten Haushalte gegenüber der Basisprognose positiv. So steigt das verfügbare Einkommen nach einem anfänglichen Rückgang in den Jahren 1999 und 2000 aufgrund des kontraktiven Finanzierungseffektes höherer Steuern ab dem Jahr 2001 beginnend bis zum Ende des Prognosezeitraumes um zusätzliche 2,8 Mrd. DM im Jahre 2010 an (Abbildung 8.3-12).

Neben den Steuereinnahmen zur Finanzierung des zusätzlichen sportbezogenen Staatsverbrauchs kann der Staat aufgrund der expansiven Multiplikatoreffekte noch zusätzliche Steuereinnahmen realisieren. Die Zunahme der Bruttoproduktion als auch des verfügbaren Einkommens verstärken die günstige Entwicklung auf der staatlichen Einnahmeseite, es steigen sowohl die indirekten als auch die direkten Steuern des Staates an. Da die zusätzlichen Steuereinnahmen annahmegemäß vollständig verausgabt werden, bleibt der Finanzierungssaldo des Staates von den Maßnahmen unberührt.

Die durch Steuererhöhung finanzierte Ausweitung des sportspezifischen Staatsverbrauchs mündet in einen positiven Beschäftigungseffekt. Nach einem anfänglichen Rückgang im Jahre 1999 steigt die Beschäftigung kontinuierlich um mehr als 7200 Beschäftigte im Jahre 2010 an, wobei die Beschäftigungseffekte sehr stark auf die nichtsportbezogenen Bereiche ausstrahlen.

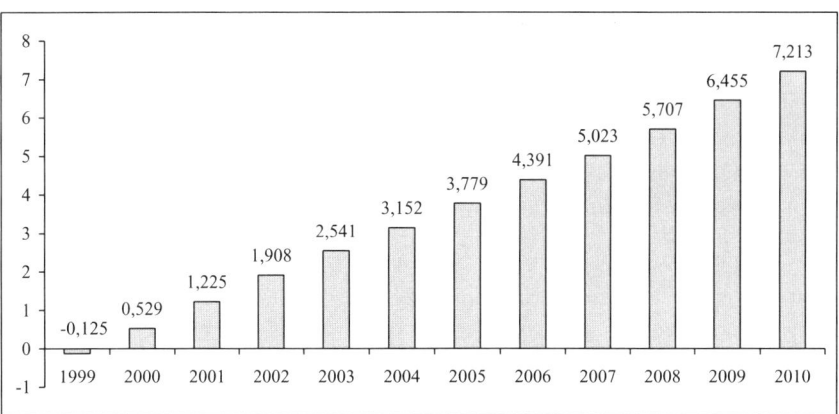

Abbildung 8.3-15: Entwicklung der Beschäftigung infolge der Erhöhung des sportspezifischen Staatsverbrauchs
- Abweichungen zur Basisprognose in Tsd. Personen -

Ein Blick auf die Entwicklung der sektoralen Beschäftigung zeigt, daß insbesondere die Gebietskörperschaften und die von ihrer Finanzierung besonders stark abhängigen Branchen - Vereine/Verbände, Sozialversicherungen und Sportvereine/Sportverbände - Beschäftigungszuwächse verzeichnen können.

8.4 Wirkungen einer zunehmenden Verlagerung des Sportkonsums von den Sportvereinen zu den erwerbswirtschaftlichen Anbietern

Welche ökonomischen Effekte sind von einer Verlagerung der Nachfrage nach Leistungen der Sportvereine in Richtung des Angebotes der erwerbswirtschaftlichen Sporteinrichtungen zu erwarten? In dieser Simulationsrechnung wird angenommen, daß sich lediglich die Struktur des sportbezogenen privaten Verbrauchs aufgrund einer teilweisen Substitution der Ausgaben für Vereinssport durch Ausgaben für erwerbswirtschaftliche Sporteinrichtungen ändert.

Mögliche Ursachen für solche Substitutionsprozesse können vielschichtig sein. So zum Beispiel die fehlende Flexibilität der Sportvereine und Sportverbände auf gesellschaftliche Veränderungen zu reagieren oder aber die fehlende Bereitschaft zur Integration neuer [Trend-]Sportarten in das Vereinsangebot (Heinemann/Schubert 1994; Kamberovic/Schwarze 1998). Auch wäre es vorstellbar, daß die erwerbswirtschaftlichen Sporteinrichtungen ihr Angebot qualitativ als auch quantitativ so stark ausweiten, daß es ihnen gelingt, dauerhaft Mitglieder der Sportvereine "abzuwerben".

8.4.1 Das Szenario zur Analyse der Wirkungen einer zunehmenden Verlagerung des Sportkonsums von den Sportvereinen zu den erwerbswirtschaftlichen Anbietern

Zur Modellierung der ökonomischen Effekte einer Substitution der sportbezogenen Nachfrage der privaten Haushalte nach Leistungen der Sportvereine durch Leistungen der entsprechenden kommerziellen Anbieter wurden folgende Annahmen getroffen: Die Ausgaben der privaten Haushalte in den Sportvereinen - Nutzungsgebühren als auch Mitgliedsbeiträge - werden bis zum Jahre 2010 auf den realen Wert von 1993 konstant gehalten. Gegenüber der Basisprognose bedeutet dieses, daß die Ausgaben der privaten Haushalte für Nutzungsgebühren und Mitgliedsbeiträge fallen müssen (vgl. Abbildung 8.4-1) Trotz dieses Einnahmeausfalls gegenüber der Basisprognose, können die Sportvereine und –verbände aber das Leistungsangebot für ihre Mitglieder auf dem Niveau des Jahres 1993 halten. Im Jahre 2010 beträgt die Reduktion bei den Nutzungsgebühren mehr als 1,7 Mrd. DM, während die Mitgliedsbeiträge lediglich um knapp 0,75 Mrd. DM vermindert werden.

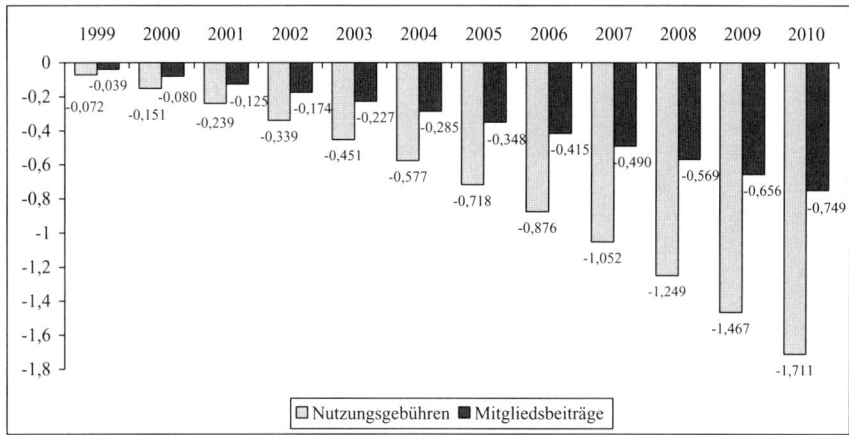

Abbildung 8.4-1:   *Reduktion der Ausgaben für Vereinssport (Nutzungsgebühren und
Mitgliedsbeiträge) infolge einer zunehmenden Verlagerung des
Sportkonsums von den Sportvereinen zu den erwerbswirtschaftlichen
Sporteinrichtungen
- Abweichungen zur Basisprognose in Mrd. DM in jeweiligen Preisen -*

Die insgesamt stärkere Reduktion der Nutzungsgebühren, die insbesondere von
den Nichtmitgliedern der Sportvereine für die Inanspruchnahme ihrer
Dienstleistungen und Einrichtungen entrichtet werden müssen ist im Rahmen des
Szenarios plausibel, weil gerade in diesem Bereich die spezifischen
Wettbewerbsvorteile der erwerbswirtschaftlichen Sporteinrichtungen liegen. Sie
sehen ihren Geschäftszweck genau darin, ihren Kunden optimale
Trainingsvoraussetzungen bei einem hohen Maß an Individualität und zeitlicher
Flexibilität anzubieten. Sie konkurrieren deswegen insbesondere um die
sportspezifische Nachfrage, die nicht zum klassischen Leistungsumfang im
Rahmen einer Mitgliedschaft in den Sportvereinen zählt.

Parallel zur Senkung der Ausgaben für Sport in den Vereinen erfolgt eine
entsprechende Erhöhung der Ausgaben für Sport in den erwerbswirtschaftlichen
Sporteinrichtungen bis zum Jahre 2010. Die in Abbildung 8.4-1 abgetragenen
Minderungen von Mitgliedsbeiträgen und Nutzungsgebühren der Sportvereine
addieren sich jeweils zu der in Abbildung 8.4-2 gezeigten korrespondierenden
Erhöhung der Ausgaben für erwerbswirtschaftliche Sporteinrichtungen auf.

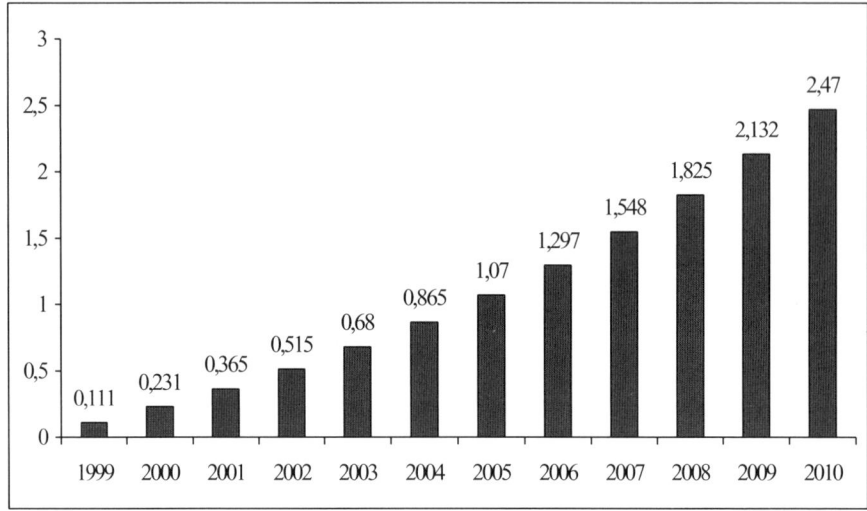

Abbildung 8.4-2:   *Erhöhung der Ausgaben für erwerbswirtschaftliche Sporteinrichtungen infolge einer zunehmenden Verlagerung des Sportkonsums von den Sportvereinen zu den erwerbswirtschaftlichen Sporteinrichtungen - Abweichungen zur Basisprognose in Mrd. DM in jeweiligen Preisen -*

Im Rahmen dieser Simulationsrechnung wird somit davon ausgegangen, daß sich die hier unterstellten gesellschaftliche Veränderungsprozesse nur sehr langsam vollziehen. Diese Art der Modellierung gewährleistet, daß es zu keinen plötzlichen Nachfrageausfällen bei den Sportvereinen kommt. Das Vereinsleben bricht also nicht infolge plötzlicher Einnahmeverluste zusammen. Lediglich der für den Simulationszeitraum 1999 bis 2010 im Rahmen der Basisprognose erwartete reale Nachfragezuwachs nach Leistungen der Sportvereine fließt den erwerbswirtschaftlichen Sporteinrichtungen zu.

8.4.2 Ergebnisse zur Analyse der Wirkungen einer zunehmenden Verlagerung des Sportkonsums von den Sportvereinen zu den erwerbswirtschaftlichen Anbietern

Obwohl lediglich eine Änderung der sportspezifischen Konsumstruktur unterstellt wird, kommt es über den gesamten Simulationszeitraum zu einem leichten Anstieg des Bruttoinlandsproduktes. Es nimmt kontinuierlich zu und ist im Jahre 2010 gegenüber dem Basislauf um mehr als 0,3 Mrd. DM erhöht.

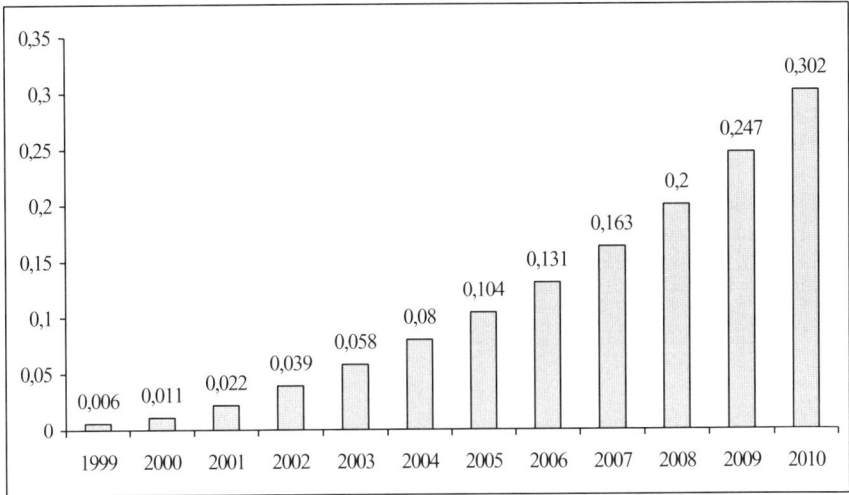

Abbildung 8.4-3:   *Entwicklung des Bruttoinlandsproduktes infolge einer zunehmenden Verlagerung des Sportkonsums von den Sportvereinen zu den erwerbswirtschaftlichen Anbietern*
- Abweichungen zur Basisprognose in Mrd. DM in jeweiligen Preisen -

Die Zunahme des Bruttoinlandsproduktes steht in direktem Zusammenhang mit der in Abbildung 8.4-4 veranschaulichten Entwicklung der Bruttowertschöpfung. Sie steigt über den gesamten Zeitraum stetig an und liegt im Jahre 2010 gegenüber dem Basislauf um knapp 0,4 Mrd. DM höher.

Die Zunahme der gesamtwirtschaftlichen Wertschöpfung ist auf unterschiedliche Wertschöpfungsquoten der beiden direkt betroffenen Bereiche zurückzuführen. Sektorale Wertschöpfungsquoten geben Auskunft über den Anteil der Bruttowertschöpfung einer Branche an ihrer Bruttoproduktion. So haben die erwerbswirtschaftlichen Sporteinrichtungen gegenüber den Sportvereinen und Sportverbänden eine deutlich höhere Wertschöpfungsquote.

Die Wertschöpfungsquote der erwerbswirtschaftlichen Sporteinrichtungen liegt mit 64 v. H. im Jahre 1993 um nahezu 20 v. H. höher im Vergleich zu den nichtkommerziellen Sportanbietern. Die höhere Quote der erwerbswirtschaft-lichen Sportanbieter hat im wesentlichen drei Ursachen. Zum einen müssen die kommerziellen Sporteinrichtungen zur Bereitstellung ihres Leistungsangebotes bezahlte Trainer und Servicekräfte einsetzen, während die Sportvereine sehr stark auf ehrenamtliche Mitarbeit zurückgreifen können. Auch müssen die erwerbswirtschaftlichen Sportanbieter Gewinne erzielen, um dauerhaft am Markt bestehen zu können. Sportvereine dürfen zwar auch Gewinne erwirtschaften,

217

müssen diese aber dem ideellen Vereinsbereich im Folgejahr zukommen lassen. Um dauerhaft dem Wettbewerb innerhalb der Branche standhalten zu können, müssen die kommerziellen Anbieter außerdem laufend in die Modernisierung und den Ausbau ihrer Sportanlagen investieren. Demgegenüber nutzen die Sportvereine oftmals kommunale Sporteinrichtungen oder aber bauen eigene Sporteinrichtungen unter Ausnutzung des ehrenamtlichen Arbeitseinsatzes der Vereinsmitglieder und oftmals erheblicher öffentlicher Zuschüsse. Insgesamt ist dadurch das Investitionsvolumen der kommerziellen Anbieter deutlich höher, wodurch auch ihre jährlichen Abschreibungen auf das Anlagevermögen höher ausfallen.

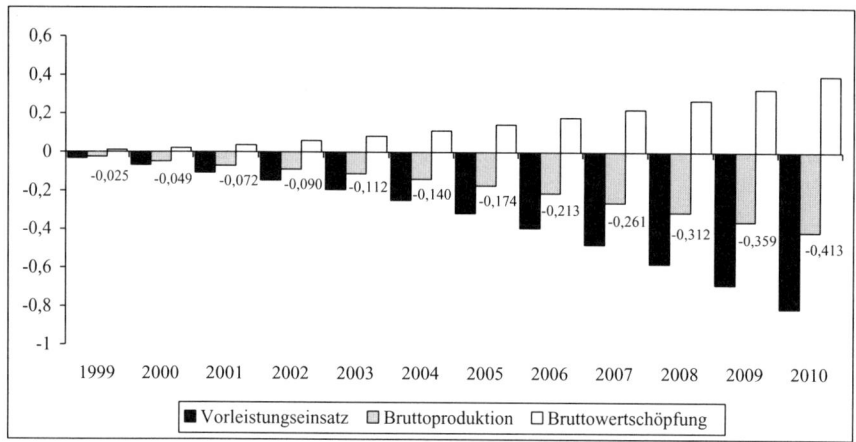

Abbildung 8.4-4:   Entwicklung der Bruttoproduktion infolge einer zunehmenden Verlagerung des Sportkonsums von den Sportvereinen zu den erwerbswirtschaftlichen Anbietern
- Abweichungen zur Basisprognose in Mrd. DM in jeweiligen Preisen -

Die Substitution der sportbezogenen Nachfrage der privaten Haushalte nach Leistungen der Sportvereine durch die Leistungen der entsprechenden kommerziellen Anbieter führt zu einer Verlagerung der Konsumnachfrage aus einem Sektor mit einer relativ niedrigen Wertschöpfungsquote (Sportvereine und Sportverbände) in einen Sektor mit einer deutlich höheren Wertschöpfungsquote (Erwerbswirtschaftliche Sportanbieter). Die Einnahmenzuwächse der erwerbswirtschaftlichen Sporteinrichtungen fließen jetzt nur zu einem Teil in eine Ausweitung des privatwirtschaftlichen Sportangebots, ein bestimmter Anteil wird auch als Gewinn "privatisiert". Im Gegensatz dazu hätten die Sportvereine und Sportverbände diese Zuwächse vollständig in eine Ausweitung bzw. Verbesserung ihres eigenen Sportangebotes investiert und somit vollständig "sozialisiert". Dieses ist auch der wesentliche Grund, warum sich der ebenfalls in Abbildung 8.4-4 dokumentierte Vorleistungseinsatz rückläufig entwickelt.

Die geringere Wertschöpfungsquote der Sportvereine und Sportverbände impliziert nämlich umgekehrt auch, daß diese viel stärker über die Vorleistungsverflechtung mit den anderen Branchen der Wirtschaft verbunden sind. Eine geringe Wertschöpfungsquote bedeutet eine höhere Vorleistungsquote. Dieses bedeutet aber auch, daß Konsumnachfrage aus dem Bereich Sportvereine und Sportverbände mit hoher Vorleistungsquote (und geringer Wertschöpfungsquote) zugunsten des Bereichs Erwerbswirtschaftliche Sportanbieter mit geringer Vorleistungsquote (und hoher Wertschöpfungsquote) abgezogen wird, was sich in dem deutlichen Rückgang des gesamtwirtschaftlichen Vorleistungseinsatzes widerspiegelt. Die erwerbs-wirtschaftlichen Sporteinrichtungen sind somit im Vergleich zu den Sportvereinen viel schwächer über die Vorleistungsverflechtung mit den anderen Bereichen der Volkswirtschaft verbunden. Die geringere interindustrielle Verflechtung der erwerbswirtschaftlichen Sporteinrichtungen bewirkt, daß sich die Reduktion des Vorleistungseinsatzes multiplikativ verstärkt. Die Verlagerung der Nachfrage bewirkt, daß der gesamtwirtschaftliche Vorleistungseinsatz aufgrund der geringeren Vorleistungsverflechtung der erwerbswirtschaftlichen Sportanbieter stärker schrumpft als andererseits die Bruttowertschöpfung zunimmt. Abbildung 8.4-4 zeigt diese gespaltene Entwicklung. So konnte für das Jahr 2010 eine um knapp 0,4 Mrd. DM erhöhte Bruttowertschöpfung berechnet werden, während sich parallel dazu der gesamtwirtschaftliche Vorleistungseinsatz um ca. 0,8 Mrd. DM reduziert. Das Gesamtergebnis dieser konträren Entwicklung ist ein Rückgang der Bruttoproduktion über den gesamten Prognosezeitraum.

Welche Konsequenzen haben nun diese divergierenden Effekte auf die gesamtwirtschaftliche Beschäftigung? Abbildung 8.4-5 zeigt, daß sich die Beschäftigung trotz des geringfügigen Anstiegs des Bruttoinlandsproduktes über den gesamten Prognosezeitraum leicht rückläufig entwickelt. Dieses hat zwei unterschiedliche Ursachen. Zum einen haben die erwerbswirtschaftlichen Sportanbieter im Vergleich zu den Sportvereinen einen kleineren Arbeitsinputkoeffizienten, d. h. eine höhere Arbeitsproduktivität. Dieses bedeutet, daß die erwerbswirtschaftlichen Sporteinrichtungen wesentlich weniger Beschäftigte zur Bereitstellung ihres Leistungsangebotes einsetzen als die Sportvereine. Somit fallen auch die Beschäftigungsverluste der Sportvereine geringer aus, sie sind zu vernachlässigen. Letzteres gilt auch für die Beschäftigungsgewinne der erwerbswirtschaftlichen Sporteinrichtungen. Diese schlagen nicht zu Buche, weil es den erwerbswirtschaftlichen Sportanbietern aufgrund von Effizienzgewinnen möglich ist, ihre Arbeitsproduktivität zu steigern, wodurch auch ihre Beschäftigungszuwächse deutlich geringer ausfallen. Hier ist insbesondere an Größenersparnisse (sog. economies of scale) aufgrund der Möglichkeit zur Steigerung der Nutzungsintensität innerhalb der Einrichtungen hinzuweisen. Zum anderen bewirkt die bereits diskutierte Reduktion des Vorleistungseinsatzes aufgrund der geringeren Vorleistungsquote der kommerziellen Sportanbieter einen kräftigen Rückgang der nichtsportbezogenen Beschäftigung außerhalb der Sportsektoren über den gesamten Simulationszeitraum.

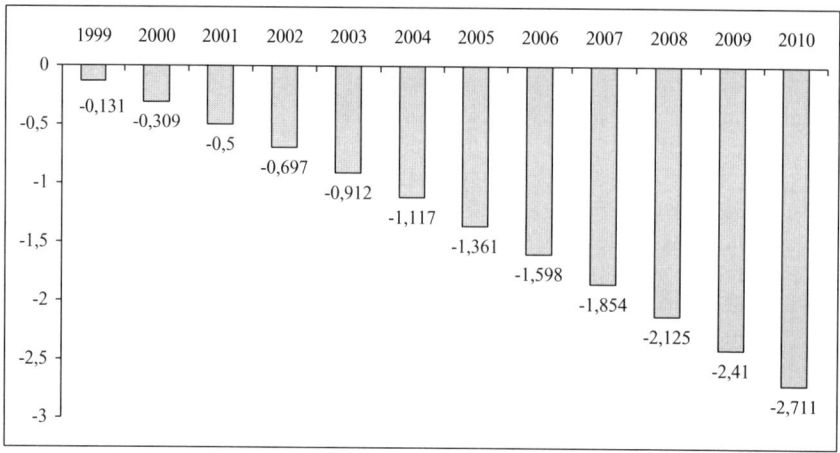

Abbildung 8.4-5: Entwicklung der Beschäftigung infolge einer zunehmenden Verlagerung des Sportkonsums von den Sportvereinen zu den erwerbswirtschaftlichen Anbietern
- Abweichungen zur Basisprognose in Tsd. -

Abschließend soll noch auf die in Abbildung 8.4-6 dargestellte Entwicklung einiger Komponenten des Bruttoinlandsproduktes eingegangen werden. Die deutliche Verminderung der gesamtwirtschaftlichen Einfuhr steht in direktem Zusammenhang mit der bereits zuvor beschriebenen negativen Entwicklung des Vorleistungseinsatzes aufgrund der geringeren Vorleistungsverflechtung der erwerbswirtschaftlichen Sporteinrichtungen. Außerdem bewirkt die Verlagerung des Sportkonsums von den Sportvereinen hin zu den erwerbswirtschaftlichen Anbietern eine leichte Reduktion des gesamtwirtschaftlichen privaten Verbrauchs. Dieses auf den ersten Blick überraschende Ergebnis ist darauf zurückzuführen, daß sich das verfügbare Einkommen der privaten Haushalte trotz eines Anstiegs der Lohn- und Gewinneinkommen vermindert. Die Erklärung liegt darin, daß der Rückgang der Beschäftigung höhere soziale

Leistungen des Staates und damit letztlich höhere Sozialabgaben der Haushalte erfordert. Da das verfügbare Einkommen der privaten Haushalte wiederum ihren Konsum determiniert, vermindert sich auch der private Verbrauch geringfügig.

Die Zunahme der Anlageinvestitionen ist primär auf die erhöhte Investitionstätigkeit der erwerbswirtschaftlichen Sporteinrichtungen zurückzuführen, die wiederum Folgeinvestitionen außerhalb der Sportsektoren auslösen. Außerdem kommt es infolge des leichten Anstiegs der Steuereinnahmen wiederum zu einem leichten Anstieg der Staatsausgaben, was auch den Staatsverbrauch gegenüber der Basisprognose während des Prognosezeitraumes leicht ansteigen läßt.

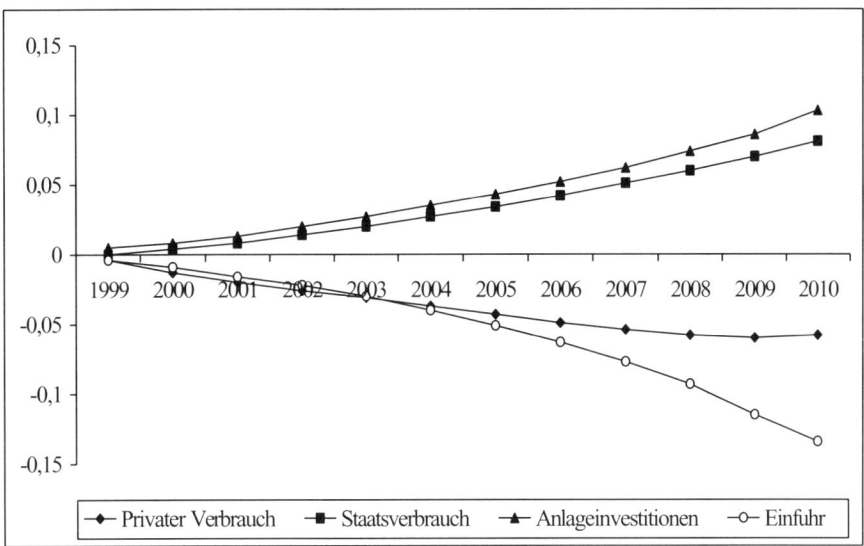

Abbildung 8.4-6:   *Entwicklung einiger Komponenten des Bruttoinlandsproduktes infolge*
einer zunehmenden Verlagerung des Sportkonsums von den
Sportvereinen zu den erwerbswirtschaftlichen Anbietern
- Abweichungen zur Basisprognose in Mrd. DM in jeweiligen Preisen -

Die vorgestellten Ergebnisse zeigen, daß eine Verlagerung des Sportkonsums von den Sportvereinen zu den erwerbswirtschaftlichen Sporteinrichtungen unter volkswirtschaftlichen Gesichtspunkten nicht unbedingt positiv zu bewerten ist, da es trotz eines Anstiegs des Bruttoinlandsproduktes zu einem Rückgang der Beschäftigung kommt. Außerdem gilt es zu bedenken, daß die Sportvereine durch die verminderten Einnahmen an Attraktivität verlieren und somit ihre besonderen gesellschaftlichen Funktionen nicht mehr übernehmen können.

8.5 Ökonomische Wirkungen einer Fußballweltmeisterschaft 2006 in Deutschland bei alternativer Finanzierung

In diesem Abschnitt werden drei Simulationsrechnungen mit dem Prognosemodell SPORT zu den möglichen ökonomischen Wirkungen einer im Jahre 2006 in Deutschland ausgerichteten Fußballweltmeisterschaft vorgestellt.

Die vorgestellten Simulationsrechnungen unterstellen dieselben Annahmen bezüglich Verteilung und Höhe der notwendigen Investitionskosten als auch der zusätzlichen Einnahmen aufgrund der Ausgaben der WM-Touristen im Veranstaltungsjahr 2006. Die Modellrechnungen als auch ihre Ergebnisse unterscheiden sich aber in Abhängigkeit von der Finanzierung dieses Sportereignisses.

8.5.1 Fußball-Weltmeisterschaft 2006 in Deutschland

Die mit dem Prognosemodell SPORT durchgeführten Rechnungen zu den ökonomischen Wirkungen der Fußballweltmeisterschaft im Jahre 2006 bei alternativer Finanzierung basieren auf der Studie von Rahmann et al. (1998) "Sozio-ökonomische Analyse der Fußball-WM 2006 in Deutschland". Die Autoren sind der Frage nachgegangen, ob es sich für die Bundesrepublik Deutschland lohnt, ein solches Großereignis auszurichten. Zur systematischen Gegenüberstellung der Vor- und Nachteile wurden im Rahmen einer erweiterten Kosten-Nutzen-Analyse die direkt und indirekt in Geld meßbaren quantitativen Größen ermittelt und mit qualitativen Wirkungen aus einer "überökonomischen" gesellschaftlichen Sichtweise verknüpft (Kurscheidt/Rahmann 1999a, S. 42f.).

Zur Durchführung der Simulationsrechnungen wurden zunächst einige Ergebnisse aus der WM-Studie bezüglich möglicher Investitionskosten im Rahmen der Vorbereitung der Weltmeisterschaft herausgefiltert. Zur Bestimmung des Investitionsvolumens für 10 mögliche Austragungsorte haben die Autoren ein ausgeklügeltes Portfolio-Verfahren eingesetzt (Rahmann et al. 1998, S. 116f.). Dieses Verfahren erlaubt für die verschiedenen Spielorte die Berücksichtigung aller denkbaren Kombinationen des möglichen Investitionsbedarfs für den Neu- bzw. Ausbau einer den FIFA-Anforderungen entsprechenden WM-Sportinfrastruktur mit den Nachnutzungsperspektiven dieser erweiterten Infrastruktur für den Zeitraum nach der Fußballweltmeisterschaft. Die so hergeleitete Matrix der Spielorte, die letztlich die potentiellen Kosten und Nutzen möglicher Spielstandorte vergleicht, wird nun zur Bildung von vier realistischen Investitionsszenarien herangezogen. Diese Szenarien enthalten jeweils alternative Kosten-Nutzen-Kalküle der einzelnen noch nicht determinierten Spielorte. Um nun zu vergleichbaren Kombinationen aller 10 hypothetischen Austragungsorte der WM-Spiele mit jeweils unterschiedlichen Kosten-Nutzen-Kalkülen zu gelangen, wurden drei Hypothesen bezüglich der denkbaren Investitionszenarien gebildet. Diese drei Hypothesen fassen drei alternative hypothetische Spielortkombinationen aller 10 Spielorte mit unterschiedlichen Kosten-Nutzen-Kalkülen für die einzelnen Spielorte zusammen.

Im Rahmen der hier durchgeführten Modellrechnungen wird auf das Investitionsszenario Bezug genommen, welches mittlere bis geringere Investitionen erfordert und eine sichere und ausreichende Nachnutzung gewährleistet. Die Autoren kennzeichnen dieses Szenario als ein Szenario mit der Hypothese II, welches einen mittleren erwarteten Nettonutzen erzeugt und stilisiert dem symmetrischen Verlauf der in der Statistik üblichen Normalverteilung folgt (Rahmann et al. 1998, S. 123f.). Folgt man diesem Ansatz, so werden unter günstigen Voraussetzungen Investitionen in Höhe von ca. 0,69 Mrd. DM (Preisbasis 1996) erforderlich. Die Investitionen werden in den Jahren 2003 bis 2005 getätigt. Es wird unterstellt, daß sich das Investitionsvolumen über diesen 3-Jahreszeitraum gleich verteilen wird. Die Auswahl dieses Szenarios als Input für die durchgeführten Modellrechnungen wurde insbesondere dadurch bestimmt, daß die Autoren der WM-Studie dieses Szenario als eines im Zentrum des realistischen Bereichs identifizieren (Kurscheidt/Rahmann 1999a, S. 45f.). Außerdem kann mit Blick auf die aktuelle Diskussion über die Planung bzw. den Bau von speziellen Fußball- bzw. Sportarenen (München, Hamburg oder Leverkusen) davon ausgegangen werden, daß - unabhängig von einer positiven Entscheidung der FIFA zugunsten Deutschlands als Austragungsort der Fußball-WM 2006 - neue Stadien in den nächsten Jahren errichtet werden. Oftmals soll ihre Finanzierung auf privatwirtschaftlicher Basis erfolgen, wobei in der Regel aber auch die Kommunen eingebunden werden, sog. private-public-partnerships (Dietl/Pauli 1999). Diese aktuelle Entwicklungen zeigen, daß lediglich ein Teil der Investitionen in direktem Zusammenhang mit einer möglichen Weltmeisterschaft stehen werden. Daher wurde auf die Berücksichtigung eines höheren Investitionsvolumens in den Modellrechnungen verzichtet, da offensichtlich ein Teil der Investitionen auch unter privatwirtschaftlicher Finanzierungsbeteiligung erfolgen wird bzw. erfolgen könnte. Deswegen wurden die unterstellten jährlichen Investitionen in Höhe von 0,23 Mrd. DM (Preisbasis 1996) für die Weltmeisterschaft (siehe Abbildung 8.5-1) im Rahmen dieser

Simulationsrechnungen auch nur in die Finanzierungsverantwortung der öffentlichen Haushalte gestellt.

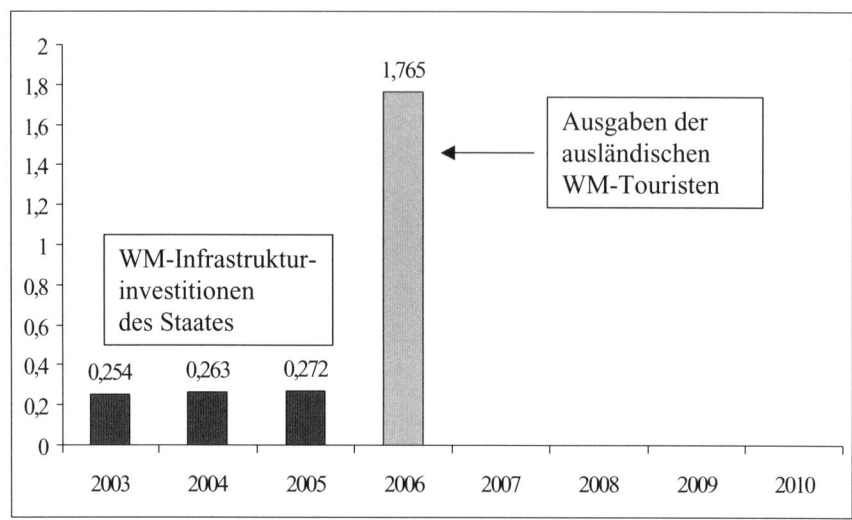

Abbildung 8.5-1:   *Investitionsaufwendungen zur Bereitstellung der WM-Infrastruktur in den Jahren 2003 bis 2005 und Konsumausgaben der ausländischen Besucher im Jahr der Fußball-Weltmeisterschaft*
– in Mrd. DM in jeweiligen Preisen -

Im Gegensatz zu den Investitionskosten in den Jahren 2003 bis 2005 können aber auch zusätzliche Einnahmen im Jahre 2006 infolge der Konsumausgaben der WM-Touristen erwartet werden. Aufgrund des hohen Stellenwerts des Fußballs in Europa wurde im Rahmen der durchgeführten Simulationsrechnungen die optimistische Schätzung der Zuschauerzahlen berücksichtigt. Dieses zeigen auch die Ergebnisse zur Stadienauslastung der in Europa ausgerichteten Fußballturniere während des letzten Jahrzehnts (EURO 1988 in Deutschland 96 v. H., die EURO 1996 in England mit 90 v. H. oder die WM 1998 in Frankreich mit 88 v. H.; Rahmann et al. 1998, S. 135f.). Die Autoren der WM-Studie prognostizieren [unter günstigen Voraussetzungen] eine durchschnittliche Kapazitätsauslastung von 90 v. H. pro Spiel, also mehr als 3,14 Mio. Zuschauer (Rahmann et al. 1998, S. 137f.). Unter Einbeziehung der Sportjournalisten werden mehr als 1,1 Mio. ausländische Besucher erwartet, die im Veranstaltungsjahr 2006 in Deutschland ca. 1,76 Mrd. DM (vgl. Abbildung 8.5-1) bzw. 1,46 Mrd. DM (Preisbasis 1996) ausgeben werden. Die Gesamtausgaben der ausländischen WM-Besucher wurden auf der Basis der Ausgaben eines WM-Durchschnittstouristen für Reise, Unterhaltung,

Verpflegung etc. ermittelt und stellen eine Nachfrage des Auslands nach inländischen Waren und Dienstleistungen dar. Sie wurden deswegen im Rahmen der Modellrechnungen als sportspezifische Exportnachfrage behandelt.

Keine Berücksichtigung finden die wahrscheinlich erhöhten sportbezogenen Konsumausgaben der Inländer, da es unklar ist, ob die erhöhten sportbezogenen Konsumausgaben durch eine Reduktion nichtsportbezogener Konsumausgaben oder aber durch eine Reduktion der Sparquote finanziert werden. Sicherlich spricht einiges für eine Verminderung der Ersparnis zur Finanzierung der erhöhten Konsumausgaben, ihre Größenordnung läßt sich aber nur schwer determinieren.

8.5.2   Die alternativen Simulationsrechnungen zur Finanzierung der Fußball-Weltmeisterschaft 2006

In den folgenden Unterabschnitten werden die ökonomischen Wirkungen der staatlichen WM-Infrastrukturinvestitionen bei alternativer Finanzierung in den Jahren 2003 bis 2005 diskutiert. Ziel dieser Modellrechnungen ist nicht die Überprüfung der in der WM-Studie vorgestellten Szenarien, sondern die Analyse der gesamtwirtschaften Effekte eines relativ realistischen Szenarios bei unterschiedlicher Finanzierung. Im Gegensatz zu den Ergebnissen der WM-Studie können mit dem SPORT-Modell die induzierten Produktions- und Preiseffekte der zusätzlichen Nachfrageimpulse modellendogen ermittelt werden. Dabei werden sämtliche Anstoß-, Mitzieh- und Rückkoppelungseffekte aufgrund der hoch interdependenten Modellstruktur berücksichtigt.

8.5.2.1   Finanzierung durch eine erhöhte Kreditaufnahme des Staates

Im Rahmen dieser Simulationsrechnung erfolgt die Finanzierung der Sportinfrastrukturinvestitionen in den Jahren 2003 bis 2005 in Höhe von 0,69 Mrd. DM durch eine Anhebung der Nettokreditaufnahme des Staates. Außerdem wird unterstellt, daß die zusätzlichen staatlichen Sportinfrastrukturinvestitionen zu keiner Verdrängung der privaten Investitionstätigkeit führen werden. Dieses ist mit Blick auf das relativ geringe Investitionsvolumen eine realistische Hypothese, zumal sich die jährlichen Investitionen auf die 10 Austragungsorte der Weltmeisterschaft verteilen werden.

Abbildung 8.5-2 zeigt, daß der Gesamteffekt auf das Bruttoinlandsprodukt über den gesamten Simulationszeitraum von 2003 bis 2010 positiv ist. Das Bruttoinlandsprodukt steigt gegenüber der Basisprognose im Jahr 2003 um 0,33 Mrd. DM und liegt selbst zum Ende des Prognosezeitraumes im Jahr 2010 um 0,74 Mrd. DM höher. Zwischen diesen Jahren kommt es aufgrund expansiver Multiplikatoreffekte insbesondere im Jahr der Austragung der Weltmeisterschaft zu einem deutlich höheren Anstieg des Bruttoinlandsproduktes. In 2006 steigt das Bruttoinlandsprodukt gegenüber der Basisprognose insbesondere aufgrund der Nachfrage der ausländischen WM-Touristen um mehr als 2,9 Mrd. DM an.

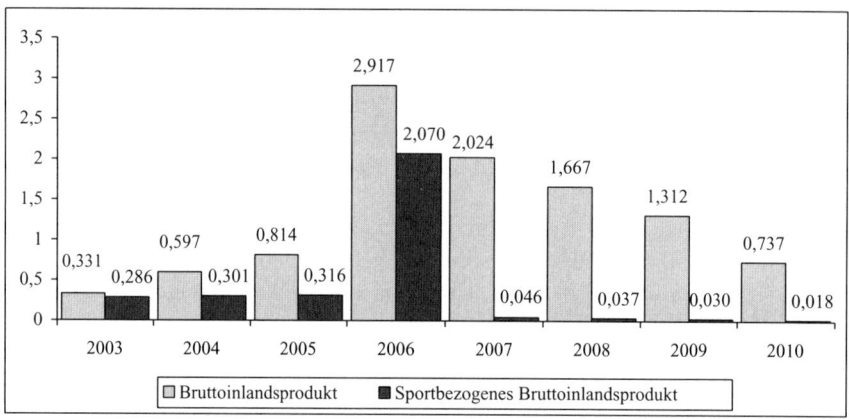

Abbildung 8.5-2: Entwicklung des Bruttoinlandsproduktes infolge einer kredit-finanzierten Fußball-Weltmeisterschaft 2006
- Abweichungen zur Basisprognose in Mrd. DM in jeweiligen Preisen –

Der deutliche Anstieg des Bruttoinlandsproduktes infolge der zusätzlichen sportspezifischen Investitions- bzw. Konsumnachfrage der WM-Touristen beschränkt sich aber nicht nur auf die sportspezifischen Bereiche. Die expansiven Effekte strahlen bereits beginnend ab dem Jahr 2004 sehr stark auf die nichtsportspezifischen Bereiche der Volkswirtschaft aus. In Abbildung 8.5-2 wird dieses dadurch sichtbar, daß der Zuwachs des Bruttoinlandsprodukts insgesamt deutlich über dem des sportbezogenen Bruttoinlandsprodukt liegt. Dieses gilt insbesondere für die Jahre nach der Fußball-Weltmeisterschaft, in denen die expansiven Kreislaufeffekte nahezu ausschließlich auf die nichtsportspezifischen Bereiche der Volkswirtschaft wirken; die Effekte auf das sportbezogene Bruttoinlandsprodukt sind zu vernachlässigen.

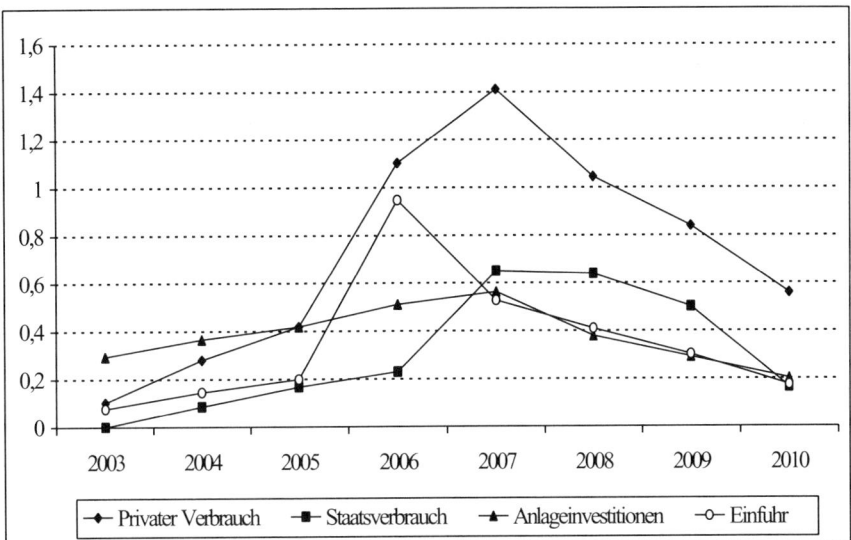

Abbildung 8.5-3: Entwicklung einiger Komponenten des Bruttoinlandsproduktes infolge einer kreditfinanzierten Fußball-Weltmeisterschaft 2006 - Abweichungen zur Basisprognose in Mrd. DM in jeweiligen Preisen –

Abbildung 8.5-3 zeigt die Entwicklung einiger Komponenten des Inlandsproduktes. Die Anlageinvestitionen werden in den Jahren 2003 bis 2005 natürlich einerseits direkt durch die WM-Infrastrukturinvestitionen ausgeweitet. Die steigenden Investitionen führen andererseits über eine Ausweitung der Produktion (vgl. Abbildung 8.5-4) zu steigenden Lohn- und Gewinneinkommen innerhalb der Volkswirtschaft, die neben einer Erhöhung des privaten Verbrauchs (siehe unten) auch weitere Investitionen induzieren. Dieses bestätigt auch ein Vergleich der Entwicklung der Anlageinvestitionen in Abbildung 8.5-3 mit den vorgegebenen Infrastrukturinvestitionen in Abbildung 8.5-1 in den Jahren 2003 bis 2005. Die multiplikative Erhöhung der Anlageinvestitionstätigkeit wird im Jahre 2006 durch die zusätzliche Auslandsnachfrage infolge des WM-Tourismus verstärkt, um dann im Folgejahr mit 0,56 Mrd. DM ihr Maximum zu erreichen. Danach fällt die zusätzliche Anlageinvestitionstätigkeit aufgrund der sich abschwächenden Multiplikatoren bis zum Jahre 2010 auf 0,2 Mrd. DM zurück. Während im Jahr 2006 insbesondere die Ausrüstungsinvestitionen direkt von der einmaligen Nachfrage der WM-Touristen profitieren, werden im Jahr 2007 insbesondere Bauinvestitionen durch die allgemeine Kreislaufexpansion akzelleriert.

Der Private Verbrauch entwickelt sich über den gesamten Simulationszeitraum sehr dynamisch. In den Jahren 2003 bis 2005 wird er durch steigende Einkommen infolge der positiven Multiplikatoreffekte der staatlichen Sportinfrastrukturinvestitionen stimuliert. In den Folgejahren sind es aufgrund der zusätzlichen ausländischen Güternachfrage des Jahres 2006 die positiven, sich allmählich abschwächenden Einkommenseffekte. Der zusätzliche Anstieg des privaten Verbrauchs erreicht seinen Höhepunkt mit 1,4 Mrd. DM im Jahre 2007 und fällt danach bis zum Ende des Prognosezeitraums auf ca. 0,56 Mrd. DM zurück.

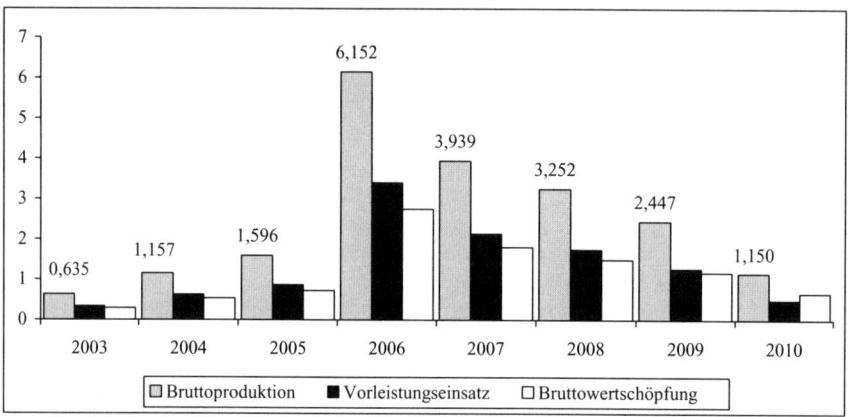

Abbildung 8.5-4: Entwicklung der Bruttoproduktion und ihrer Komponenten infolge einer kreditfinanzierten Fußball-Weltmeisterschaft 2006 - Abweichungen zur Basisprognose in Mrd. DM in jeweiligen Preisen -

Sowohl die steigende Investitions- als auch Konsumnachfrage bewirken einen deutlichen Anstieg der Bruttoproduktion und ihrer beiden Komponenten Bruttowertschöpfung und Vorleistungseinsatz (Abbildung 8.5-4). Sowohl der erhöhte Vorleistungseinsatz als auch die erhöhte Endnachfrage bewirken eine leichte Zunahme der Einfuhr von importierten Gütern.

Die Zunahme der Bruttoproduktion führt aber nicht nur zu steigenden Lohn- und Gewinneinkommen und somit zu einem Anstieg des verfügbaren Einkommens der privaten Haushalte, sondern auch zu einer allgemeinen Expansion der Staatseinnahmen infolge steigender Steuereinnahmen (Abbildung 8.5-5). Sie steigen über den gesamten Zeitraum an, wobei die Zunahme gegenüber der Basisprognose in den Jahren 2006 und 2007 um jeweils mehr als 0,6 Mrd. DM außerordentlich kräftig ausfällt. Die zusätzlichen Steuerzahlungen werden zu ungefähr gleichen Teilen von den Unternehmen und den privaten Haushalten geleistet.

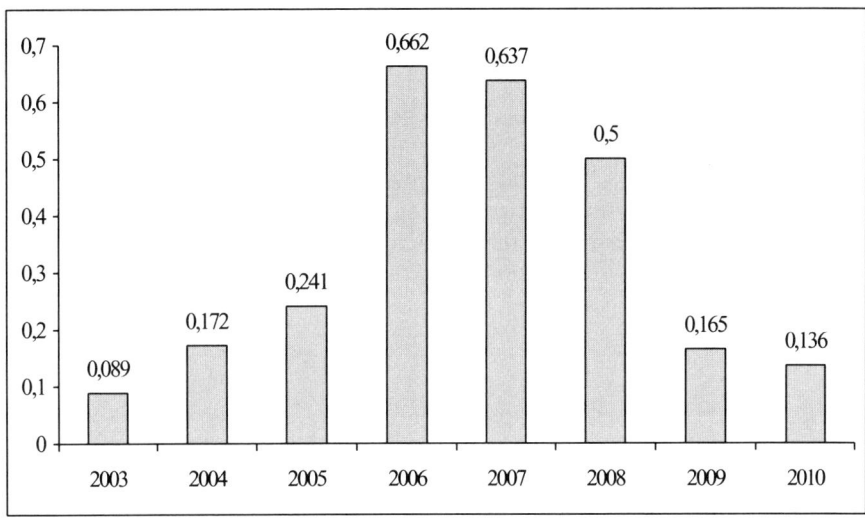

Abbildung 8.5-5:   *Entwicklung der Steuereinnahmen infolge einer kreditfinanzierten Fußball-Weltmeisterschaft 2006*
  – Abweichungen zur Basisprognose in Mrd. DM in jeweiligen Preisen –

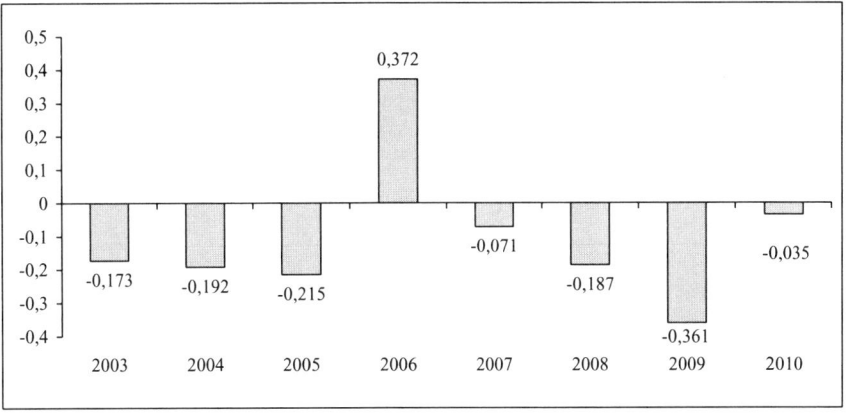

Abbildung 8.5-6:   *Entwicklung des Finanzierungssaldos des Staates infolge einer kreditfinanzierten Fußball-Weltmeisterschaft 2006*
  – Abweichungen zur Basisprognose in Mrd. DM in jeweiligen Preisen –

Durch den Anstieg des verfügbaren Einkommens des Staates infolge höherer Steuern kommt es über den gesamten Simulationszeitraum zu einer Erhöhung der Staatsnachfrage. Abbildung 8.5-3 zeigt die Ausdehnung des Staatsverbrauchs gegenüber der Basisprognose, der insbesondere infolge des expansiven Nachfrageimpulses im Jahre 2006 eine deutliche Erhöhung erfährt. Die zusätzlichen Einnahmen des Staates führen lediglich zu einer geringfügigen Reduktion des staatlichen Finanzierungssaldos (Abbildung 8.5-6). In den Jahren 2003 bis 2005 läßt sich am Anstieg des Finanzierungssaldos direkt die Kreditfinanzierung der WM-Infrastrukturinvestitionen ablesen. Die Zunahme des Finanzierungssaldos stimmt nicht völlig mit den vom Staat getätigten zusätzlichen Infrastrukturinvestitionen überein (Abbildung 8.5-1), weil positive Multiplikatoreffekte zu zusätzlichen Einnahmen führen und somit den staatlichen Finanzierungssaldo leicht vermindern.

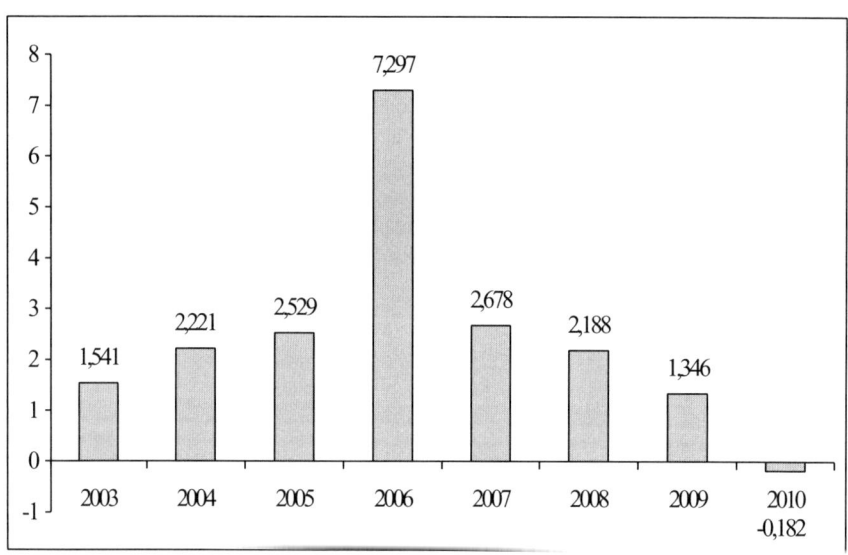

Abbildung 8.5-7:   Entwicklung der Beschäftigung infolge einer kreditfinanzierten
Fußball-Weltmeisterschaft 2006
- Abweichungen zur Basisprognose in Tsd. Personen -

Trotz eines kontraktiven Finanzierungseffektes der kreditfinanzierten WM-Infrastrukturinvestitionen aufgrund eines marginalen Anstiegs des Zinsniveaus entwickelt sich das Bruttoinlandsprodukt positiv. Sowohl durch die WM-Infrastrukturinvestitionen als auch insbesondere durch die im Jahr der Weltmeisterschaft durch den WM-Tourismus im Inland zusätzlich entstehende Nachfrage werden weitere Einkommen geschaffen, die dann über mehrere

Perioden in abnehmenden Wellen in die gesamte Volkswirtschaft diffundieren. Insgesamt kommt es über den gesamten Simulationszeitraum zu positiven Beschäftigungswirkungen. Es werden im Durchschnitt aller Jahre mehr als 2,4 Tsd. zusätzliche Arbeitsplätze pro Jahr geschaffen, im Jahr der Weltmeisterschaft werden sogar mehr als 7 Tsd. zusätzliche Arbeitsplätze geschaffen (vgl. Abbildung 8.5-7).

8.5.2.2 Finanzierung durch ein staatliches Münzprogramm

Was passiert nun, wenn der Staat die für die WM erforderlichen Infrastrukturinvestitionen nicht durch Verschuldung (wie in Abschnitt 8.5.2.1), sondern ausschließlich durch ein staatliches Münzprogramm finanzieren würde. Durch ein solches Münzprogramm hätten Fußballenthusiasten die Möglichkeit, sich an der Finanzierung "ihrer" Weltmeisterschaft zu beteiligen. Es ist natürlich klar, daß die Investitionen aufgrund ihres Gesamtvolumens wahrscheinlich nur zu einem Teil durch ein solches Münzprogramm aufgebracht werden können (Maennig 1992, S. 52f.). An dieser Stelle sollen aber lediglich die Grenzen bzw. Risiken dieser sehr speziellen Finanzierungsvariante aufgezeigt werden.

Der Kauf der WM-Münzen durch die privaten Haushalte stellt nichts anderes als eine Vermögensübertragung der privaten Haushalte an den Staat dar. Dieser Zahlungsstrom wird zusätzlich innerhalb dieser Simulationsrechnung im Austragungsjahr der Weltmeisterschaft berücksichtigt. Außerdem wird angenommen, daß die privaten Haushalte die erworbenen WM-Münzen als alternative Form der Ersparnis interpretieren. Es kommt aufgrund ihres Erwerbs zu keiner Konsumreduktion. Vielmehr erfolgt eine Substitution alternativer Sparformen (WM-Münzen gegen Sparguthaben auf Konten).

Ein Vergleich des Bruttoinlandsproduktes infolge des hier unterstellten Szenarios (Abbildung 8.5-8) mit der im Rahmen der vorherigen Simulationsrechnung in Abbildung 8.5-2 resultierenden Entwicklung zeigt, daß sich die Ergebnisse nur geringfügig unterscheiden. Dieser marginale Unterschied ergibt sich trotz eines deutlichen Rückgangs des staatlichen Finanzierungssaldos infolge der zusätzlichen Einnahmen durch Münzkäufe der privaten Haushalte (Abbildung 8.5-9) im Austragungsjahr 2006. Dieses auf den ersten Blick überraschende Ergebnis erklärt sich dadurch, daß beide Finanzierungsformen (Kredit und Münzen) Forderungen der privaten Hauhalte gegenüber dem Staat darstellen und deswegen in späteren Jahren zu einer Auszahlung führen werden.

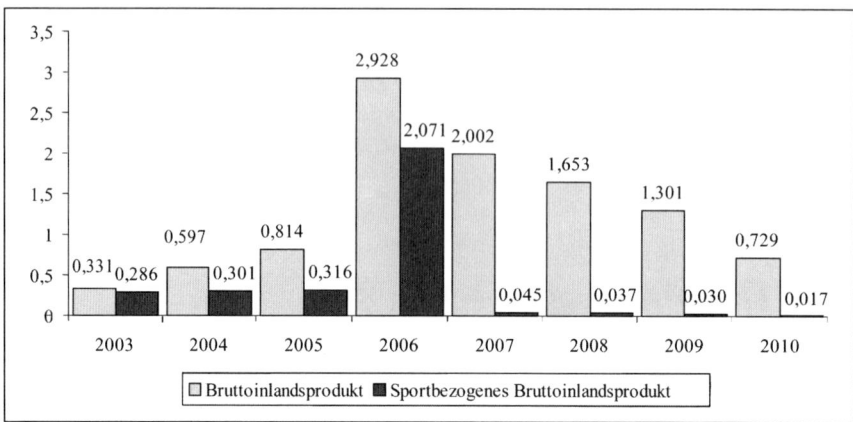

Abbildung 8.5-8:   *Entwicklung des Bruttoinlandsproduktes infolge einer Finanzierung der Fußball-Weltmeisterschaft 2006 durch ein staatliches Münzprogramm*
- Abweichungen zur Basisprognose in Mrd. DM in jeweiligen Preisen -

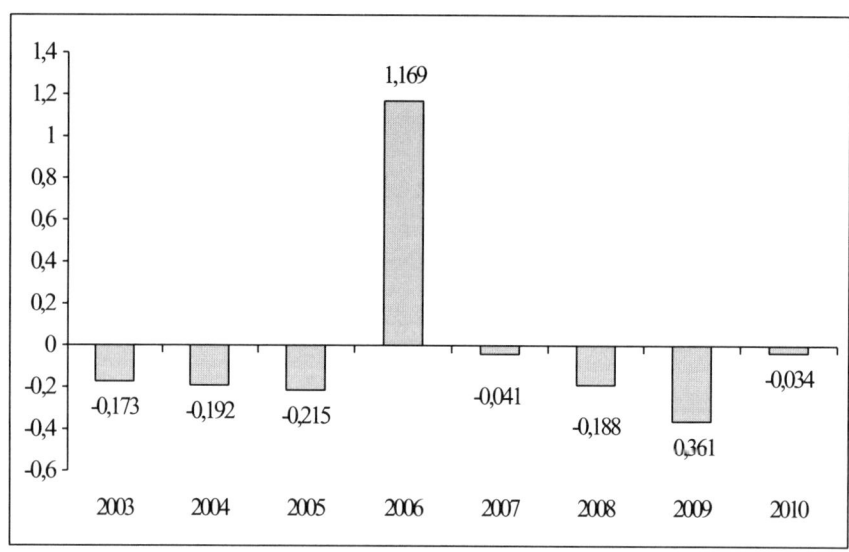

Abbildung 8.5-9:   *Entwicklung des Finanzierungssaldos des Staates infolge einer Finanzierung der Fußball-Weltmeisterschaft 2006 durch ein staatliches Münzprogramm*
- Abweichungen zur Basisprognose in Mrd. DM in jeweiligen Preisen -

Dennoch gibt es einen qualitativen Unterschied zwischen der Münzfinanzierung und der Kreditfinanzierung. Während für die Kreditfinanzierung eine

Rückzahlung inklusive einer adäquaten Verzinsung bereits bei ihrer Ausgabe vereinbart ist, werden bei der Münzfinanzierung weder eine Verzinsung noch eine Rückzahlungfrist vereinbart. Bei diesem Instrumentarium erhofft bzw. erwartet der Staat als auch der Münzsammler vielmehr, daß sich entweder der Wert der Münzen im Zeitablauf deutlich erhöht oder aber daß diese Münzen aus ideellen Motiven herausgehalten werden.

Werden jedoch die vom Staat ausgegebenen WM-Münzen nicht als alternative Sparform sondern als Konsumnachfrage von den Haushalten eingeschätzt, verändert sich das Ergebnis deutlich. In diesem Falle kommt es infolge der zusätzlichen Ersparnisbildung im WM-Jahr zu einer entsprechenden Verminderung der Konsumnachfrage der privaten Haushalte, was in den Folgejahren zu einer deutlichen Kontraktion der gesamtwirtschaftlichen Nachfrage führt (Ahlert 1999).

Diese Ergebnisse zeigen, daß eine Münzfinanzierung Risiken in sich birgt und daher von der geldpolitischen und finanzpolitischen Instanz mit sehr viel Sorgfalt vorbereitet werden sollte. Nur dadurch läßt sich die gewünschte expansive Wirkung eines WM-Münzprogramms zur Finanzierung der staatlichen WM-Infrastrukturinvestitionen garantieren.

8.5.2.3 Finanzierung durch eine Erhöhung der direkten Steuern der privaten Haushalte an den Staat

Im Rahmen dieser Simulationsrechnung wird unterstellt, daß die Steuerzahlungen der privaten Haushalte an den Staat parallel um den Betrag der zusätzlichen jährlichen Investitionen in den Jahren 2003 bis 2005 angehoben werden.

Das Bruttoinlandsprodukt nimmt zwar über den gesamten Simulationszeitraum im Vergleich zur Basisprognose zu, die Zunahme fällt aber im Vergleich zu der in Abschnitt 8.5.2.1 diskutierten Prognoserechnung schwächer aus (vgl. Abbildung 8.5-10). Dieses steht natürlich in direktem Zusammenhang mit der Finanzierung der WM-Infrastrukturinvestitionen. Die zusätzlich erhobenen direkten Steuern der privaten Haushalte an den Staat bremsen den expansiven Ausgabeneffekt der zusätzlichen staatlichen Investitionen ab, da dadurch ein Teil der entstehenden Einkommen dem Wirtschaftskreislauf entzogen wird. Dieses führt offensichtlich in den ersten Prognosejahren gegenüber dem Basislauf zu einer deutlichen Minderung des privaten Verbrauchs (vgl. Abbildung 8.5-11). Diese Minderung entfällt insbesondere auf den nichtsportbezogenen privaten

Verbrauch. Sein Rückgang fällt stärker aus als die expansive Wirkung der WM-Infrastrukturinvestitionen. Dieses erklärt den in Abbildung 8.5-10 gezeigten Rückgang des Bruttoinlandsproduktes bei gleichzeitiger Erhöhung des sportbezogenen Bruttoinlandsproduktes im Jahre 2003. Aber bereits ab dem zweiten Jahr ist der Gesamteffekt leicht positiv.

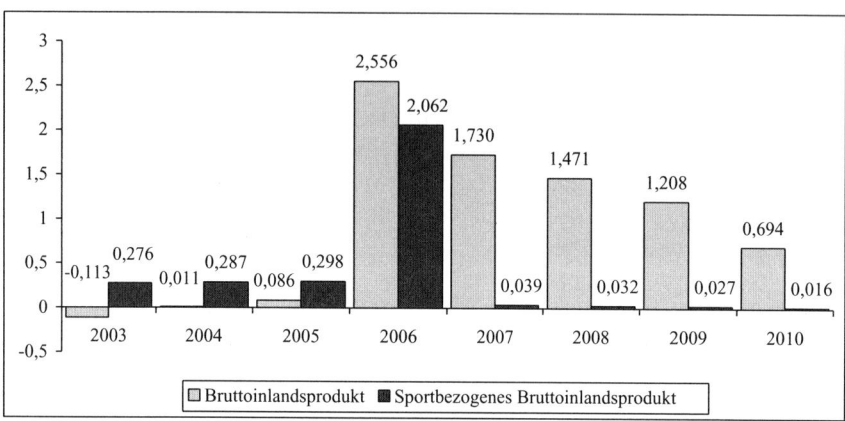

Abbildung 8.5-10: Die Entwicklung des Bruttoinlandsproduktes infolge einer steuerfinanzierten Fußball-Weltmeisterschaft 2006 - Abweichungen zur Basisprognose in Mrd. DM in jeweiligen Preisen -

Im Jahre 2006 bewirkt dann die zusätzliche Nachfrage der ausländischen WM-Besucher in Höhe 1,765 Mrd. DM eine spürbare Ausweitung der Produktion und eine Zunahme der verfügbaren Einkommen der privaten Haushalte, die nun wiederum entweder zusätzliche Konsum- bzw. Investitionsnachfrage auslösen oder aber in Form von zusätzlichen Steuereinnahmen in die Kassen des Staates wandern. Diese Vorgänge sorgen nach einem anfänglichen Rückgang des Staatsverbrauchs aufgrund des kontraktiven Finanzierungseffektes ab dem Jahre 2006 für eine Erhöhung des Staatsverbrauchs. Offenbar kann der Staat aufgrund der Multiplikatorwirkungen zusätzliche Ausgaben finanzieren. Abbildung 8.5-11 zeigt, daß durch die Güternachfrage der ausländischen WM-Besucher auch zusätzliche Investitionen induziert werden. In den Jahren 2006 bis 2009 ist das Investitionsvolumen sogar höher als in den Jahren vor der Austragung der Fußball-Weltmeisterschaft, in denen der Staat den Ausbau der WM-Infrastruktur durchgeführt hat.

Durch den steuerfinanzierten Ausbau der WM-Infrastruktur kommt es erst im Jahr der Weltmeisterschaft zu einer spürbaren Expansion der Bruttoproduktion als auch ihrer Komponenten. Diese verzögerte Entwicklung findet auch ihren

Niederschlag bei den verfügbaren Einkommen, die aufgrund der Steuerfinanzierung in den Jahren 2003 bis 2005 rückläufig sind und erst infolge des exogenen Nachfrageschubs aus dem Ausland kräftig ansteigen.

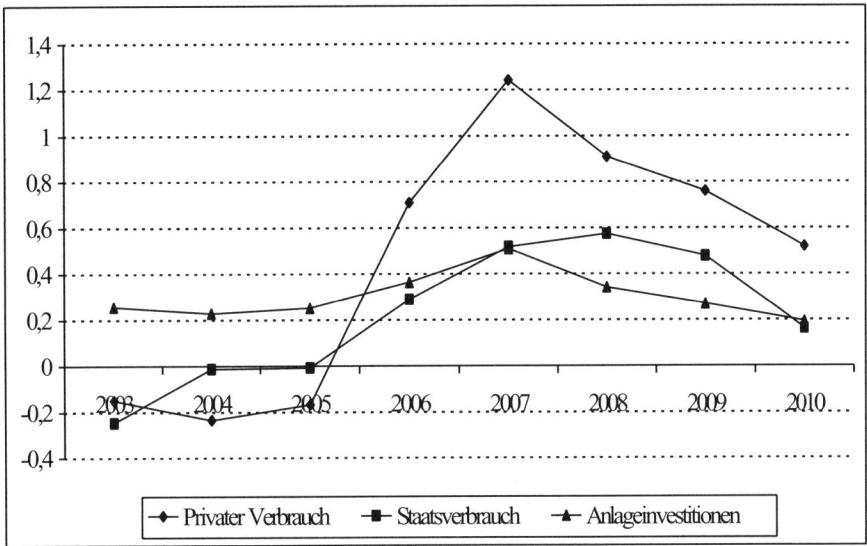

Abbildung 8.5-11: *Die Entwicklung einiger Komponenten des Bruttoinlandsproduktes infolge einer steuerfinanzierten Fußball-Weltmeisterschaft 2006 - Abweichungen zur Basisprognose in Mrd. DM in jeweiligen Preisen -*

Die Zunahme der Bruttoproduktion als auch der Einkommen verstärken die günstige Entwicklung auf der staatlichen Einnahmeseite, es steigen sowohl die indirekten als auch die direkten Steuern des Staates an. Werden die Steuern in den ersten drei Jahren zur Finanzierung angehoben, so sorgen in den Folgejahren insbesondere die steigenden verfügbaren Einkommen für zusätzliche Steuereinnahmen (vgl. Abbildung 8.5-12).

Die zusätzlichen Steuereinnahmen können aber nur minimal die Neuverschuldung des Staates abbauen. Zum einen werden sie originär zur Finanzierung der staatlichen WM-Infrastrukturinvestitionen erhoben. Zum anderen werden die darüber hinaus gehenden zusätzlichen Steuereinnahmen infolge der Kreislaufeffekte vom Staat als zusätzliche Ausgaben wieder ausgegeben, d. h. sie werden nicht explizit zum Abbau der Staatsschuld eingesetzt. Lediglich im Jahr der Weltmeisterschaft bewirken die zusätzlichen Steuereinnahmen eine leichte Rückführung der Neuverschuldung des Staates.

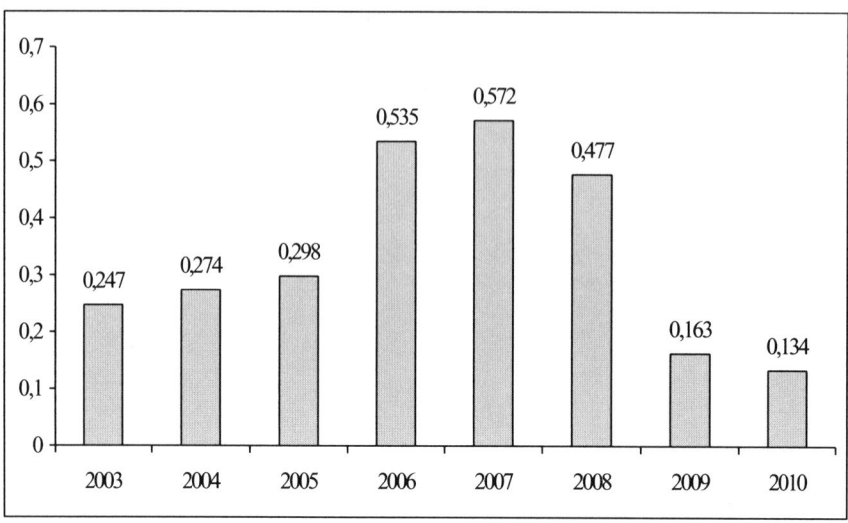

Abbildung 8.5-12: *Entwicklung der Steuereinnahmen infolge einer steuerfinanzierten*
Fußball-Weltmeisterschaft 2006
- Abweichungen zur Basisprognose in Mrd. DM in jeweiligen Preisen -

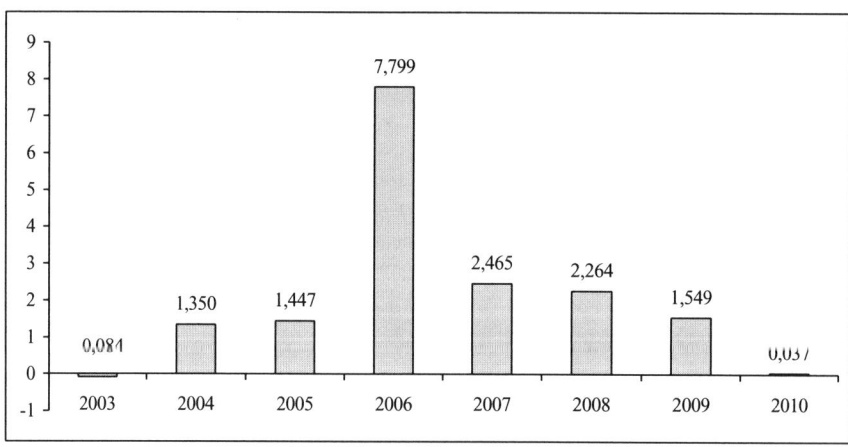

Abbildung 8.5-13: *Entwicklung der Beschäftigung infolge einer steuerfinanzierten*
Fußball-Weltmeisterschaft 2006
- Abweichungen zur Basisprognose in Tsd. Personen -

Die durch Steuererhöhung finanzierte Ausweitung des sportspezifischen
Staatsverbrauchs mündet in einen positiven Beschäftigungseffekt. Nach einem
anfänglichen Rückgang im Jahre 2003 aufgrund des kontraktiven

Finanzierungseffektes der Infrastrukturinvestitionen steigt die Beschäftigung in den Jahren 2004 bis 2009 leicht an und erreicht im Jahr der WM mit ca. 7,8 Tsd. zusätzlichen Arbeitsplätzen ihren Höhepunkt.

8.5.3 Zusammenfassung der Ergebnisse

Ein Vergleich der unterschiedlichen Simulationsrechnungen zu den ökonomischen Auswirkungen der Fußball-Weltmeisterschaft bei alternativer Finanzierung zeigt, daß unter den unterstellten günstigen Rahmenbedingungen (mittlere bis geringe öffentliche WM-Infrastrukturinvestitionen, relativ hohe Kapazitätsauslastung der Stadien aufgrund hoher Besucherzahlen) sowohl eine Zunahme des Bruttoinlandsproduktes als auch ein positiver Beschäftigungseffekt zu erwarten ist.

Die Stärke des positiven Effektes wird natürlich insbesondere durch die zusätzliche Nachfrage der ausländischen Besucher der Fußball-Weltmeisterschaft determiniert. Diese zusätzliche inländische Nachfrage bewirkt im Jahr 2006 eine kräftige Expansion der Produktion und der Einkommen. Obwohl sich der konsumtive exogene Impuls lediglich auf die kurze Dauer der WM beschränkt, generiert diese zusätzliche Nachfrage insbesondere in den drei nachfolgenden Jahren über die vielfältigen multiplikativen Verknüpfungen des Wirtschaftskreislaufes eine spürbare zusätzliche Nachfrage.

In den Jahren vor der Fußball-Weltmeisterschaft bestimmt die Art der Finanzierung der staatlichen WM-Infrastrukturinvestitionen entscheidend die Dynamik der expansiven Kreislaufeffekte. Bei einer Kreditfinanzierung kommt es bereits im ersten Investitionsjahr zu einem leichten Anstieg des Bruttoinlandsproduktes, der dann in den Folgejahren aufgrund der Multiplikatorwirkungen die gesamtwirtschaftliche Nachfrage deutlich verstärkt. Auch wenn sich die Stärke dieser indirekten Effekte in den Folgeperioden abschwächt, bewirken sie doch eine kräftige Nachfragebelebung.

Im Vergleich dazu zeigen die Modellrechnungen zur Steuerfinanzierung, daß die expansiven Wirkungen zusätzlicher Staatsausgaben durch die Finanzierung nahezu „weggesteuert" werden (im Vergleich zur Kreditfinanzierung) und sich erst im Jahre 2005 eine leichte Erhöhung des Bruttoinlandsproduktes einstellt. Im ersten Investitionsjahr kommt es sogar aufgrund des kontraktiven Finanzierungseffektes der staatlichen WM-Infrastrukturinvestitionen zu einem Rückgang des Inlandsproduktes.

Im Falle der Münzfinanzierung wird die Diffusion der zusätzlich geschaffenen Einkommen in die gesamte Volkswirtschaft durch das Sparverhalten der privaten Haushalte bestimmt. Führt die Münzfinanzierung zu einer Reduktion der Konsumnachfrage der privaten Haushalte, so wird keine zusätzliche Nachfrage stimuliert. Lediglich im Falle der Substitution anderer Sparanlagen durch die speziellen WM-Münzen sind eindeutige expansive Einkommenseffekte zu erwarten. Daraus läßt sich erkennen, daß solche Münzprogrammme nur dann Sinn machen, wenn ihr Volumen als auch ihre Ausgestaltung zu keiner zusätzlichen Ersparnisbildung und somit auch zu keiner Konsumreduktion führen.

Die hier vorgestellten Ergebnisse erlauben es den Entscheidungsträgern in Sport, Politik und Wirtschaft die Opportunitätskosten der verschiedenen Finanzierungsmöglichkeiten präziser abzuschätzen. Die verantwortlichen Entscheidungsträger können somit wertvolle zusätzliche Informationen in ihr Entscheidungskalkül mit einbeziehen (Ahlert 1999).

Natürlich können die Ergebnisse solcher Modellrechnungen auch Basis für eine erweiterte Kosten-Nutzen-Analyse sein, welche die ermittelten quantitativen Größen mit qualitativen Wirkungen einer gesellschaftlichen Perspektive verknüpft (Kurscheidt/Rahmann 1999, S. 42). Beispielhaft sei hier auf die von Rahmann et al. (1998) exemplarisch für die Fußball-WM 2006 in Deutschland durchgeführte Untersuchung hingewiesen.

9 Ausblick

Die in den Simulationsrechnungen vorgestellten Ergebnisse zeigen, daß Änderungen in der öffentlichen Sportförderung oftmals viel stärker auf die nichtsportbezogenen Bereiche als auf die sportbezogenen Bereiche wirken und deswegen wahrscheinlich erheblich unterschätzt werden. Dieses wurde insbesondere am Beispiel der Wirkungen einer zunehmenden Verlagerung des Sportkonsums weg von den Sportvereinen hin zu den erwerbswirtschaftlichen Anbietern gezeigt.

Erst der hier gewählte Ansatz der Modellierung der vielfältigen ökonomischen Verflechtungsbeziehungen des Sports mit den sonstigen Bereichen der Wirtschaft ermöglicht eine vollständige Erfassung aller makroökonomischen Effekte. Für die sportpolitische Diskussion eröffnet sich damit die Perspektive, die Wirkungen potentieller Maßnahmen auf sportpolitische als auch ökonomische Ziele sicherer abschätzen zu können als dies ohne Modellierung der Fall ist. Es ist ferner deutlich geworden, daß der gewählte ökonometrische Input-Output-Ansatz, der die Ergebnisse der Input-Output-Tabelle des Sports für das Jahr 1993 aufnimmt, die notwendige Tiefenschärfe ermöglicht, die für das Erlangen politikrelevanter Aussagen erforderlich ist.

Die hier vorgestellte Auswahl an Ergebnissen macht deutich, daß sich mit dem vorgestellten SPORT-Modell auf eine Vielzahl sportpolitischer und sportökonomischer Fragen Antworten geben lassen. Im Rahmen dieses Forschungsprojektes wurden bereits einige weitere Simulationsrechnungen erstellt, die noch deutlicher den breiten Anwendungsbereich des um Sportaktivitäten erweiterten INFORGE-Modells aufzeigen:

- Nettowirkung einer Änderung der sportbezogenen Konsumstruktur hin zu mehr passiver Sportaktivität

- Alternative Modelle zur Finanzierung von Sportinfrastrukturinvestitionen oder Sportfördermaßnahmen

• Ökonomische Auswirkungen einer Reduktion der Zuschüsse des Staates an die Sportvereine und Sportverbände bei unterschiedlichen Verhaltensweisen der Vereinsmitglieder

• Nettoeffekt einer Substitution nichtsportbezogener Konsumausgaben durch sportbezogene Konsumausgaben

• Ökonomische Effekte einer fortschreitenden Finanzierung des Sports durch die private Wirtschaft, hier insbesondere in Form von Übertragungs- und Werberechten

Die Ergebnisse der vorgestellten Modellrechnungen können Ausgangspunkt weitergehender sportökonomischer Untersuchungen, z. B. im Rahmen der Kosten-Nutzen-Analyse, sein. Außerdem können solche Modellrechnungen herangezogen werden, um im Rahmen der vergleichenden Analyse unterschiedlicher Projekte die Opportunitätskosten der sportökonomischen Entscheidungen genauer bzw. überhaupt erfassen zu können (Heinemann 1995). Beispielhaft wurden dazu im Rahmen dieses Forschungsprojektes die makroökonomischen Effekte einer möglichen Fußball-WM im Jahre 2006 in Deutschland bei alternativen Finanzierungskonzepten ermittelt.

Die vorliegende Studie zeigt aber auch, daß sich politikrelevante Aussagen in dem komplexen ökonomischen Beziehungsgeflecht Sport und Wirtschaft nur durch eine adäquate Erfassung und Modellierung treffen lassen. Dazu ist es notwendig, daß sich Datenproduzenten und Modellbauer aufeinander abstimmen, damit Datensätze erstellt werden, die auch vom Modellbauer implementiert werden können.

Dennoch lassen sich Grenzen des verwendeten Ansatzes ausmachen. Diese sind nicht durch die Modellierung, sondern durch den der Modellierung zugrundeliegenden Datensatz begründet. Trotz der sehr aufwendig erstellten Datenbasis gibt es gerade im Bereich des Themenschwerpunkts „Sport und Werbung" vielfältige Verflechtungsbeziehungen, die im Rahmen dieses Forschungsprojektes nur vereinfacht abgebildet werden konnten. Dazu zählen insbesondere die Sponsoring- und Merchandisingaktivitäten im Rahmen der immer stärker voranschreitenden Professionalisierung und Kommerzialisierung des Sports (Hermanns 1997). Gerade für die detaillierte Abbildung dieses Aspektes gibt es bisher keine vollständig auf diese Fragestellung abgestimmte Erhebung. Um Antworten auf in diese Richtung zielende Fragen geben zu können, wäre es notwendig, die konzeptionellen, methodischen und statistischen Aspekte zur Erstellung eines solch umfassenden Datensatzes zu analysieren, um

240

dann in einem weiteren Arbeitsschritt das Satellitensystem "Sport" um diesen Aspekte zu ergänzen.

Gleiches gilt auch für eine stärkere Regionalisierung der sportökonomischen Effekte, was gerade im Zusammenhang mit der unterschiedlich starken Ausgabenlast der verschiedenen Gebietskörperschaften – Bund, Länder und Gemeinden – für Sportzwecke von besonderem Interesse wäre. Für diese Zwecke müßten aber die Volkswirtschaftlichen Gesamtrechnungen der Länder in die bestehende Modellierung integriert werden. Erst dann ließen sich in einem modifizierten und erweiterten SPORT-Modell auch solche Fragen kompetent beantworten.

Ein weiterer Aspekt sind die in den nächsten Jahren zu erwartenden Veränderungen im Bereich der Sportvereine und Sportverbände. Durch die Weiterentwicklung der Profimannschaften in den Spitzensportvereinen zu eigenständigen Unternehmen mit neuen Gesellschaftsformen (GmbH, AG etc.) oder auch durch die Entstehung von privatwirtschaftlichen Unternehmen, die die finanziellen und organisatorischen Aufgaben der [Groß]vereine übernehmen, ergeben sich ganz neue Verflechtungsbeziehungen zwischen Sport und Wirtschaft, die nicht mehr so eindeutig zu identifizieren sind und somit auch die Kostenstruktur der Sportvereine verändern.

Dennoch zeigen die hier vorgestellten Simulationsrechnungen die Flexibilität des entwickelten Modells. So verdeutlichen die Rechnungen zum „Goldenen Plan Ost" als auch durchgeführte Rechnungen zu den ökonomischen Effekten einer Fußballweltmeisterschaft im Jahre 2006 in Deutschland, daß mit dem hier vorgestellten Instrumentarium zu aktuellen Fragen Antworten gegeben und die vielfältigen Dimensionen einer Fragestellung ausgelotet werden können.

Das Modell SPORT ist so konstruiert, daß es auch in der Zukunft weiter eingesetzt und somit weiterentwickelt werden kann. Der Einsatz als auch die Weiterentwicklung des erstmals erstellten Satellitensystems "Sport" als auch des sportökonomischen Modells SPORT kann sowohl der sportökonomischen Forschung als auch der sportpolitischen Diskussion neue Impulse geben.

Glossar

ABSCHREIBUNGEN: Wertminderung des reproduzierbaren Anlagevermögens im Lauf der Periode durch Verschleiß und wirtschaftliches Veralten. Auch das vorzeitige Ausscheiden von Anlagen durch Schadensfälle ist im Wert der Abschreibungen berücksichtigt.

AB-WERK-PREIS: Der Güterpreis, der sich nach Abzug der Verteilerleistungen (Handels- und Transportleistungen) und der nichtabziehbaren Umsatzsteuer vom Anschaffungspreis ergibt.

ANLAGEINVESTITIONEN: Wert der von inländischen Produktionseinheiten erworbenen Anlagen, die länger als ein Jahr im Produktionsprozeß eingesetzt werden sollen. Dazu zählen die Käufe neuer Anlagen sowie von gebrauchten Anlagen und Land nach Abzug der Verkäufe von gebrauchten Anlagen und Land.

ANSCHAFFUNGSPREIS: Der Güterpreis, den der Käufer am Markt gezahlt hat. Die gezahlte Umsatzsteuer ist eingeschlossen, sofern der Käufer kein Recht auf Vorsteuerabzug hat.

ARBEITSPRODUKTIVITÄT: Bruttowertschöpfung eines Wirtschaftsbereiches oder Sektors in Preisen eines Basisjahres je durchschnittlich Erwerbstätigen oder Erwerbstätigenstunde

AUSRÜSTUNGEN: Bewegliche Anlagegüter, wie Maschinen und maschinelle Anlagen, Betriebs- und Geschäftsausstattungen, Fahrzeuge sowie ähnliche Anlagegüter, die nicht fest mit Bauten verbunden sind.

AUSSENBEITRAG: Differenz zwischen Ausfuhr und der Einfuhr von Waren und Dienstleistungen unter Berücksichtigung des Saldos der Erwerbs- und Vermögenseinkommen gegenüber dem Ausland.

BAUTEN: Gebäude und sonstige Bauten, wie Straßen, Brücken, Flugplätze, Kanäle, Staudämme, Stahl- und Holzkonstruktionen (Montagebau), Versorgungs- und Rohrfernleitungen sowie fest mit Bauten verbundene Einrichtungen, wie Aufzüge, Heizungs-, Lüftungs- und Klimaanlagen, gärtnerische Anlagen etc..

BRUTTOINLANDSPRODUKT: Geldwert aller innerhalb einer Periode im Inland produzierten Waren und Dienstleistungen nach Abzug des Wertes der im Produktionsprozeß als Vorleistungen verbrauchten Güter. Das Bruttoinlandsprodukt ist somit die gesamtwirtschaftliche Bruttowertschöpfung zuzüglich der nichtabzugsfähigen Umsatzsteuer und der Einfuhrabgaben.

BRUTTOSOZIALPRODUKT: Geldwert aller innerhalb einer Periode von Inländern produzierten Waren und Dienstleistungen nach Abzug des Wertes der im Produktionsprozeß als Vorleistungen verbrauchten Güter. Es ergibt sich, indem man vom Bruttoinlandsprodukt die Erwerbs- und Vermögenseinkommen abzieht, die an die übrige Welt geflossen sind, und umgekehrt die Erwerbs- und Vermögenseinkommen hinzufügt, die von inländischen Personen bzw. Institutionen aus der übrigen Welt bezogen worden sind.

BRUTTOWERTSCHÖPFUNG: Maßstab für die wirtschaftliche Leistung der Sektoren, da sie den zusätzlich im Rahmen der Produktion von Waren und Dienstleistungen geschaffenen Wert eines Sektors mißt. Die Bruttowertschöpfung setzt sich aus Abschreibungen, indirekten Steuern abzüglich Subventionen, Einkommen aus unselbständiger Arbeit als auch den Einkommen aus Unternehmertätigkeit und Vermögen zusammen.

EIGENVERBRAUCH DER PRIVATEN ORGANISATIONEN OHNE ERWERBSZWECK: Leistungen, die den privaten Haushalten von den privaten Organisationen ohne Erwerbszweck unentgeltlich zur Verfügung gestellt werden. Er umfaßt denjenigen Teil ihres Produktionswertes, der nicht verkauft oder als Investitionsgut selbst erstellt wird.

EINKOMMEN AUS UNSELBSTÄNDIGER ARBEIT: Bruttolöhne und Bruttogehälter als auch die tatsächlichen Arbeitgeberbeiträge zur Sozialversicherung, an Lebensversicherungsunternehmen und an Pensionskassen. Außerdem enthalten sie unterstellte Sozialbeiträge, die den Gegenwert der sozialen Leistungen darstellen, die von Arbeitgebern an gegenwärtig oder früher beschäftigte Arbeitnehmer gezahlt oder als unverfallbare Forderungen gutgeschrieben werden.

EINKOMMEN AUS UNTERNEHMERTÄTIGKEIT UND VERMÖGEN: Sie ergeben sich nach Abzug der geleisteten Einkommen aus unselbständiger Arbeit von der Nettowertschöpfung des Sektors. Sie schließen einen kalkulatorischen Unternehmerlohn sowie das Entgelt für das eingesetzte eigene und fremde Sach- und Geldkapital der Unternehmen und für die unternehmerische Leistung ein.

ENDNACHFRAGEMATRIX: Sie enthält die Lieferungen der n Produktionssektoren für den Endverbrauch. Sie wird zumeist in die Spalten Privater Konsum, Öffentlicher Konsum, Bruttoinvestitionen und Exporte aufgeteilt.

FINANZIERUNGSSALDO DES STAATES: Saldo aus Forderungen des Staates abzüglich der Änderung seiner Verbindlichkeiten während eines Zeitraumes. (Positiver Finanzierungssaldo = Finanzierungs- bzw. Einnahmenüberschuß; Negativer Finanzierungssaldo = Finanzierungsdefizit bzw. Ausgabenüberschuß)

GEBIETSKÖRPERSCHAFTEN: Gebietskörperschaften umfassen die drei administrativen Ebenen Bund, Länder und Gemeinden.

GÜTERGRUPPE: Gliederung der produzierten Waren und Dienstleistungen entsprechend der Systematik der Produktionsbereiche in Input-Output-Rechnungen. Die Güter einer Gruppe werden jeweils von einem Produktionsbereich produziert.

HERSTELLUNGSPREIS: Der Herstellungspreis ergibt sich aus dem Ab-Werk-Preis durch Abzug der an den Staat abgeführten Produktionssteuern (vermindert um Subventionen).

INPUT-KOEFFIZIENTEN: Sie bringen die Bezugs- bzw. Inputstrukturen zum Ausdruck. Sie geben an, welcher Anteil des Inputs eines Produktionsbereiches j vom Bereich i (Produktionsbereiche und primäre Inputs) bezogen worden ist.

INPUT-METHODE: Es erfolgt eine spaltenweise Analyse der Zusammensetzung der Güter. Die Vorleistungen der spaltenweise angeordneten Sektoren werden nach Gütergruppen und die Wertschöpfung nach ihren Komponenten aufgespalten. So entsteht ein vollständiges Bild über die Inputstruktur der einzelnen Bereiche.

INPUT-OUTPUT-TABELLE: In ihr erfolgt die systematische Erfassung der Bezugs- und Lieferströme, die als Input- und Output-Ströme zwischen den Wirtschaftsbereichen einer Volkswirtschaft, sowie zum Ausland fließen. Sie soll die wechselseitigen strukturellen Beziehungen dieser Wirtschaftsbereiche im Produktions- und Handelsbereich aufdecken und rechenbar machen. Sie geben somit einen tiefgegliederten Nachweis der produktions- und gütermäßigen Verflechtung der Volkswirtschaft während eines Zeitraumes in einer Matrixtabelle wieder.

KOSTEN-NUTZEN-ANALYSE: Auf der Wohlfahrtsökonomik beruhendes und vor allem in öffentlichen Haushaltswirtschaften angewendetes Verfahren zur vergleichenden Bewertung von Objekten oder Handlungsalternativen, insbesondere öffentlicher Infrastruktur-Investitionsvorhaben. Dabei werden die zukünftigen, auf den gegenwärtigen Zeitpunkt abdiskontierten Kosten und Nutzen (Erträge) des einzelnen Projektes bestimmt und mit den entsprechenden Größen alternativer Investitionsobjekte verglichen.

MULTIPLIKATOR: Der Multiplikator gibt an, um wieviel das Einkommen wächst, wenn autonome Größen (z. B. Investitionen, Staatsausgaben, Exporte) steigen. Multiplikative Effekte bewirken, daß sich die endogenen Größen eines Modells infolge der Änderung einer exogenen Größe multiplikativ anpassen.

NETTOWERTSCHÖPFUNG: Sie umfaßt die Einkommen aus unselbständiger Arbeit (Löhne und Gehälter) als auch die Einkommen aus Unternehmertätigkeit und Vermögen (Zinsen, Pachten und Produktionsgewinn).

NICHTABZIEHBARE UMSATZSTEUER: Umfaßt den Teil der auf Inlandsumsätze in Rechnung gestellten Mehrwertsteuer und auf Einfuhren erhobenen Einfuhrumsatzsteuer, der bei den Käufern der Güter nicht als Vorsteuer abgezogen werden darf. Sie lastet also endgültig auf den Gütern und wird in der erwähnten Korrekturzeile bei den Verwendungsaggregaten nachgewiesen.

ORDINARY LEAST SQUARE-VERFAHREN: Ökonometrisches Schätzverfahren nach der gewöhnlichen Methode der kleinsten Quadrate. Dabei werden die unbekannten Koeffizienten so bestimmt, daß die Summe der quadrierten Abweichungen zwischen den Beobachtungswerten und den vom geschätzten Modell beschriebenen Werten minimal wird.

ORGANISATIONEN OHNE ERWERBSZWECK: Von einer Gruppe von Wirtschaftssubjekten gegründete Institution, die ihre Leistungen überwiegend ohne kostendeckende Entgelte abgibt und hauptsächlich durch freiwillige Zahlungen wie Beiträge, Spenden und Zuschüsse des Staates finanziert wird.

OUTPUT-METHODE: Es erfolgt eine zeilenweise Ermittlung der Verwendung des Aufkommens an Gütern. Das gesamte Güteraufkommen wird tief disaggregiert den einzelnen Verwendungskategorien (intermediäre Verwendung der einzelnen Produktionsbereiche sowie Kategorien der letzten Verwendung) zugeordnet.

PRIMÄRAUFWANDSMATRIX: Enthält so heterogene Posten wie Gewinne, Löhne, Abschreibungen, indirekte Steuern und Importe.

PRIVATER VERBRAUCH: Waren- und Dienstleistungskäufe der inländischen privaten Haushalte für Konsumzwecke als auch der Eigenverbrauch der privaten Organisationen ohne Erwerbszweck. Neben den tatsächlichen Käufen sind auch bestimmte unterstellte Käufe einbegriffen, wie z. B. der Eigenverbrauch der Unternehmen, der Wert der Nutzung von Eigentümerwohnungen sowie Deputate der Arbeitnehmer.

PRODUKTIONSBEREICH: Gesamtheit aller homogenen Produktionseinheiten, die ausschließlich und vollständig die Güter einer Gütergruppe erzeugen.

PRODUKTIONSWERT: Wert der erzeugten Waren und Dienstleistungen eines Produktionsbereichs. Er bestimmt sich aus dem Wert der Verkäufe von Waren und Dienstleistungen aus eigener Produktion sowie von Handelsware an andere in- und ausländische Wirtschaftseinheiten (korrigiert um den Wert der Bestandsveränderungen an fertigen und halbfertigen Erzeugnissen aus eigener Produktion als auch um den Wert der selbsterstellten Anlagen).

STAAT: Umfaßt die Gebietskörperschaften Bund, Länder und Gemeinden.

STAATSVERBRAUCH: Entspricht den Aufwendungen des Staates (Bund, Länder, Gemeinden und Sozialversicherungen) für Verwaltungsleistungen, die der Allgemeinheit ohne spezielles Entgelt zur Verfügung gestellt werden. Er ergibt sich nach Abzug der Verkäufe sowie der selbsterstellten Anlagen vom Produktionswert des Staates, der anhand der laufenden Aufwendungen der Institutionen des Staatssektors gemessen wird.

SUBVENTIONEN: Zuschüsse, die der Staat im Rahmen der Wirtschafts- und Sozialpolitik für laufende Produktionszwecke gewährt, sei es zur Beeinflussung der Marktpreise oder zur Stützung von Produktion und Einkommen.

VOLKSWIRTSCHAFTLICHE GESAMTRECHNUNGEN: Ein auf der Kreislaufanalyse basierendes System zur Darstellung wirtschaftlicher Vorgänge. Sie haben zum Ziel, ein möglichst umfassendes, übersichtliches, hinreichend gegliedertes, qualitatives Gesamtbild des wirtschaftlichen Geschehens zu vermitteln.

VORLEISTUNGEN: Wert der Waren und Dienstleistungen, die inländische Wirtschaftseinheiten im Berichtszeitraum im Zuge des Produktionsprozesses eingesetzt haben. Nicht zu den Vorleistungen gehören die Leistungen der Produktionsfaktoren Arbeit und Kapital. Auch der Verschleiß dauerhafter Güter (Investitionsgüter) wird nicht als Vorleistung (intermediärer Verbrauch) behandelt, sondern mit der Berechnung der Abschreibungen erfaßt.

VORLEISTUNGEN: Güter (Waren und Dienstleistungen), die inländische Produktionseinheiten von anderen (in- und ausländischen) Wirtschaftseinheiten bezogen haben und im Berichtszeitraum im Zuge der Produktion eingesetzt werden.

VORLEISTUNGSMATRIX: (Zentralmatrix) Sie enthält als Herzstück der Input-Output-Tabelle die Vorleistungslieferungen der n Sektoren untereinander, einschließlich der In-sich-Ströme. Ihre Zeilensummen weisen dann die gesamten Vorleistungslieferungen eines Sektors an alle anderen Sektoren aus, die Spaltensummen enthalten den gesamten Vorleistungsverbrauch bzw. -einsatz eines Sektors.

VORLEISTUNGSQUOTE: Relation der Vorleistungen zu Produktionswert eines Sektors. Sie gibt an, welcher Teil des Wertes der Produktion aus fremdbezogenen Vorprodukten besteht, also nicht in dem Sektor neu geschaffen wurde.

VORRÄTE: Differenz der Vorratsbestände zwischen dem Ende und dem Anfang der Berichtsperiode (Vorratsveränderung), bewertet zu Durchschnittspreisen der Periode.

Literaturverzeichnis

AHLERT, G./SCHNIEDER, C.: Integrating Sports in the German Input-Output-Table. Beitrag zur „Fifth INFORUM World Conference". Bertinoro (Italien) 1997.

AHLERT, G.: Sports and the Economy. Beitrag zur „Sixth INFORUM World Conference". El Escorial (Spanien) 1998.

AHLERT, G.: The Economic Impact of the Soccer World Cup 2006 in Germany. in: INFORUM Working Papers, Nr. 8/99, 1999, Maryland.

ARD: ARD-Jahrbuch 1994. Frankfurt am Main 1994.

BAYERISCHER LANDESSPORTVERBAND: Haushalt 1993. 1994.

BBE-UNTERNEHMENSBERATUNGSGESELLSCHAFT: Branchenreport: Kommerzielle Freizeit-Anlagen, 2. Jahrgang, Köln 1992.

BBE-UNTERNEHMENSBERATUNGSGESELLSCHAFT: Branchenreport: Kommerzielle Freizeit-Anlagen, 3. Jahrgang, Köln 1994.

BBE-UNTERNEHMENSBERATUNGSGESELLSCHAFT: Branchenreport: Kommerzielle Freizeit-Anlagen, 4. Jahrgang, Köln 1997.

BELLMANN, A.: Sport-Marketing in der Praxis. Essen 1990.

BÖRSENBLATT DES DEUTSCHEN BUCHHANDELS: Buch und Buchhandel in Zahlen 1994. in: Börsenblatt des Deutschen Buchhandels, Jhg. 52, 1994, S. 76-143.

BRUHN, M./PISTAFF, J.: Sponsoring in Deutschland - Ergebnisse einer Unternehmensbefragung. Arbeitspapiere des Instituts für Marketing an der European Business School Nr. 14, Schloß Reichartshausen 1993.

BÜCH, M.-P.: Sport und Ökonomie: Märkte um den Sport und ihre wirtschaftliche Bedeutung in Deutschland. in: Aus Politik und Zeitgeschichte, Bd. 29, 1996, S. 23-31.

BUND DEUTSCHER RADFAHRER: Haushalt 1993. 1994.

BUNDESINSTITUT FÜR SPORTWISSENSCHAFT: Bau- und Betriebs- und Unterhaltungskosten von Sportanlagen. Köln 1985.

BUNDESINSTITUT FÜR SPORTWISSENSCHAFT: Informationstagung Bau und Betrieb von Sportanlagen. Köln 1975.

BUNDESINSTITUT FÜR SPORTWISSENSCHAFT: Tabellen mit Orientierungswerten zu den Bau- und Betriebs- und Unterhaltungskosten für unterschiedliche Sportanlagen und Schwimmbäder, Stand: Frühjahr 1991. Köln 1992.

BUNDESMINISTERIUM DES INNERN: Achter Sportbericht der Bundesregierung. Bonn 1995.

BUNDESVERBAND DER DEUTSCHEN ERFRISCHUNGSGETRÄNKE-INDUSTRIE E.V.: Richtlinie für Mineralstoffgetränke. Bonn 1991.

BUNDESVERBAND DER DEUTSCHEN ERFRISCHUNGSGETRÄNKE-INDUSTRIE E.V.: Schriftliche Mitteilung vom 01.9.97: Produktionszahlen - 1994 bis 1996. 1997.

BUNDESVERBAND DER DEUTSCHEN SPORTARTIKEL-INDUSTRIE E.V.: Schriftliche Mitteilung vom 26.8.97. Bad Honnef 1997.

COUDER, J./KESENNE, S.: The Economic Impact of Sport. in: Sport Science Review, 13. Jhg., 1990, S. 60-63.

DEUTSCHE GESELLSCHAFT FÜR FREIZEIT (DGF): Freizeit in Deutschland - Aktuelle Daten und Grundinformation. Erkrath 1998.

DEUTSCHE OLYMPISCHE GESELLSCHAFT (DOG): Goldener Plan für Gesundheit, Spiel und Erholung. Frankfurt am Main 1959.

DEUTSCHE REITERLICHE VEREINIGUNG: Betriebswirtschaftslehre für Reitbetriebe, Reit- und Fahrvereine und Reit- und Fahrschulen. Warendorf 1988.

DEUTSCHE REITERLICHE VEREINIGUNG: Haushalt 1993. 1994.

DEUTSCHE REITERLICHE VEREINIGUNG: Jahresbericht 1993. 1994.

DEUTSCHE TRIATHLON UNION: Haushalt 1993. 1994.

DEUTSCHER BASKETBALL-BUND: Haushalt 1993. 1994.

DEUTSCHER BUNDESTAG: Goldener Plan Ost zur Sportstättensanierung in den neuen Ländern. 12. Wahlperiode. Drucksache des Deutschen Bundestages 12/6158). Bonn 1994.

DEUTSCHER BUNDESTAG: Investitionen bei Sportanlagen in den neuen Bundesländern aufgrund der Investitionsprogramme. 13. Wahlperiode. Drucksache des Deutschen Bundestages 13/1998). Bonn 1995.

DEUTSCHER BUNDESTAG: Sportförderung und Sportsicherung. 13. Wahlperiode. Drucksache des Deutschen Bundestages 13/5329). Bonn 1996.

DEUTSCHER GOLF-VERBAND: Haushalt 1993. 1994.

DEUTSCHER HOCKEY-BUND: Haushalt 1993. 1994.

DEUTSCHER KANU-VERBAND: Haushalt 1993. 1994.

DEUTSCHER LEICHTATHLETIK-VERBAND: Haushalt 1993 und Abrechnung der Leichtathletikweltmeisterschaften in Stuttgart. 1994.

DEUTSCHER RUDERVERBAND: Haushalt 1993. 1994.

DEUTSCHER RUGBY-VERBAND: Haushalt 1993. 1994.

DEUTSCHER SCHÜTZENBUND: Haushalt 1993. 1994.

DEUTSCHER SCHWIMM-VERBAND: Haushalt 1993. 1995.

DEUTSCHER SEGLER-VERBAND: Haushalt 1993. 1994.

DEUTSCHER SKIVERBAND: Haushalt 1993. 1994.

DEUTSCHER SPORTBUND: Bestandserhebung 1996. 1997.

DEUTSCHER SPORTBUND: Goldener Plan Ost. 2. Auflage. Frankfurt am Main 1993.

DEUTSCHER SPORTBUND: Haushalt 1994. 1995.

DEUTSCHER SPORTSTUDIO VERBAND: Fitness-Management International, Heft 10/97, Hamburg 1997.

DEUTSCHER SQUASH-VERBAND: Haushalt 1993. 1994.

DEUTSCHER TANZSPORTVERBAND: Haushalt 1993. 1994.

DEUTSCHER TENNIS BUND: Daten und Fakten 1996/97.Hamburg 1997.

DEUTSCHER TISCHTENNIS-BUND: Haushalt 1993. 1994.

DEUTSCHER TURNER-BUND: Haushalt 1993. 1994.

DEUTSCHER VOLLEYBALL-VERBAND: Haushalt 1993. 1994.

DIÄTVERBAND E.V.: Informationsschrift: Diätprodukte - Sicherheit, Gesundheit, Genuß. Bad Homburg 1988.

DIÄTVERBAND E.V.: Schriftliche Mitteilung vom 16.9.97: Umsatzentwicklungen. 1997.

DIETL, H.M./PAULI, M.: Wirtschaftliches Auswirkungen öffentlich finanzierter Stadionprojekte. Arbeitspapiere des Fachbereichs Wirtschaftswissenschaften der Universität-Gesamthochschule Paderborn, Neue Folge Nr.61, 1999.

DIREKTORIUM FÜR VOLLBLUTZUCHT UND RENNEN E.V.: Jahresbericht 1993. Köln 1994.

ERDMANN, B.: Bericht über die Ergebnisse des Betriebsvergleichs der Einzelhandelsfachgeschäfte aus den alten und den neuen Bundesländern im Jahre 1993. in: Mitteilungen des Instituts für Handelsforschung an der Universität zu Köln, Heft 11, 1994, S. 153-187.

FACHVERBAND BERUFS-, SPORT- UND FREIZEITBEKLEIDUNG E.V.: Statistik Berufs-, Sport- und Freizeitbekleidung. Köln 1994.

FRANCK, E.: Die ökonomischen Institutionen der Teamsportindustrie. Eine Organisationsbetrachtung. Wiesbaden 1995.

FORSCHUNGSGEMEINSCHAFT URLAUB UND REISEN E.V. (F.U.R.): Schriftliche und fernmündliche Auskünfte. Hamburg 1997.

GLÄSER, H. et al.: Zur Kostenbelastung im Gesundheitswesen durch Sportunfälle. in: Deutsche Zeitschrift für Sportmedizin, Jhg. 45, Nr. 7/8, 1994, S. 317-321.

HACKFORTH, JOSEF (Hrsg.): Sportsponsoring: Bilanz eines Booms. Berlin 1994.

HAHN, J.: Sport und Fernsehen. in: Trosien, G. (Hrsg.): Die Sportbranche: Wachstum, Wettbewerb, Wirtschaftlichkeit. Frankfurt am Main 1994.

HAMBURGER SPORT-BUND: Haushalt 1993. 1994.

HAUPTVERBAND DER DEUTSCHEN SCHUHINDUSTRIE E.V.: Schriftliche Mitteilung vom 14.8.97: Marktdaten Schuhproduktion 1993. 1997.

HAUPTVERBAND FÜR TRABER-ZUCHT UND RENNEN E.V.: Jahresbericht 1993. Kaarst 1994.

HECHT, J. P.: Der Deutsche Tennisbund und seine Holding Sportverband und Wirtschaftsunternehmen. in: Trosien, G. (Hrsg.): Die Sportbranche: Wachstum, Wettbewerb, Wirtschaftlichkeit. Frankfurt am Main 1994.

HEINEMANN, K./SCHUBERT, M.: Der Sportverein. Schorndorf 1994.

HEINEMANN, K./SCHUBERT, M.: Wer zahlt was für wen wofür? in: Sportwissenschaft, Jhg. 24, Heft 1, 1995, S. 75-89.

HEINEMANN, K.: Einführung in die Ökonomie des Sports. Schorndorf 1995.

HEMMER, E.: Freizeitausgaben und ökonomisches Gewicht der Freizeitwirtschaft. in: IW-Trends, Quartalshefte zur empirischen Wirtschaftsforschung, 21. Jhg., 1994.

HERMANNS, A./PÜTTMANN, M.: Sponsoring-Barometer. in: Absatzwirtschaft, Nr. 9, 1990, S. 80-86.

HERMANNS, A.: Sponsoring: Grundlagen, Wirkungen, Management, Perspektiven. München 1997.

HOLUB, H.-W./SCHNABL, H.: Input-Output-Rechnung: Input-Output-Tabellen. München, Wien 1985.

HOLUB, H.-W./SCHNABL, H.: Input-Output-Rechnung: Input-Output-Analyse. München, Wien 1995.

INSTITUT FÜR FREIZEITWIRTSCHAFT: Freizeitsport 2000. München 1996.

KAMBEROVIC, R./SCHWARZE, B.: Deutsche Fitness Wirtschaft. Hamburg 1998.

KAMBEROVIC, R.: Finanzanalyse kommerzieller Sportstudios. in: Trosien, G. (Hrsg.): Die Sportbranche: Wachstum, Wettbewerb, Wirtschaftlichkeit. Frankfurt am Main 1994.

KILB, R.: Tätigkeitsfelder und Marktbeteiligung der Leichtathletik Fördergesellschaft. in: Trosien, G. (Hrsg.): Die Sportbranche: Wachstum, Wettbewerb, Wirtschaftlichkeit. Frankfurt am Main 1994.

KOMARNICKI, J./NEUHAUS, K.-H.: Der Staatssektor in der Input-Output-Rechnung; herausgegeben vom Rheinisch Westfälischen Institut für Wirtschaftsforschung (RWI), Essen 1972.

KURSCHEIDT, M./RAHMANN, B.: Sozio-ökonomische Analyse der Fußball-Weltmeisterschaft 2006 in Deutschland. Was bringt eine Fußball-WM für den Standort Deutschland? in: ForschungsForum Paderborn, Heft 2/99, 1999 a, S. 42-47.

KURSCHEIDT, M./RAHMANN, B.: Local investment and national impact: The case of the football World Cup 2006 in Germany. in: Jeanrenaud, C. (Hrsg.): The Economic Impact of Sport Events, Neuchâtel (Switzerland), 1999 b, S. 79-108.

LANDESSPORTVERBAND BADEN-WÜRTTEMBERG: Haushalt 1993. 1994.

LANDESSPORTBUND BERLIN: Haushalt 1993. 1994.

LANDESSPORTBUND BRANDENBURG: Haushalt 1993. 1994.

LANDESSPORTBUND BREMEN: Haushalt 1993. 1994.

LANDESSPORTVERBAND FÜR DAS SAARLAND: Haushalt 1993. 1994.

LANDESSPORTBUND HESSEN: Haushalt 1993. 1994.

LANDESSPORTBUND NIEDERSACHSEN: Haushalt 1993. 1994.

LANDESSPORTBUND NORDRHEIN-WESTFALEN: Haushalt 1993. 1994.

LANDESSPORTBUND RHEINLAND-PFALZ: Haushalt 1993. 1994.

LANDESSPORTBUND SACHSEN: Haushalt 1993. 1994.

LANDESSPORTBUND SACHSEN-ANHALT: Haushalt 1993. 1994.

LANDESSPORTVERBAND SCHLESWIG-HOLSTEIN: Haushalt 1993. 1994.

LANDMESSER, WOLFGANG: Das Fernsehgeschäft verändert die Liga, in: Die Tageszeitung (TAZ) vom 14.2. 97. 1997.

MA, Q. : A Bilateral Trade Model for the INFORUM International System. in: Tomaszewicz, L. (Hrsg.): Proceedings of the 3rd INFORUM World Conference. S.135-185. Lodz 1994.

MAENNIG, W.: Kosten und Erlöse Olympischer Spiele in Berlin 2000. Berlin 1992.

MEDIA-DATEN-VERLAG GMBH: Werbeformen und -wege in der Sportarena. in: Media Spektrum Special Januar 1997, S. 10-13. Wiesbaden 1997.

MEYER B./BOCKERMANN, A./EWERHART, G./LUTZ, C. (MEYER et al.): Marktkonforme Umweltpolitik – Wirkungen auf Luftschadstoffemissionen, Wachstum und Struktur der Wirtschaft. Heidelberg 1999.

NYHUS, D./WANG, Q.: Investments and Exports: A Trade Share Perspective. Beitrag zur „Fifth INFORUM World Conference". Bertinoro (Italien). September 1997.

OPASCHOWSKI, H.: Herausforderung Freizeit. Schriftenreihe des B.A.T. Forschungsinstituts. Hamburg 1990.

PELSHENKE, G.: Finanzanalyse der Stiftung Deutsche Sporthilfe. in: Trosien, G. (Hrsg.): Die Sportbranche: Wachstum, Wettbewerb, Wirtschaftlichkeit. Frankfurt am Main 1994.

PFARR, N.: Finanzanalyse für den Sportfachhandel. in: Trosien, G. (Hrsg.): Die Sportbranche: Wachstum, Wettbewerb, Wirtschaftlichkeit. Frankfurt am Main 1994.

PINDYCK, R. S./RUBINFELD, D. L.: Econometric Models and Economic Forecasts. 4. Aufl., Boston/Burr Ridge/Dubuque/Madison u. a.. 1998

PREUSS, H.: Ökonomische Implikationen der Ausrichtung Olympischer Spiele von München 1972 bis Atlanta 1996. Kassel 1999.

RAHMANN, B./ WEBER, W./GROENNIG, Y./KURSCHEIDT, M. /NAPP, H.-G. /PAULI, M. (RAHMANN et al.): Sozio-ökonomische Analyse der Fußball-Weltmeisterschaft 2006 in Deutschland. Köln 1998.

REICH, U.-P./STAHMER, R. et al.: Satellitensysteme zu den Volkswirtschaftlichen Gesamtrechnungen. Wiesbaden 1988

REUL, G./WECK, M.: BBE-Branchenreport: Kommerzielle Freizeitanlagen. 4. Jhg., Köln 1997.

RHEINISCH WESTFÄLISCHES INSTITUT FÜR WIRTSCHAFTSFORSCHUNG (RWI): Staatsverflechtungstabelle für das Jahr 1990. Essen 1991.

ROLAND BERGER & PARTNER GMBH: Der Markt für Sportartikel - Situation, Perspektiven und zukünftige Herausforderungen -. München 1998.

RUBACH, B.: Der Deutsche Skiverband und seine wirtschaftlichen Aktivitäten. in: Trosien, G. (Hrsg.): Die Sportbranche: Wachstum, Wettbewerb, Wirtschaftlichkeit. Frankfurt am Main 1994.

SCHALK, I. VAN DER: Sponsoringmanagement in Vereinen - Eine Analyse im Golfsport. Wiesbaden 1993.

SENGLE, U.: Möglichkeiten und Grenzen des Sportsponsoring - dargestellt am Beispiel der Trikotwerbung im Amateur- und Profifußball. Reutlingen 1989.

STAHMER, C.: Integrierte Volkswirtschaftliche und Umweltgesamtrechnung. in: Wirtschaft und Statistik. Heft 9/92, 1992, S. 577-593.

STÄNDIGE KONFERENZ DER SPORTMINISTER DER LÄNDER IN DER BUNDESREPUBLIK DEUTSCHLAND: Beschlüsse und Empfehlungen 1977 bis 1995. 4. Aufl.. Berlin 1997.

STÄNDIGE KONFERENZ DER SPORTMINISTER DER LÄNDER IN DER BUNDESREPUBLIK DEUTSCHLAND: Ländersynopse "Sport". Dresden 1997.

STATISTISCHES BUNDESAMT: Private Organisationen ohne Erwerbscharakter als Teil des Haushaltssektors in den Volkswirtschaftlichen Gesamtrechnungen. in: Wirtschaft und Statistik, Heft 10/76, 1976, S. 638-643

STATISTISCHES BUNDESAMT: Systematik der Wirtschaftszweige, Ausgabe 1979. Wiesbaden 1982 a.

STATISTISCHES BUNDESAMT: Systematik der Wirtschaftszweige mit Betriebs- und ähnlichen Benennungen, Ausgabe 1979. Wiesbaden 1982 b.

STATISTISCHES BUNDESAMT: Systematik der Wirtschaftszweige, Ausgabe 1979, Fassung für die Statistik im Produzierenden Gewerbe (SYPRO). Wiesbaden 1982 c.

STATISTISCHES BUNDESAMT: Systematik der Einnahmen und Ausgaben der privaten Haushalte. Wiesbaden 1983.

STATISTISCHES BUNDESAMT: Gegenüberstellung des Güterverzeichnisses für Produktionsstatistiken (GP) mit dem Warenverzeichnis für die Außenhandelsstatistik (WA). Wiesbaden 1987.

STATISTISCHES BUNDESAMT: Systematisches Güterverzeichnis für Produktionsstatistiken. Wiesbaden 1989.

STATISTISCHES BUNDESAMT: Fachserie 14, Reihe 4: Steuerhaushalt 1990. Wiesbaden 1991.

STATISTISCHES BUNDESAMT: Fachserie 14, Reihe 6: Personal des öffentlichen Dienstes 1990. Wiesbaden 1992 a.

STATISTISCHES BUNDESAMT: Heft 23 der Schriftenreihe Ausgewählte Arbeitsunterlagen zur Bundesstatistik: Methoden und Grundlagen der Sozialproduktsberechnungen - Entstehungsrechnung. Wiesbaden 1992 b.

STATISTISCHES BUNDESAMT: Fachserie 14, Reihe 3.1: Rechnungsergebnisse des öffentlichen Gesamthaushalts 1990. Wiesbaden 1993 a.

STATISTISCHES BUNDESAMT: Fachserie 14, Reihe 6: Personal des öffentlichen Dienstes 1991. Wiesbaden 1993 b.

STATISTISCHES BUNDESAMT: Fachserie 4, Reihe 3.1: Produktion im Produzierenden Gewerbe 1993. Wiesbaden 1994 a.

STATISTISCHES BUNDESAMT: Fachserie 7, Reihe 2: Außenhandel nach Waren und Ländern 1993. Wiesbaden 1994 b.

STATISTISCHES BUNDESAMT: Fachserie 14, Reihe 4: Steuerhaushalt 1993. Wiesbaden 1994 c.

STATISTISCHES BUNDESAMT: Fachserie 18, Reihe 2: Input-Output-Tabellen 1986 / 88 / 90. Wiesbaden 1994 d.

STATISTISCHES BUNDESAMT: Klassifikation der Wirtschaftszweige mit Erläuterungen. Wiesbaden 1994 e.

STATISTISCHES BUNDESAMT: Systematik der Produktionsbereiche in Input-Output-Rechnungen (SIO) 1994. Wiesbaden 1994 f.

STATISTISCHES BUNDESAMT: Fachserie 4, Reihe 3.1: Produktion im Produzierenden Gewerbe 1994. Wiesbaden 1995 a.

STATISTISCHES BUNDESAMT: Fachserie 4, Reihe 4.1.2: Betriebe, Beschäftigte und Umsatz im Bergbau und im Verarbeitenden Gewerbe nach Beschäftigtengrößenklassen 1993. Wiesbaden 1995 b.

STATISTISCHES BUNDESAMT: Fachserie 4, Reihe 4.2.1: Beschäftigte, Umsatz und Investitionen der Unternehmen und Betriebe im Bergbau und im Verarbeitenden Gewerbe 1993. Wiesbaden 1995 c.

STATISTISCHES BUNDESAMT: Fachserie 4, Reihe 4.3.2: Kostenstruktur der Unternehmen im Investitionsgüter produzierenden Gewerbe 1993. Wiesbaden 1995 d.

STATISTISCHES BUNDESAMT: Fachserie 4, Reihe 4.3.3: Kostenstruktur der Unternehmen im Verbrauchsgüter produzierenden Gewerbe und im Nahrungs- und Genußmittelgewerbe 1993. Wiesbaden 1995 e.

STATISTISCHES BUNDESAMT: Fachserie 11, Reihe 1: Allgemeinbildende Schulen 1993. Wiesbaden 1995 f.

STATISTISCHES BUNDESAMT: Fachserie 11, Reihe 2: Berufliche Schulen 1993. Wiesbaden 1995 g.

STATISTISCHES BUNDESAMT: Fachserie 11, Reihe 5: Presse 1992. Wiesbaden 1995 h.

STATISTISCHES BUNDESAMT: Fachserie 14, Reihe 8: Umsatzsteuer 1992. Wiesbaden 1995 i.

STATISTISCHES BUNDESAMT: Fachserie 18, Reihe 2: Input-Output-Tabellen 1991. Wiesbaden 1995 j.

STATISTISCHES BUNDESAMT: Systematisches Güterverzeichnis für Produktionsstatistiken. Wiesbaden 1995 k.

STATISTISCHES BUNDESAMT: Systematisches Verzeichnis: Ausgaben für die Einkommens- und Verbrauchsstichprobe 1993. Wiesbaden 1995 l.

STATISTISCHES BUNDESAMT: Fachserie 4, Heft 3: Ergebnisse für Unternehmen nach ausgewählten Wirtschaftszweigen der Klassifikation der Wirtschaftszweige, Ausgabe 1993. Wiesbaden 1996 a.

STATISTISCHES BUNDESAMT: Fachserie 4, Reihe 4.2.4: Material- und Wareneingang im Bergbau und im Verarbeitenden Gewerbe 1994. Wiesbaden 1996 b.

STATISTISCHES BUNDESAMT: Fachserie 11, Reihe 4.5: Finanzen der Hochschulen 1994. Wiesbaden 1996 c.

STATISTISCHES BUNDESAMT: Fachserie 14, Reihe 3.1: Rechnungsergebnisse des öffentlichen Gesamthaushalts 1993. Wiesbaden 1996 d.

STATISTISCHES BUNDESAMT: Fachserie 14, Reihe 3.5: Rechnungsergebnisse der öffentlichen Haushalte für soziale Sicherung und für Gesundheit, Sport und Erholung 1993. Wiesbaden 1996 e.

STATISTISCHES BUNDESAMT: Fachserie 18, Reihe 1.3: Konten und Standardtabellen 1995. Wiesbaden 1996 f.

STATISTISCHES BUNDESAMT: Warenverzeichnis für die Außenhandelsstatistik. Wiesbaden 1996 g.

STATISTISCHES BUNDESAMT: Fachserie 14, Reihe 8: Umsatzsteuer 1994. Wiesbaden 1997 a.

STATISTISCHES BUNDESAMT: Fachserie 15, Reihe 1: Einnahmen und Ausgaben ausgewählter privater Haushalte 1993. Wiesbaden 1997 b.

STATISTISCHES BUNDESAMT: Fachserie 15, Heft 4: Einnahmen und Ausgaben privater Haushalte 1993. Wiesbaden 1997 c.

STATISTISCHES BUNDESAMT: Fachserie 18, Reihe 1.2: Konten und Standardtabellen 1996 - Vorbericht. Wiesbaden 1997 d.

STATISTISCHES BUNDESAMT: Fachserie 18, Reihe 2: Input-Output-Tabellen 1993. Wiesbaden 1997 e.

STATISTISCHES BUNDESAMT: Sonderauswertung der Einkommens- und Verbrauchsstichprobe 1993. Berlin 1997 f.

STATISTISCHES BUNDESAMT: Sonderauswertung der Güterstromtabellen 1993. Wiesbaden 1997 g.

STATISTISCHES BUNDESAMT: Sonderauswertung der Jahresrechnungsergebnisse der öffentlichen Haushalte aus den Jahren 1990-1993 für die Gliederungsziffern 322-324. Wiesbaden 1997 h.

STATISTISCHES BUNDESAMT: Fachserie 15 Wirtschaftsrechnungen „Einkommens- und Verbrauchsstichprobe 1993" Heft 4: Einnahmen und Ausgaben privater Haushalte. Wiesbaden 1997 i.

STATISTISCHES BUNDESAMT: Sonderauswertung für einige SIO 6-Steller für das Berichtsjahr 1993. Wiesbaden 1997 j.

STATISTISCHES BUNDESAMT: Fachserie 18, Reihe 1.3: Konten und Standardtabellen 1996 - Hauptbericht. Wiesbaden 1997 k.

STATISTISCHES BUNDESAMT: Fachserie 18, Reihe 1.3: Konten und Standardtabellen 1997 - Hauptbericht. Wiesbaden 1998.

STIFTUNG DEUTSCHE SPORTHILFE: Haushalt 1993. 1994.

TROSIEN, G. (Hrsg.): Die Sportbranche: Wachstum, Wettbewerb, Wirtschaftlichkeit. Frankfurt am Main 1994.

TROSIEN, G.: Finanzanalyse deutscher Sportverbände. in: Trosien, G. (Hrsg.): Die Sportbranche: Wachstum, Wettbewerb, Wirtschaftlichkeit. Frankfurt am Main 1994 c.

TROSIEN, G.: Quantifizierte Annäherungen an die Sportindustrie. in: Trosien, G. (Hrsg.): Die Sportbranche: Wachstum, Wettbewerb, Wirtschaftlichkeit. Frankfurt am Main 1994 d.

TROSIEN, G.: Zur wirtschaftlichen Lage von Sportvereinen. in: Trosien, G. (Hrsg.): Die Sportbranche: Wachstum, Wettbewerb, Wirtschaftlichkeit. Frankfurt am Main 1994 b.

UFA FILM- UND FERNSEH-GMBH (Hrsg.): Sportsponsoring-Wirkungsforschung - Status und Perspektiven. Hamburg 1994.

VERBAND DER FAHRRAD- UND MOTORRAD-INDUSTRIE E.V.: Geschäftsbericht 1993. Bad Soden am Taunus 1994.

VERBAND DES DEUTSCHEN ZWEIRADHANDELS E.V.: Marktdaten und betriebswirtschaftliche Kennziffern des deutschen Zweiradmarktes. Bielefeld 1996.

WEBER, W./SCHNIEDER, C./KORTLÜKE, N./HORAK, B. (WEBER et al.): Die wirtschaftliche Bedeutung des Sports. Schorndorf 1995.

WEBER, W./SCHNIEDER, C.: Zwischenbericht: Die wirtschaftliche Bedeutung des Sports. Paderborn 1991.

WEIDLICH, W. A.: Die Organisation des Motorsports und seine Verflechtung mit der Kraftfahrzeugbranche. in: Trosien, G. (Hrsg.): Die Sportbranche: Wachstum, Wettbewerb, Wirtschaftlichkeit. Frankfurt am Main 1994.

WOLTER, M. I./AHLERT, G.: Der Einfluß der Bevölkerungsentwicklung auf das Erwerbspersonenpotential im ökonometrischen Modell INFORGE. in: Beiträge des Instituts für Empirische Wirtschaftsforschung. Universität Osnabrück. Beitrag Nr. 66. Osnabrück 1999.

ZDF: ZDF-Jahrbuch 1994. Mainz 1994.

Abbildungsverzeichnis

Diagram 0.1-1:   The gross domestic product of sport in 1998
                  - in billion DM at current prices - 19

Diagram 0.1-2:   The percentage distribution of sport related consumer
                  demand of private households among selected groups of
                  goods, the so-called goods structure of sport related final
                  consumption of households in 1998
                  - in per cent of the total sport related
                  final consumption of households - 21

Diagram 0.1-3:   Expenditure on active sport practice in 1998
                  - in billion DM at current prices - 22

Diagram 0.1-4:   Investment activity in sport industry
                  - in billion DM at current prices - 24

Diagram 0.1-5:   Employment effects of sport in 1998................................25

Diagram 0.1-6:   Development of the gross domestic product resulting
                  from the Golden Plan East
                  - deviations from the basic forecast
                  in billion DM at current prices - 26

Diagram 0.1-7:   Development of tax revenues owing to the realization
                  of the Golden Plan East
                  - deviations from the basic forecast
                  in billion DM at current prices - 27

Diagram 0.1-8:   Development of employment owing to the realization
                  of the Golden Plan East
                  - deviations from the base forecast
                  in thousand persons - 28

Diagram 0.1-9:   The development of the gross domestic product due to an
                   increase of government subsidies given to sport clubs
                   - deviations from the base forecast
                   in billion DM at current prices - 29

Diagram 0.1-10:   Development of the gross domestic product as a result
                   of an increased shift in sport consumption
                   from the sport clubs to commercial suppliers
                   - deviations from the base forecast
                   in billion DM at current prices - 31

Diagram 0.1-11:   Employment trend as a result of an increased shift
                   of sport consumption from the sport clubs and sport
                   associations over to the commercial suppliers
                   - deviations from the base forecast
                   in thousand persons - 32

Diagram 0.1-12:   The development of the gross domestic product
                   as a result of a tax-financed World Cup in 2006
                   - deviations from the base forecast
                   in billion DM at current prices - 33

Diagram 0.1-13:   Development of employment as a result
                   of a tax financed World Cup in 2006
                   - deviation from the reference levels
                   in thousand persons - 34

Illustration 0.2-1: Le produit intérieur brut du sport en l'an 1998
                   - en milliards DM en prix correspondants -......................37

Illustration 0.2-2: La répartition proportionnelle de la demande de
                   consommation liée au sport des ménages privés dans
                   des catégories de biens choisis, qui est nommée
                   la structure de biens de la consommation privée liée
                   au sport en 1998
                   - en % de la consommation privée liée au sport totale - 39

Illustration 0.2-3: Les dépenses pour la pratique sportive en l'an 1998
                   - en milliards DM en prix correspondants -......................40

Illustration 0.2-4: L'activité d'investissement de la branche du sport
                   - en milliards DM en prix correspondants -......................42

Illustration 0.2-5: Les effets d'emploi du sport en l'an 1998 43

Illustration 0.2-6: Le développement du produit intérieur brut par suite
de la réalisation du „Goldener Plan Ost"
- écarts au pronostic de base en milliards DM
en prix correspondants - 45

Illustration 0.2-7: Développement des recettes fiscales par suite
de la réalisation du „Goldener Plan Ost"
- écarts au pronostic de base en milliards DM
en prix correspondants - 46

Illustration 0.2-8: Le développement de l'emploi par suite
de la réalisation du „Goldener Plan Ost"
- écarts au pronostic de base en mille personnes - 47

Illustration 0.2-9: Le développement du produit intérieur brut par suite
d'une augmentation des subventions
de l'Etat aux clubs sporifs
- écarts au pronostic de base en milliards DM
en prix correspondants - 48

Illustration 0.2-10:Le développement du produit intérieur brut par suite
d'un transfert croissant de la consommation
de sport des clubs aux offreurs lucratifs
- écarts au pronostic de base en milliards DM
en prix correspondants - 50

Illustration 0.2-11:Le développement de l'emploi par suite d'un transfert
croissant de la consommation de sport des clubs
aux offreurs lucratifs
- écarts au pronostic de base en milliers - 51

Illustration 0.2-12:Le développement du produit intérieur brut par
suite d'un financement par impôts
de la coupe du monde 2006
- écarts au pronostic de base en milliards DM
en prix correspondants - 52

Illustration 0.2-13:Le développement de l'emploi par suite d'une
coupe du monde de football 2006, financée par impôts
- écarts au cours de base en milliers de personnes - 53

Abbildung 0.3-1: Das Bruttoinlandsprodukt des Sports im Jahre 1998
- in Mrd. DM in jeweiligen Preisen - 56

Abbildung 0.3-2: Die prozentuale Verteilung der sportbezogenen
Konsumnachfrage der privaten Haushalte auf
ausgewählte Gütergruppen, die sog. Güterstruktur des
sportbezogenen privaten Verbrauchs, im Jahr 1998
- in vH des gesamten sportbezogenen
privaten Verbrauchs -.. 58

Abbildung 0.3-3: Ausgaben für aktive Sportbetätigung im Jahr 1998
- in Mrd. DM in jeweiligen Preisen -.............................. 59

Abbildung 0.3-4: Investitionstätigkeit der Sportbranche
- in Mrd. DM in jeweiligen Preisen -.............................. 61

Abbildung 0.3-5: Beschäftigungswirkungen des Sports im Jahre 1998 62

Abbildung 0.3-6: Entwicklung des Bruttoinlandsproduktes infolge der
Realisierung des Goldenen Planes Ost
- Abweichungen zur Basisprognose in Mrd. DM
in jeweiligen Preisen -... 64

Abbildung 0.3-7: Entwicklung der Steuereinnahmen infolge
der Realisierung des Goldenen Planes Ost
- Abweichungen zur Basisprognose in Mrd. DM
in jeweiligen Preisen -... 65

Abbildung 0.3-8: Entwicklung der Beschäftigung infolge
der Realisierung des Goldenen Planes Ost
- Abweichungen zur Basisprognose in Tsd. Personen - 66

Abbildung 0.3-9: Die Entwicklung des Bruttoinlandsproduktes infolge
einer Erhöhung der Zuschüsse des Staates
an die Sportvereine
- Abweichungen zur Basisprognose in Mrd. DM
in jeweiligen Preisen -... 67

Abbildung 0.3-10: Entwicklung des Bruttoinlandsproduktes infolge einer
zunehmenden Verlagerung des Sportkonsums von den
Sportvereinen zu den erwerbswirtschaftlichen Anbietern
- Abweichungen zur Basisprognose in Mrd. DM
in jeweiligen Preisen -... 69

Abbildung 0.3-11: Entwicklung der Beschäftigung infolge einer
zunehmenden Verlagerung des Sportkonsums von den
Sportvereinen zu den erwerbswirtschaftlichen Anbietern
- Abweichungen zur Basisprognose in Tsd. -.................. 70

Abbildung 0.3-12: Die Entwicklung des Bruttoinlandsproduktes infolge
einer steuerfinanzierten Fußball-Weltmeisterschaft 2006
- Abweichungen zur Basisprognose in Mrd. DM
in jeweiligen Preisen -... 71

Abbildung 0.3-13: Entwicklung der Beschäftigung infolge einer
steuerfinanzierten Fußball-Weltmeisterschaft 2006
- Abweichungen zum Basislauf in Tsd. Personen -............ 72

Abbildung 3.2-1: Schematische Darstellung des Berechnungsverfahrens zur Ermittlung der sportspezifischen
Kosten- und Absatzstrukturen für
die Input-Output-Tabelle des Sports................................. 105

Abbildung 4.1-1: Überblick über die Aufteilung des sportbezogenen
privaten Verbrauchs im Jahr 1993
- in Mrd. DM in jeweiligen Preisen -................................ 123

Abbildung 4.1-2: Die prozentuale Verteilung der sportbezogenen
Konsumnachfrage der privaten Haushalte auf
ausgewählte Gütergruppen, die sog. Güterstruktur
des sportbezogenen privaten Verbrauchs, im Jahr 1993
- in vH des gesamten sportbezogenen
privaten Verbrauchs - 124

Abbildung 4.1-3: Ausgaben für aktive Sportbetätigung im Jahr 1993
- in Mrd. DM in jeweiligen Preisen - 128

Abbildung 4.6-1: Beschäftigungswirkungen des Sports im Jahre 1993
- in Tsd. Personen -... 143

Abbildung 4.6-2: Beschäftigungswirkungen innerhalb der Sportbranche
im Jahre 1993
- in Tsd. Personen -... 144

Abbildung 6.1-1: Die Struktur des Modells INFORGE im Überblick 158

Abbildung 7.4-1: Entwicklung des sportbezogenen Bruttoinlandsproduktes in der Basisprognose
- in Mrd. DM in Preisen von 1991 - 175

Abbildung 7.4-2: Vergleich der Wachstumsraten des Bruttoinlandsproduktes in der Basisprognose
- in vH -... 175

Abbildung 7.4-3: Entwicklung des Anteils der sportbezogenen
Konsumausgaben und des Anteils des
sportbezogenen Bruttoinlandsproduktes
in der Basisprognose
- in vH - 176

Abbildung 7.4-4: Vergleich der Wachstumsraten der Beschäftigung
in der Basisprognose
- in vH - 184

Abbildung 8.2-1: Infrastrukturinvestitionen im Zeitraum 1999 bis 2010
infolge der Realisierung des Goldenen Planes Ost
- Abweichungen zur Basisprognose in Mrd. DM
in jeweiligen Preisen - 189

Abbildung 8.2-2: Entwicklung des Bruttoinlandsproduktes infolge der
Realisierung des Goldenen Planes Ost
- Abweichungen zur Basisprognose in Mrd. DM
in jeweiligen Preisen - 190

Abbildung 8.2-3: Entwicklung einiger Komponenten des
Bruttoinlandsproduktes infolge der
Realisierung des Goldenen Planes Ost
- Abweichungen zur Basisprognose in Mrd. DM
in jeweiligen Preisen - 191

Abbildung 8.2-4: Entwicklung des verfügbaren Einkommens der
privaten Haushalte infolge der Realisierung
des Goldenen Planes Ost
- Abweichungen zur Basisprognose in Mrd. DM
in jeweiligen Preisen - 192

Abbildung 8.2-5: Entwicklung der Steuereinnahmen infolge der
Realisierung des Goldenen Planes Ost
- Abweichungen zur Basisprognose in Mrd. DM
in jeweiligen Preisen - 192

Abbildung 8.2-6: Entwicklung der Bruttoproduktion und
ihrer Komponenten infolge der Realisierung
des Goldenen Planes Ost
- Abweichungen zur Basisprognose in Mrd. DM
in jeweiligen Preisen - 193

Abbildung 8.2-7: Entwicklung der Einfuhr infolge der Realisierung
des Goldenen Planes Ost
- Abweichungen zur Basisprognose in Mrd. DM
in jeweiligen Preisen -.. 194

Abbildung 8.2-8: Entwicklung der Beschäftigung infolge der
Realisierung des Goldenen Planes Ost
- Abweichungen zur Basisprognose
in Tsd. Personen - 196

Abbildung 8.3-1: Erhöhung der Zuschüsse des Staates an die Sportvereine im Zeitraum 1999 bis 2010
- Abweichungen zur Basisprognose in Mrd. DM
in jeweiligen Preisen -.. 200

Abbildung 8.3-2: Die Entwicklung des Bruttoinlandsproduktes infolge
einer Erhöhung der Zuschüsse des Staates an die
Sportvereine
- Abweichungen zur Basisprognose in Mrd. DM
in jeweiligen Preisen -.. 201

Abbildung 8.3-3: Entwicklung einiger Komponenten des Bruttoinlandsproduktes infolge einer Erhöhung der Zuschüsse
des Staates an die Sportvereine
- Abweichungen zur Basisprognose in Mrd. DM
in jeweiligen Preisen -.. 201

Abbildung 8.3-4: Entwicklung der Bruttoproduktion und ihrer
Komponenten infolge der Erhöhung der Zuschüsse
des Staates an die Sportvereine
- Abweichungen zur Basisprognose in Mrd. DM
in jeweiligen Preisen -.. 203

Abbildung 8.3-5: Entwicklung des verfügbaren Einkommens infolge
der Erhöhung der Zuschüsse des Staates
an die Sportvereine
- Abweichungen zur Basisprognose in Mrd. DM
in jeweiligen Preisen -.. 204

Abbildung 8.3-6: Entwicklung der Steuereinnahmen infolge der
Erhöhung der Zuschüsse des Staates
an die Sportvereine
- Abweichungen zur Basisprognose in Mrd. DM
in jeweiligen Preisen -.. 204

Abbildung 8.3-7: Entwicklung des Finanzierungssaldos des Staates infolge der Erhöhung der Zuschüsse des Staates an die Sportvereine - Abweichungen zur Basisprognose in Mrd. DM in jeweiligen Preisen -.....................................205

Abbildung 8.3-8: Entwicklung der Beschäftigung infolge der Erhöhung der Zuschüsse des Staates an die Sportvereine - Abweichungen zur Basisprognose in Tsd. Personen -...206

Abbildung 8.3-9: Erhöhung des sportspezifischen Staatsverbrauchs im Zeitraum 1999 bis 2010 - Abweichungen zur Basisprognose in Mrd. DM in jeweiligen Preisen -.....................................207

Abbildung 8.3-10: Die Entwicklung des Bruttoinlandsproduktes infolge einer Erhöhung des Staatsverbrauchs für Sportzwecke - Abweichungen zur Basisprognose in Mrd. DM in jeweiligen Preisen -.....................................208

Abbildung 8.3-11: Die Entwicklung einiger Komponenten des Bruttoinlandsproduktes infolge der Erhöhung des Staatsverbrauchs für Sportzwecke - Abweichungen zur Basisprognose in Mrd. DM in jeweiligen Preisen -.....................................209

Abbildung 8.3-12: Entwicklung des verfügbaren Einkommens infolge der Erhöhung des Staatsverbrauchs für Sportzwecke - Abweichungen zur Basisprognose in Mrd. DM in jeweiligen Preisen -.....................................210

Abbildung 8.3-13: Entwicklung der Bruttoproduktion infolge einer Erhöhung des Staatsverbrauchs für Sportzwecke - Abweichungen zur Basisprognose in Mrd. DM in jeweiligen Preisen -.....................................211

Abbildung 8.3-14: Entwicklung der Steuereinnahmen infolge der Erhöhung des Staatsverbrauchs für Sportzwecke - Abweichungen zur Basisprognose in Mrd. DM in jeweiligen Preisen -.....................................212

Abbildung 8.3-15: Entwicklung der Beschäftigung infolge der Erhöhung des sportspezifischen Staatsverbrauchs - Abweichungen zur Basisprognose in Tsd. Personen -...213

Abbildung 8.4-1: Reduktion der Ausgaben für Vereinssport
(Nutzungsgebühren und Mitgliedsbeiträge) infolge
einer zunehmenden Verlagerung des Sportkonsums
von den Sportvereinen zu den erwerbswirtschaftlichen
Sporteinrichtungen
- Abweichungen zur Basisprognose in Mrd. DM
in jeweiligen Preisen -...215

Abbildung 8.4-2: Erhöhung der Ausgaben für erwerbswirtschaftliche
Sporteinrichtungen infolge einer zunehmenden
Verlagerung des Sportkonsums von den
Sportvereinen zu den erwerbswirtschaftlichen
Sporteinrichtungen
- Abweichungen zur Basisprognose in Mrd. DM
in jeweiligen Preisen -...216

Abbildung 8.4-3: Entwicklung des Bruttoinlandsproduktes infolge
einer zunehmenden Verlagerung des Sportkonsums
von den Sportvereinen zu den erwerbswirtschaftlichen Anbietern
- Abweichungen zur Basisprognose in Mrd. DM
in jeweiligen Preisen -...217

Abbildung 8.4-4: Entwicklung der Bruttoproduktion infolge einer
zunehmenden Verlagerung des Sportkonsums
von den Sportvereinen zu den erwerbswirtschaftlichen Anbietern
- Abweichungen zur Basisprognose in Mrd. DM
in jeweiligen Preisen -...218

Abbildung 8.4-5: Entwicklung der Beschäftigung infolge einer
zunehmenden Verlagerung des Sportkonsums
von den Sportvereinen zu den erwerbswirtschaftlichen Anbietern
- Abweichungen zur Basisprognose in Tsd. -..................220

Abbildung 8.4-6: Entwicklung einiger Komponenten des Bruttoinlandsproduktes infolge einer zunehmenden Verlagerung des
Sportkonsums von den Sportvereinen zu den
erwerbswirtschaftlichen Anbietern
- Abweichungen zur Basisprognose in Mrd. DM
in jeweiligen Preisen -...221

Abbildung 8.5-1: Investitionsaufwendungen zur Bereitstellung der
WM-Infrastruktur in den Jahren 2003 bis 2005
und Konsumausgaben der ausländischen Besucher
im Jahr der Fußball-Weltmeisterschaft
- in Mrd. DM in jeweiligen Preisen -.............................. 224

Abbildung 8.5-2: Entwicklung des Bruttoinlandsproduktes infolge einer
kredit-finanzierten Fußball-Weltmeisterschaft 2006
- Abweichungen zur Basisprognose in Mrd. DM
in jeweiligen Preisen -...................................... 226

Abbildung 8.5-3: Entwicklung einiger Komponenten des
Bruttoinlandsproduktes infolge einer kreditfinanzierten
Fußball-Weltmeisterschaft 2006
- Abweichungen zur Basisprognose in Mrd. DM
in jeweiligen Preisen -...................................... 227

Abbildung 8.5-4: Entwicklung der Bruttoproduktion und ihrer
Komponenten infolge einer kreditfinanzierten
Fußball-Weltmeisterschaft 2006
- Abweichungen zur Basisprognose in Mrd. DM
in jeweiligen Preisen -...................................... 228

Abbildung 8.5-5: Entwicklung der Steuereinnahmen infolge einer
kreditfinanzierten Fußball-Weltmeisterschaft 2006
- Abweichungen zur Basisprognose in Mrd. DM
in jeweiligen Preisen -...................................... 229

Abbildung 8.5-6: Entwicklung des Finanzierungssaldos des Staates
infolge einer kreditfinanzierten
Fußball-Weltmeisterschaft 2006
- Abweichungen zur Basisprognose in Mrd. DM
in jeweiligen Preisen -...................................... 229

Abbildung 8.5-7: Entwicklung der Beschäftigung infolge einer
kreditfinanzierten Fußball-Weltmeisterschaft 2006
- Abweichungen zur Basisprognose in Tsd. Personen - ... 230

Abbildung 8.5-8: Entwicklung des Bruttoinlandsproduktes infolge
einer Finanzierung der Fußball-Weltmeisterschaft 2006
durch ein staatliches Münzprogramm
- Abweichungen zur Basisprognose in Mrd. DM
in jeweiligen Preisen -...................................... 232

Abbildung 8.5-9:   Entwicklung des Finanzierungssaldos des Staates
                   infolge einer Finanzierung der
                   Fußball-Weltmeisterschaft 2006
                   durch ein staatliches Münzprogramm
                   - Abweichungen zur Basisprognose in Mrd. DM
                   in jeweiligen Preisen - 232

Abbildung 8.5-10: Die Entwicklung des Bruttoinlandsproduktes infolge
                   einer steuerfinanzierten Fußball-Weltmeisterschaft 2006
                   - Abweichungen zur Basisprognose in Mrd. DM
                   in jeweiligen Preisen - 234

Abbildung 8.5-11: Die Entwicklung einiger Komponenten des
                   Bruttoinlandsproduktes infolge einer steuer-
                   finanzierten Fußball-Weltmeisterschaft 2006
                   - Abweichungen zur Basisprognose in Mrd. DM
                   in jeweiligen Preisen - 235

Abbildung 8.5-12: Entwicklung der Steuereinnahmen infolge einer
                   steuerfinanzierten Fußball-Weltmeisterschaft 2006
                   - Abweichungen zur Basisprognose in Mrd. DM
                   in jeweiligen Preisen - 236

Abbildung 8.5-13: Entwicklung der Beschäftigung infolge einer
                   steuerfinanzierten Fußball-Weltmeisterschaft 2006
                   - Abweichungen zur Basisprognose in Tsd. Personen -... 236

Tabellenverzeichnis

Table 0.1-1:   The sport specific homogeneous branches of the sport
                industry within the input-output table of sport 20

Tableau 0.2-1: Les secteurs de production liés au sport dans la branche
                du sport au tableau d'input-output du sport 37

Tabelle 0.3-1: Die sportspezifischen Produktionsbereiche der Sport-
                branche innerhalb der Input-Output-Tabelle des Sports 57

Tabelle 2.2-1: Schematisch Darstellung einer Input-Output-Tabelle 85

Tabelle 2.2-2: Beispiel einer einfachen Input-Output-Tabelle
                mit 3 Sektoren 86

Tabelle 2.3-1: Schematischer Aufbau der Input-Output-Tabelle des
                Statistischen Bundesamtes - Inländische Produktion
                und Einfuhr 90

Tabelle 2.3-2: Die Abgrenzung der 58 Produktionsbereiche in den
                Input-Output-Tabellen des Statistischen Bundesamtes 91

Tabelle 2.3-3: Input-Output-Tabelle des Sports - Identifizierung und
                Abgrenzung sportspezifischer Produktionsbereiche (Teil I) 94

Tabelle 2.3-4: Input-Output-Tabelle des Sports - Identifizierung und
                Abgrenzung sportspezifischer Produktionsbereiche (Teil II)... 95

Tabelle 2.3-5: Schematische Darstellung der
                Input-Output-Tabelle des Sports 98

Tabelle 3.3-1: Die Erfassung der Produktion von Sportwaren in den
                verschiedenen Systematiken 107

Tabelle 3.3-2: Die Sportproduktion der Gebietskörperschaften - Sport
                als eigenständiger Aufgabenbereich 113

Tabelle 3.3-3: Die Sportproduktion der Gebietskörperschaften - Sport
als Bestandteil übergeordneter Aufgabenbereiche 114

Tabelle 4.1-1: Sportbezogener privater Verbrauch in der
Input-Output-Tabelle des Sports im Jahre 1993
- in Mrd. DM in jeweiligen Preisen - 122

Tabelle 4.1-2: Sportbezogene Ausgaben der privaten Haushalte
im Jahre 1993 (Inklusive Mehrwertsteuer)
- in Mrd. DM in jeweiligen Preisen - 125

Tabelle 4.3-1: Investitionsvolumen der sportspezifischen
Produktionsbereiche im Jahre 1993
- in Mrd. DM in jeweiligen Preisen - 130

Tabelle 4.3-2: Sportspezifische Ausrüstungsinvestitionen und
sportspezifische Bauinvestitionen der sieben Sportsektoren
im Jahr 1993 in ihrer gütermäßigen Zusammensetzung
- in Mrd. DM in jeweiligen Preisen - 131

Tabelle 4.4-1: Aggregierte Kostenstruktur der sportspezifischen
Warenbereiche der Input-Output-Tabelle des Sports
im Jahre 1993
- in Mrd. DM in jeweiligen Preisen - 133

Tabelle 4.4-2: Aggregierte Kostenstruktur der sportspezifischen
Dienstleistungsbereiche der Input-Output-Tabelle
des Sports im Jahre 1993
- in Mrd. DM in jeweiligen Preisen - 136

Tabelle 4.4-3: Vorleistungslieferungen der sportspezifischen
Produktionsbereiche in der Input-Output-Tabelle
des Sports des Jahres 1993 (Intermediäre Verwendung)
- in Mrd. DM in jeweiligen Preisen - 138

Tabelle 4.4-4: Absatzstrukturen der sportspezifischen Produktionsbereiche in der Input-Output-Tabelle des Sports
des Jahres 1993 (Letzte Verwendung)
- in Mrd. DM in jeweiligen Preisen - 139

Tabelle 4.5-1: Das Bruttoinlandsprodukt des Sports im Jahre 1993
- in Mrd. DM in jeweiligen Preisen - 140

Tabelle 4.6-1: Beschäftigungswirkungen des Sports im Jahr 1993 142

Tabelle 4.6-2: Beschäftigungswirkungen des Sports außerhalb
der Sportsektoren im Jahr 1993 145

Tabelle 4.6-3: Indirekte Beschäftigungswirkungen des Sports
außerhalb der Sportsektoren im Jahr 1993 146

Tabelle 4.6-4: Direkte Beschäftigungswirkungen des Sports
außerhalb der Sportsektoren im Jahr 1993 146

Tabelle 5.1-1: Das sportbezogene Bruttoinlandsprodukt und seine
Komponenten in den Jahren 1994 bis 1998
- in Mrd. DM in jeweiligen Preisen - 150

Tabelle 5.1-2: Das sportbezogene Bruttoinlandsprodukt und seine
Komponenten in den Jahren 1994 bis 1998
- in Mrd. DM in Preisen von 1991 - 151

Tabelle 5.1-3: Ausgaben für aktive Sportbetätigung
in den Jahren 1994 bis 1998
- in Mrd. DM in jeweiligen Preisen - 152

Tabelle 5.1-4: Sportbezogene Konsumausgaben der privaten
Haushalte in den Jahren 1994 bis 1998
- in Mrd. DM in jeweiligen Preisen - 152

Tabelle 5.2-1: Bruttoproduktion, Vorleistungseinsatz und Bruttowertschöpfung der sportspezifischen Produktionsbereiche
für die Jahre 1994 bis 1998
- in Mrd. DM in jeweiligen Preisen - 153

Tabelle 5.2-2: Güterstruktur der Anlageinvestitionen der sieben
sportspezifischen Produktionsbereiche
in den Jahren 1994 bis 1998
- in Mrd. DM in jeweiligen Preisen - 154

Tabelle 5.3-1: Beschäftigungswirkungen des Sports
in den Jahren 1994 bis 1998 155

Tabelle 6.2-1: Die sportspezifischen Produktionsbereiche
des Modells Sports 161

Tabelle 6.2-2: Sportspezifische Verwendungszwecke der letzten
Verwendung innerhalb des Modells SPORT 162

Tabelle 6.2-3: Übergeordnete Produktionsbereiche der sportspezifischen Sektoren des Modells SPORT 162

273

Die ökonomischen Perspektiven des Sports

Tabelle 7.3-1: Die Entwicklung des Bruttoinlandsproduktes und seiner
Komponenten als auch der Bruttoproduktion
in der Basisprognose
- in Mrd. DM in Preisen von 1991 -... 170

Tabelle 7.3-2: Entwicklung des Arbeitsmarktes in der Basisprognose.......... 173

Tabelle 7.4-1: Entwicklung des sportbezogenen Bruttoinlandsproduktes
und seiner Komponenten in der Basisprognose
- in Mrd. DM in Preisen von 1991 -... 177

Tabelle 7.4-2: Entwicklung der Ausgaben für aktive Sportbetätigung
in der Basisprognose
- in Mrd. DM in Preisen von 1991 -... 179

Tabelle 7.4-3: Entwicklung der sportbezogenen Konsumnachfrage
der privaten Haushalte für einige Sektoren
in der Basisprognose
- in Mrd. DM in Preisen von 1991 -... 180

Tabelle 7.4-4: Entwicklung der sportbezogenen Anlageinvestitionen
in der Basisprognose
- in Mrd. DM in Preisen von 1991 -... 181

Tabelle 7.4-5: Die Entwicklung der Bruttoproduktion der sieben
sportspezifischen Produktionsbereiche
in der Basisprognose
- in Mrd. DM in Preisen von 1991 -... 182

Tabelle 7.4-6: Beschäftigungswirkungen des Sports
in der Basisprognose 183

Tabelle 8.2-1: Entwicklung der Bruttoproduktion in ausgewählten..................
Produktionsbereichen infolge Realisierung
des Goldenen Planes Ost
- Abweichungen zur Basisprognose
in Mrd. DM in jeweiligen Preisen - 195

Tabelle 8.2-2: Entwicklung der Beschäftigung in ausgewählten
Produktionsbereichen infolge der Realisierung des
Goldenen Planes Ost
- Abweichungen zur Basisprognose - 197

Tabelle 8.3-1: Entwicklung der Bruttoproduktion in ausgewählten
Branchen infolge einer Erhöhung des
Staatsverbrauchs für Sportzwecke
- Abweichungen zur Basisprognose
in Mrd. DM in jeweiligen Preisen - 211

Anhang

Verwendungszwecke in der sportspezifischen Konsumverflechtungstabelle

Nr.	SEA	Verwendungszweck
1	11	Fleisch, Fisch
2	12	Milch, Öle, Fett, Eier
3	13	Obst, Obsterzeugnisse ohne Getränke
4	14	Kartoffel, Gemüse
5	15	Brot und andere Backwaren
6	16	Zucker, Süßwaren
7a	17	andere Nahrungsmittel
7b	(170)	Sportnahrung
8a	18	Getränke
8b	(181)	Sportgetränke
9	189	Tabakwaren
10a	19	Verzehr in Kantinen
10b	(191,197)	Verzehr bei Sportaktivitäten
11	21	Herrenoberbekleidung
12	22	Damenoberbekleidung
13	23	Knabenoberbekleidung
14	24	Mädchenoberbekleidung
15	25	Sportbekleidung
16	26	Wäsche, Säuglingsbekleidung
17	27	Bekleidungszubehör
18a	28	Schuhe
18b	(288)	Sportschuhe
19	29	Fremde Änderungen und Reparaturen an Bekleidung
20	31	Wohnungsmiete
21	32	Energie ohne Kraftstoffe
22	41	Möbel
23	42	Bodenbeläge
24	43	Heiz- und Kochgeräte
25	44	Gebrauchsgüter für die Haushalte
26	45	Verbrauchsgüter für die Haushalte
27	47	Dienstleistungen für die Haushalte, häusliche Dienste
28	49	Tapeten, Farben
29a	51	Verbrauchsguter für Gesundheit
29b	(51)	Sportbezogene Verbrauchsgüter für Gesundheit
30	52	Gebrauchsgüter für Gesundheit
31a	53	Dienstleistungen von Ärzten etc.
31b	(531, 5351)	Sportbezogene Dienstleistungen von Ärzten etc.
32	54	Dienstleistungen Krankenhäuser
33	56	Verbrauchsgüter Körperpflege
34	57	Gebrauchsgüter Körperpflege
35	58	Dienstleistungen Körperpflege
36a	61	Kraftfahrzeuge
36b	(618)	Sportfahrräder
37	62	Gebrauchsgüter Kraftfahrzeuge, Fahrräder

38a	63	Kraftstoffe
38b	(63)	Sportbezogener Kraftstoffverbrauch
39	64	Verbrauchsgüter Kraftfahrzeuge, Fahrräder
40a	65	fremde Reparaturen Kraftfahrzeuge, Fahrräder
40b	(65)	Sportbezogene Reparaturaufwendungen an KFZ, etc.
41a	67	fremde Verkehrsleistungen
41b	(67)	Sportbezogene fremde Verkehrsleistungen
42	69	Nachrichtenübermittlung
43	71	Fernsehempfangsgeräte
44a	72	andere Gebrauchsgüter
44b	724, 727	Sportartikel
45a	73	Bücher, Zeitungen
45b	(731, 734)	Sportbücher, Sportzeitungen
46	74	Verbrauchsgüter Bildung
47	75	Unterrichtsleistungen
48a	76	Dienstleistungen Bildung
48b	762	Besuch von Sportveranstaltungen
48c	(765)	Sportbezogene Rundfunkgebühren
48d	768	Nutzung von Sporteinrichtungen
48e	(769)	Wettgebühren
49	77	Pflanzen, Gartenpflanzen
50	78	Tiere, Tierhaltung
51	79	fremde Installation und Reparatur
52	81	Güter für die persönliche Ausstattung
53	82	Begräbnisartikel
54a	83	Dienstleistungen des Beherbergungsgewerbes
54b	(83)	Sportbezogene Dienstleistungen des Beherbergungsgewerbes
55a	85	Pauschalreisen
55b	(85)	Sportreisen
56a	87	Dienstleistungen der Kreditinstitute und Versicherungen
56b	(87)	Sportversicherungen
57	89	sonstige Dienstleistungen und fremde Reparaturen

Quelle: Statistisches Bundesamt (1983) Systematik der Einnahmen und Ausgaben der privaten Haushalte [SEA]; Statistisches Bundesamt (1997 i) Systematisches Verzeichnis für die Einkommens- und Verbrauchsstichprobe 1993.

Reihe Sportökonomie, Band 1

Dr. Martin-Peter Büch (Hrsg.)

Märkte und Organisationen im Sport: Institutionen-ökonomische Ansätze

Mit Beiträgen von Prof. Dr. Egon Franck,
Prof. Dr. Horst-Manfred Schellhaaß,
Prof. Dr. Bernhard Frick,
Prof. Dr. Herbert Woratschek

2000. Format 17 × 24 cm, 114 Seiten,
ISBN 3-7780-8361-9 **(Bestell-Nr. 8361)**
öS 146.–; sFr. 19.–; **DM 20.–**

Der Arbeitskreis Sportökonomie e. V. hat sich zum Ziel gesetzt, die Organisation und Finanzierung der Organisationen des Sports, die Kooperation von Organisationen, insbesondere der Vereine untereinander, die Koordination der Organisationen des Sports über Märkte und ggf. andere Institutionen, die Regeln des Sports auf sportverträgliche Effizienz zu untersuchen.

Der Arbeitskreis Sportökonomie e. V. hat mit den hier abgedruckten Beiträgen seiner Bayreuther Sitzung von Mai 1998 für die Sportverbände wichtige Fragestellungen aufgegriffen und einer Diskussion zugeführt. Dies gilt für das Thema der Umwandlung von Idealvereinen in Kapitalgesellschaften, aber auch für das Thema der zentralen Vermarktung, die Behandlung von Arbeitsmärkten im professionellen Sport und die Frage der Bestimmung von Preisen von Dienstleistungen im Sport.

Verlag Karl Hofmann • D-73603 Schorndorf
Postfach 1360 • Telefon (0 71 81) 402-125 • Telefax (0 71 81) 402-111
Internet: www.hofmann-verlag.de • E-Mail: hofmann@hofmann-verlag.de